研究方法與軟體應用

——概念及實例

張奕華、許正妹　著

作者簡介

張奕華

現　　任

國立政治大學教育學系教授

國立政治大學教育行政與政策研究所合聘教授

國立政治大學教育學院教師研習中心主任

臺灣科技領導與教學科技發展協會理事長

學　　歷

美國密蘇里大學（UM-Columbia）教育領導與政策分析博士

美國密蘇里大學（UM-Columbia）資訊科學與學習科技碩士

經　　歷

國立政治大學學校行政碩士在職專班教授

國立政治大學教育學系助理教授、副教授

國立政治大學教育行政與政策研究所合聘助理教授、副教授

國立中央大學客家政治經濟研究所兼任助理教授、副教授

逢甲大學公共政策研究所兼任助理教授

國立暨南大學教育政策與行政學系助理教授

國立政治大學社會科學學院公民社會暨地方治理研究中心執行長

中華民國教育行政學會第三屆第四屆秘書長

國立政治大學教育學院校長培育研究中心主任

研究領域

學校科技領導與管理

智慧教室與創新擴散

校長與資料導向決策

教師學術樂觀與效應

量化與質化研究方法

榮譽事蹟

1996年中華民國教育部公費留學（教育政策學門）第一名錄取

代表著作

著有《質化資料分析：MAXQDA軟體的應用》、《學校科技領導與管理》、《校長科技領導》、《教學科技與創新教學》、《智慧教室與創新教學》等專書，發表於國內外學術期刊（含SSCI、TSSCI）及研討會論文共計一百餘篇。

許正妹

現　任

中國科技大學視覺傳達設計系助理教授

中國科技大學視覺傳達設計研究所助理教授

學　歷

國立雲林科技大學設計學研究所博士

美國密蘇里大學（UM-Columbia）資訊科學與學習科技碩士

國立臺灣大學歷史學系學士

經　歷

中國技術學院（新竹校區）視覺傳達設計系兼任講師

中國技術學院（新竹校區）室內設計系兼任講師

實踐大學（臺北校區）資訊管理學系兼任講師
崑山科技大學視覺傳達設計系兼任講師
德明技術學院推廣教育中心兼任講師

研究領域

多媒體設計與製作
電腦化概念構圖與創意發想
電腦支援合作設計（CSCD）
TEAM Model 智慧教室與創新擴散

代表著作

著有《質性研究 e 點通》（合著）、《智慧教室與創新教學》等專書，發表於國內外學術期刊（含 SSCI、TSSCI）及研討會論文共計五十餘篇。

自序

這是一個善用軟體以增加競爭優勢的時代，Google[1] 於 2008 年 9 月 3 日發表 Google Chrome 瀏覽器，訴求更有效率的記憶體管理技術，要與微軟的 IE、蘋果的 Safari、火狐的 FireFox 瀏覽器一較高下，就是一例。然而，軟體更新快速，往往讓人瞠乎其後，不得不加快學習的腳步。

依稀記得 1995 年，我還是碩士班研究生時，教育統計學教授給予我們的作業是用 SPSS for DOS 進行統計分析，如今，我們指導學生進行統計分析時，所使用的統計版本是 SPSS 16.0 for Windows，不久之後 SPSS 17.0 for Windows 也發行上市。時光飛逝如箭，當 2001 年留美就讀博士班時，質化研究法教授給予我們的作業是用 MAXQDA（6th）軟體進行分析，如今最新版本 MAXQDA 2007 也已於去年（2007）發行。雖然，我們跟不上軟體最新的速度，但是，學會基本軟體進行論文研究，已經是時下研究者必備的能力。這幾年以來，在國立政治大學任教「教育研究法」、指導學生論文撰寫，以及擔任校內外（例如：國立臺北教育大學、臺北市立教育大學、國立中央大學、國立臺灣師範大學等）論文口試的經驗中發現到，量化研究所用的軟體愈來愈多，而質化研究所用的軟體，也愈來愈受到重視。因此，如何在撰寫論文的過程中，藉由軟體的使用，讓做研究更快速、方便，甚至是一件愉快的事，則是撰寫本書的主要原因及目的。

---

1 中時部落格（2008）。**Google Chrome 上場要與 IE、Safari、火狐一較高下**。2008 年 9 月 28 日，取自 http://blog.chinatimes.com/blognews/archive/2008/09/04/318517.html

本書《研究方法與軟體應用——概念及實例》共計八章，第一章「學術搜尋與Google Scholar」主要說明政大社資中心的豐富論文館藏和閱讀機的操作步驟，並介紹如何下載國家圖書館的博碩士論文電子檔，以及如何使用Google Scholar進行資料搜尋。第二章「後設分析與CMA」主要簡介後設分析，並介紹Comprehensive Meta-Analysis軟體的操作步驟以及實例應用。第三章「結構方程模式與M*plus*」主要簡介當前在國內方法論上的當紅炸子雞——結構方程模式，以及介紹在美國已非常普遍，而在國內卻較不為人所知的M*plus*軟體（國內較熟悉的軟體是LISREL和AMOS）。第四章「決策分析與Expert Choice」主要簡介決策分析，並介紹最新版本的Expert Choice 11.5軟體之使用方法。第五章「概念構圖與Inspiration」主要簡介在國內漸受教育者重視的概念構圖，並且介紹電腦概念構圖軟體Inspiration。第六章「混合研究與MAXQDA」主要簡介研究方法上的新趨勢——混合研究，並介紹在國內較不為人所知的MAXQDA軟體（國內較為熟悉的軟體是Atlas和Nvivo）。第七章「書目管理與EndNote X2」主要簡介EndNote軟體管理參考書目的方式及其操作步驟。第八章「論文撰寫與RefWorks」主要透過實例說明論文的撰寫，以及RefWorks在管理文獻的功能。

本書得以完成，首先感謝共同作者許正妹博士（候選人）的鼎力相助，無論是在撰寫過程中的討論、資料蒐集、修改等，許博士（候選人）最是居功厥偉，付出極大的心力與時間。其次，感謝研究生潘鈺楨小姐（目前就讀國立交通大學外國文學與語言學研究所）與研究生陳浩先生（目前就讀國立政治大學教育行政與政策研究所）的細心校稿，亦是功不可沒。最後，感謝心理出版社洪有義董事長與林敬堯副總經理兼總編輯，慨允代為出版，以及李晶執行編輯的協助讓本書得以問世。感謝的人很多，除了上述之外，更要感謝父親張子鼎先生、母親徐冉妹女士的養育栽培之恩，岳父許雄展先生、岳母連玉女女士的照顧與支持之恩，以及姊姊與兄長的鼓勵。更重要的是，將此書獻給今天（教師節）年滿一週歲的寶貝兒子張世勳，謝謝你在爸爸寫書的時候，常常或站或坐在旁邊的遊戲床，時時刻刻為爸爸加油與打氣，並愉快地哼著只有你自己知道的歌曲。

張奕華 謹識

2008 年 9 月 28 日於政治大學井塘樓

目錄

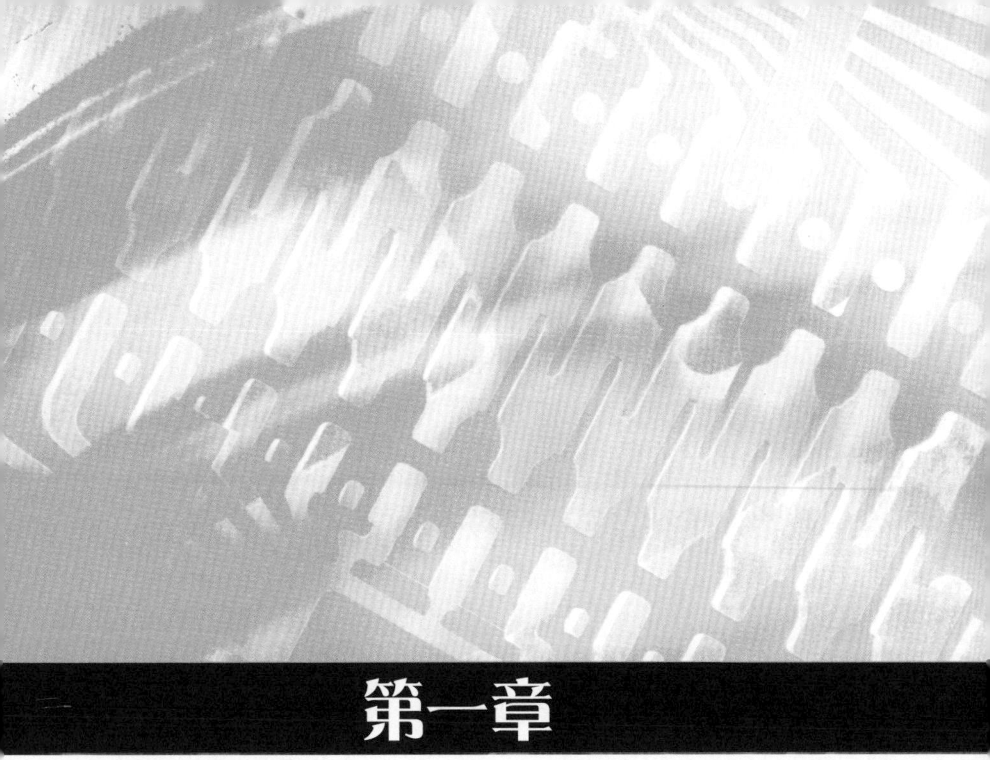

第一章

學術搜尋與 Google Scholar

第一節　實體資料庫

壹、政治大學社會科學資料中心

文獻蒐集是任何一位研究人員進行研究的第一步驟，因此，透過資料庫找到符合研究主題的文獻，再經過閱讀與整理，已成為研究主題的理論基礎。隨著網路時代的到來，「多用網路、少走馬路」雖已成為研究人員的習慣，但是接近實體資料庫，在研究過程中仍是不可或缺的一環。

在國內的實體資料庫中，收藏國內博碩士論文最完整的單位是國立政治大學社會科學資料中心[1]（以下簡稱政大社資中心，見圖 1-1）（國立交通大學，2007）。政大社資中心早期為國內學位論文主要的寄存單位，凡國內學位論文大多可從政大圖書館館藏目錄查得。另一個查詢論文的單位是國家圖書館[2]，收藏 1991 年之後的學位論文。自 1997 年起，教育部規定國家圖書館為主要的學位論文寄存單位，因此部分學校之學位論文不再寄存於政大社資中心，例如：東華、東吳、靜宜、臺灣、中山、東海大學等（醒吾技術學院，2007）。一般而言，國內的學位論文大多不提供館際互借，而複印礙於著作權法的關係亦只提供部分內容，故最好的方式是直接到政大社資中心、國家圖書館

1 政治大學社會科學資料中心之 URL：http://www.lib.nccu.edu.tw/intro/soc

2 國家圖書館之 URL：http://www.ncl.edu.tw

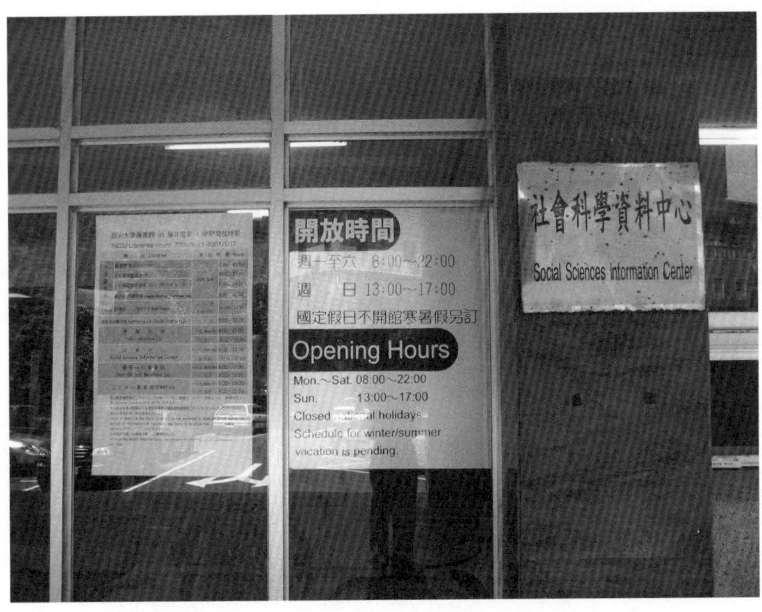

圖 1-1　政治大學社會科學資料中心

或各校圖書館查閱。但最近因全文系統的崛起，有些學校亦發展自己的論文全文系統，例如「東華大學博碩士論文全文系統」以及「中山大學學位論文全文系統」等，即是將作者所授權的全文放上網路，提供瀏覽使用，這不失為取得原文的另一種方式（國立交通大學，2007）。政大社資中心館藏以研究型學術資源為主，目前典藏有大量微縮資料、電子資源、博碩士論文、中西文叢書、國內外政府出版品及中外文報紙，除為國內知名之博碩士論文典藏單位外，亦為行政院研究發展考核委員會所指定之政府出版品寄存圖書館（國立政治大學社會科學資料中心，2007）。

政大社資中心目前各樓層館藏特色如下：㈠一樓：微縮資料及資訊檢索區、國科會研究報告室、教職員著作區；㈡二樓：中華民國博碩士論文區；㈢三樓：中西文叢書區、西文博碩士論文室；㈣四樓：中華民國政府出版品區、美國政府出版品區、聯合國暨國際組織出版品區、輿圖室、捐贈資料室；㈤地下室：中外文過期報紙合訂本區。政大社資中心資料均不外借，僅限於館內使用。館藏項目中，除微縮資料及教師著作資料需由館員協助調閱之外，其餘多採用開架式管理，讀者可先利用政治大學圖書館館藏目錄進行書目查詢，再依系統所顯示之館藏地點及索書號，至架上按號索書即可（國立政治大學社會科學資料中心，2007）。

貳、閱讀機的操作步驟

位於政大社資中心一樓的微縮資料區，對於碩士與博士研究生或是研究人員而言，是重要的資料檢索來源。微縮資料分為微片（microfiche）和微捲（microfilm）兩類，如圖 1-2 所示。讀者若要調閱複印微

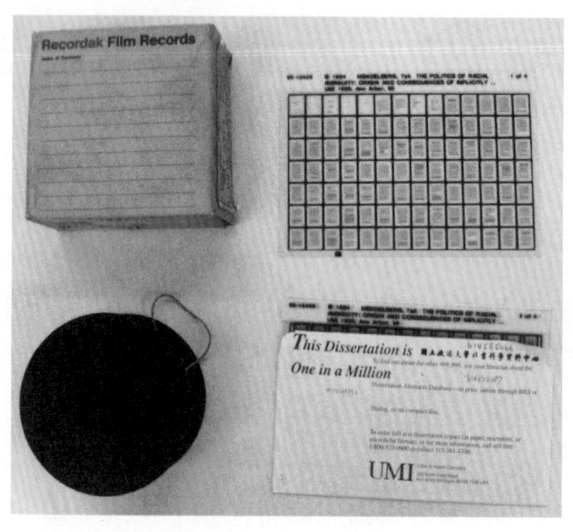

圖 1-2　微捲（左側）與微片（右側）

圖 1-3　微縮閱讀機

縮資料，需依據以下程序：㈠使用前請至一樓微縮區服務櫃臺登記，政治大學教職員生及校友請主動出示相關證件；㈡國科會研究報告微片須由館員調件，其他微縮資料得由讀者自行取件；㈢微縮資料每人每次使用以一小時為限，如無其他讀者排隊等候，得延長使用時間；㈣使用完畢請將資料歸回原位，並至櫃臺依收費標準付費（國立政治大學社會科學資料中心，2008）。

值得注意的是，在圖 1-2 中，無論是微捲或微片，需藉由微縮閱讀機（見圖1-3）的輔助，才能閱讀資料。有關微縮閱讀機的使用操作，請詳見圖 1-4 至圖 1-12 的操作步驟。

一、微片操作步驟

首先，讀者將欲閱讀的微片放置在玻璃蓋片底下，並以雙手將底片臺座平穩地推入，如圖 1-4 所示；其次，讀者可以藉由移動底片臺座來觀看螢幕上微片的內容。

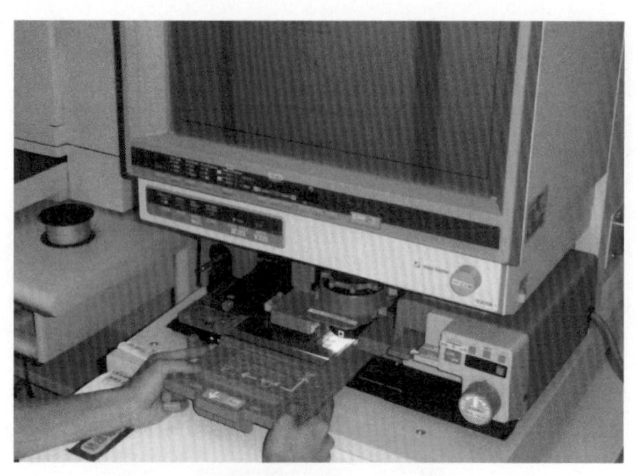

圖 1-4　將微片置入玻璃蓋片下方

最後，讀者使用微縮閱讀機閱讀微縮底片時，可以調整閱讀機螢幕右下方的旋鈕，以獲得完整的閱讀角度，如圖 1-5 所示。

圖 1-5　調整閱讀角度旋鈕

二、微捲操作步驟

讀者欲閱讀微捲時，必須先將底片臺座移至右方，以收納底片臺座，才能進行微捲播放之操作，如圖 1-6 所示。

圖 1-6　收納底片臺座

首先，將微捲中心之圓孔對準轉軸，並將微捲推到轉軸最底處，以確保轉動時不致於脫落，如圖 1-7 所示。

圖 1-7　放置微捲於轉軸中

其次，將微捲拉出，推入前方之輸送軌道上，並將微捲推至最底處，最後蓋上上方保護蓋，如圖 1-8 所示。

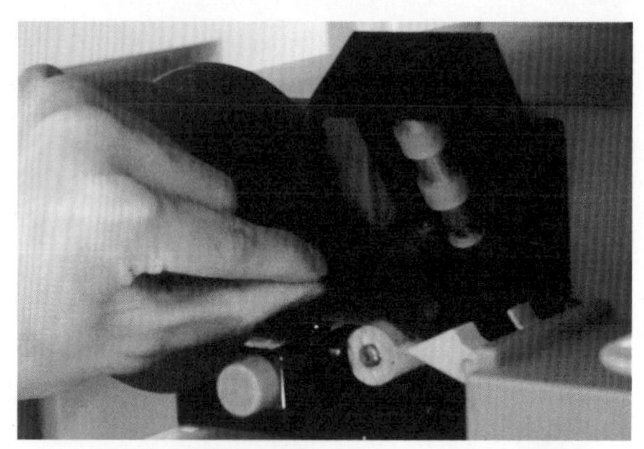

圖 1-8　拉出微捲且推入到前方輸送軌道上

再次，將微捲置妥並推入到輸送軌道之後，按下微捲上帶／退帶（LOAD/REW）鈕，以利將微捲上帶，如圖 1-9 所示。

圖 1-9　按下微捲上帶鈕

復次，在閱讀微捲時，可左右移動閱讀機下方之把手，以獲取最佳的閱讀位置，如圖 1-10 所示。

圖 1-10　左右移動閱讀機下方之把手

最後，讀者可以旋轉右方的旋鈕以轉動微捲，順時針旋轉為前進（FWD），逆時針旋轉則為後退（REV），如圖 1-11 所示。

圖 1-11　微捲轉動鈕

另外，微縮閱讀機可配合印表機的使用，讀者若有需要，可以按下列印鈕，即可列印微縮閱讀機螢幕上的文件內容，如圖 1-12 所示。

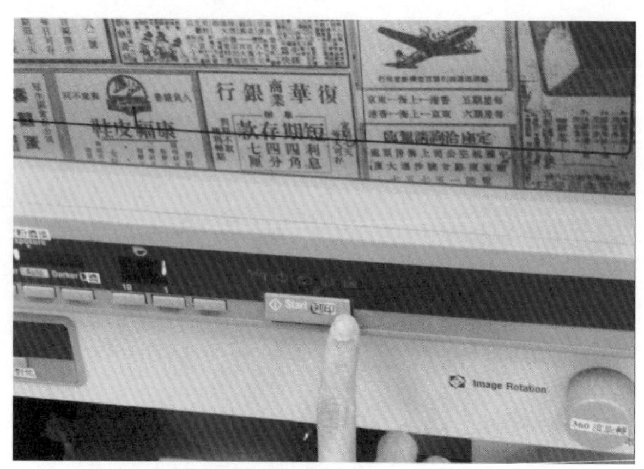

圖 1-12　列印微縮閱讀機螢幕上的文件內容

第二節　e 化資料庫

隨著資訊科技的發展和網路環境的成熟，希望藉由Internet迅速查詢和取得論文的需求日漸殷切（國立臺南大學，2007）。以國家圖書館的「全國博碩士論文資訊網[3]」為例（圖 1-13），研究者輸入「知識管理」查詢詞（下方會呈現最熱門的十個查詢詞），在直擊查詢之後，即可獲得查詢結果（圖 1-14）。以圖 1-14 為例，檢索結果共計 1,689 筆資料，單筆資料中呈現▣者，表示可以下載全文。在點選▣電子

[3] 全國博碩士論文資訊網之 URL：http://etds.ncl.edu.tw/theabs/index.jsp

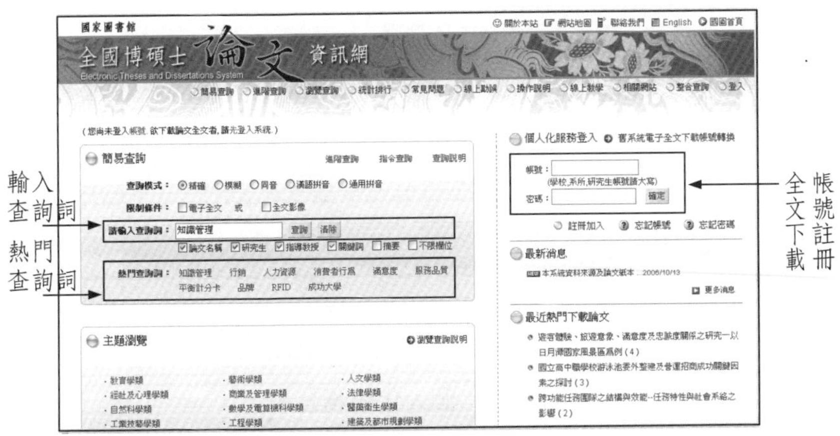

圖 1-13　全國博碩士論文資訊網

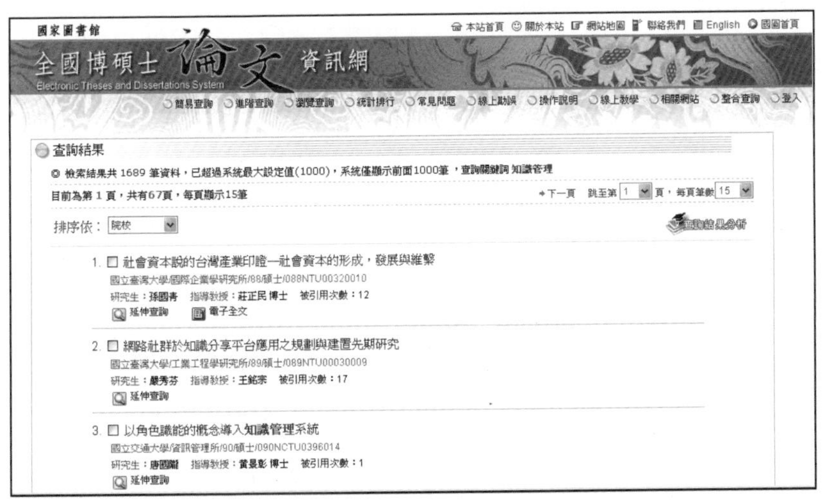

圖 1-14　以知識管理為關鍵字的查詢結果

全文之前，需要先登入個人化服務（圖 1-15），輸入註冊時設定的帳號與密碼。

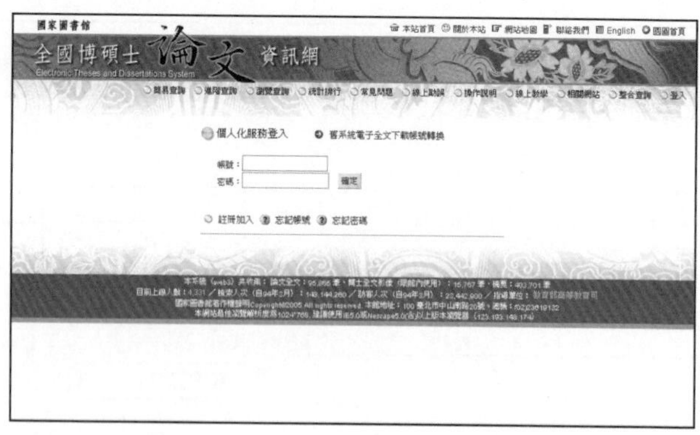

圖 1-15 個人化服務登入

但是在輸入帳號與密碼之前，研究者需要註冊加入（圖 1-16），並填寫相關資料。

圖 1-16 註冊時填寫相關資料

在完成註冊之後，即可進行電子全文下載。繼續以圖 1-14 為例說明，點選［電子全文］，將出現「請尊重著作權法」的提醒頁（圖 1-17），研究者需遵守「本電子全文僅授權使用者為學術研究之目的，進行個

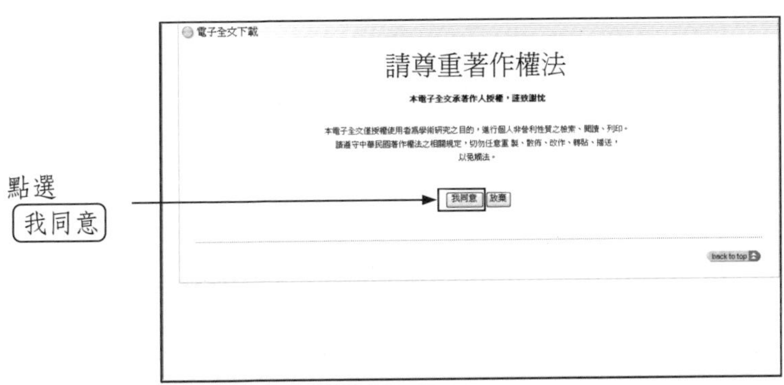

圖 1-17　請尊重著作權法提醒頁

人非營利性質之檢索、閱讀、列印。請遵守中華民國著作權法之相關規定，切勿任意重製、散佈、改作、轉貼、播送，以免觸法。」的規定（國家圖書館，2007）。

在直擊[我同意]之後，出現「電子全文下載」頁（圖 1-18），點選▣下方的[電子全文]（宜事先下載 WinRAR 解壓縮軟體和 Adobe Pdf Reader），將出現論文的壓縮檔視窗（圖 1-19）。點選[開啟(C)]之後，

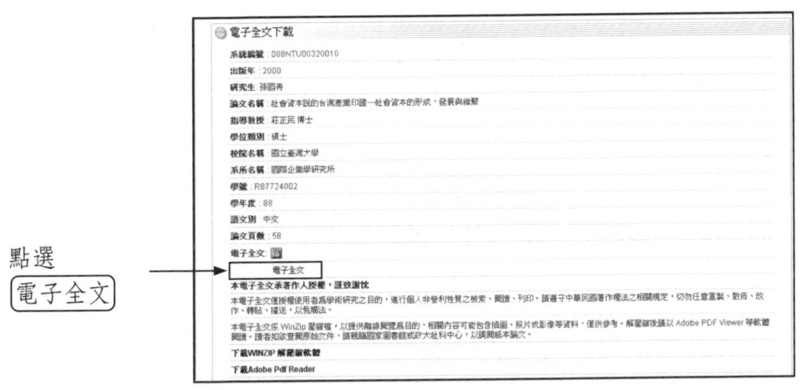

圖 1-18　電子全文下載

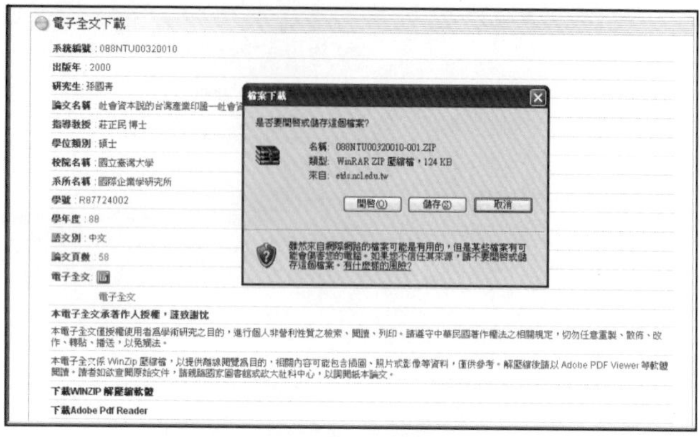

圖 1-19　論文的壓縮檔

將出現論文的 PDF 檔視窗（圖 1-20），可將 WinRAR 的對話框關閉，

圖 1-20　論文的 PDF 檔

直擊兩次視窗內的PDF之後，完整的論文檔案將呈現出來（圖1-21）。由於該電子檔已經加密保全，研究者無法進行「複製」（或複製到剪貼簿）。若是研究者欲進行解密，需要藉由PDF解密工具（例如：

圖 1-21　論文之全文視窗

PDF Decrypter[4]）的輔助，唯前提是研究者必須尊重著作權法的相關規定。

第三節　Google Scholar

壹、何謂 Google 學術搜尋

Google[5] 是眾所皆知的搜尋引擎，其能讓使用者快速的獲得搜尋結

4 PDF Decrypter 之 URL：http://www.newfreedownloads.com/Business/Applications/PDF-Decrypter.html

5 Google 台灣網頁之 URL：http://www.google.com.tw/ig? hl=zh-TW

果，而Google學術搜尋（Google Scholar）（圖1-22）則提供使用者一個簡單的方法來廣泛搜尋學術性文獻。一般來說，使用者可以從一個地方搜尋許多學科和來源（例如：學術出版者、職業社團、預行刊印的資料來源、大學及其他學術單位的同儕評鑑性報告、論文、書籍、摘要與文章），但不同的是，Google學術搜尋可協助使用者從全球的學術研究中找到最相關的研究（Google學術搜尋，2007a）。換言之，Google學術搜尋能讓使用者透過網際網路，快速的搜尋相關學術研究（例如：相關文章、引用次數、網頁搜尋等）。

圖1-22　Google學術搜尋首頁

貳、功能與搜尋結果

Google學術搜尋的功能包括：⑴從一個方便的位置搜尋多個不同

的來源；⑵尋找報告、摘要和引文；⑶透過您的圖書館或在網路尋找完整的報告；以及⑷瞭解關於任何研究領域中的主要報告（Google 學術搜尋，2007a）。換言之，每個 Google 學術搜尋結果都是一系列學術文件。這當中可能包含一篇或多篇相關的文章，甚至一篇文章的多個版本。例如，搜尋結果可能包含多篇由預行刊物、會議文章、期刊、選集等構成的文章，這些都跟單一的研究成果有關。這些文章歸類在一起，可讓我們準確地衡量研究所帶來的影響，而且還可以在該領域中呈現不同的研究成果。每個研究結果皆包含如標題、作者姓名以及出版來源等書目資料。一組書目資料跟一整個系列的相關文章息息相關，協助我們瞭解該系列的代表性文章。書目資料的來源，係依據該系列文章的資訊，以及來自其他學術文件相關文章的引文（Google 學術搜尋，2007b）。以下針對搜尋結果說明如下：

1. 標題：係指文章摘要的連結，或是完整文章（如果能在網路上取得）。以圖 1-23 為例，標題是「書籍」（例如：非營利組織的經營管理）、「引言」（資料包絡分析法使用程序之研究及其在非營利組織效率評估上之應用；非營利組織的法律規範與架構；非營利組織領導行為之研究）、「網站連結」（非營利組織在台灣的發展：兼論政府對財團法人基金會的法令規範）。

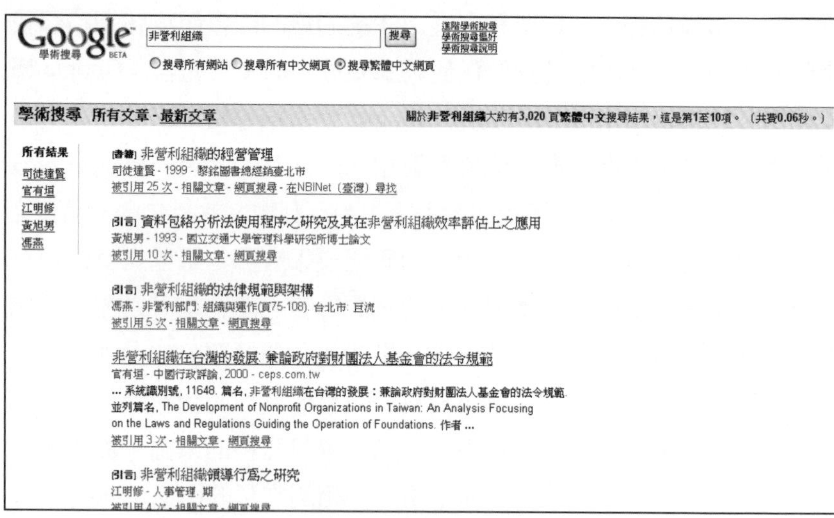

圖 1-23　標題呈現

2.引用：係指識別已引用該系列文章的其他文件，以圖 1-24 為例，「平衡計分卡在國民中學策略管理應用之個案研究」係為黃淑蓉的國立東華大學教育研究所碩士論文計畫，共計被引用了三次，點選被引用 3 次之後，會出現引用「平衡計分卡在國民中學策略管理應用之個案研究」的三篇文件（圖 1-25）。

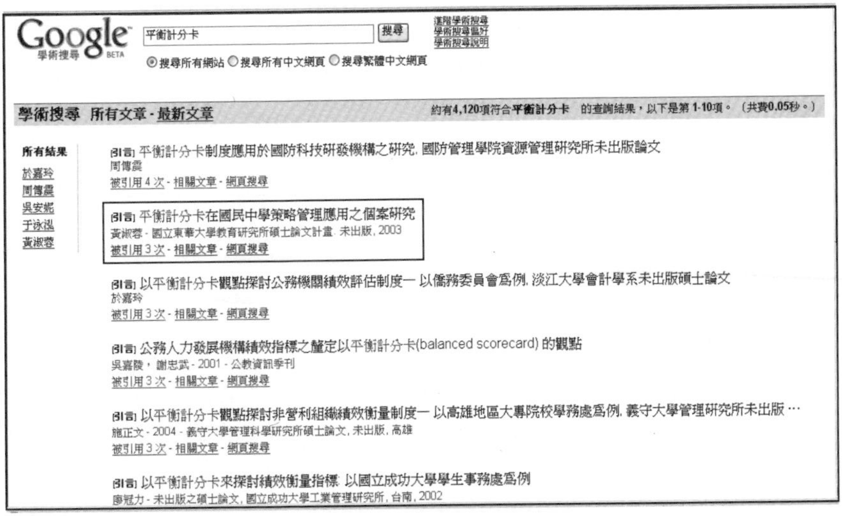

Google 學術搜尋 BETA　平衡計分卡　搜尋　進階學術搜尋 學術搜尋偏好 學術搜尋說明

◉搜尋所有網站 ○搜尋所有中文網頁 ○搜尋繁體中文網頁

學術搜尋　所有文章 - 最新文章　約有4,120項符合平衡計分卡 的查詢結果，以下是第 1-10項。（共費0.05秒。）

所有結果
於嘉玲
周傳震
吳安妮
于泳泓
黃淑蓉

[引言] 平衡計分卡制度應用於國防科技研發機構之研究. 國防管理學院資源管理研究所未出版論文
周傳震
被引用 4 次 - 相關文章 - 網頁搜尋

[引言] 平衡計分卡在國民中學策略管理應用之個案研究
黃淑蓉 - 國立東華大學教育研究所碩士論文計畫. 未出版, 2003
被引用 3 次 - 相關文章 - 網頁搜尋

[引言] 以平衡計分卡觀點探討公務機關績效評估制度— 以僑務委員會爲例. 淡江大學會計學系未出版碩士論文
於嘉玲
被引用 3 次 - 相關文章 - 網頁搜尋

[引言] 公務人力發展機構績效指標之釐定以平衡計分卡(balanced scorecard) 的觀點
吳嘉陵，謝忠武 - 2001 - 公教資訊季刊
被引用 3 次 - 相關文章 - 網頁搜尋

[引言] 以平衡計分卡觀點探討非營利組織績效衡量制度— 以高雄地區大專院校學務處爲例. 義守大學管理研究所未出版 …
施正文 - 2004 - 義守大學管理科學研究所碩士論文, 未出版, 高雄
被引用 3 次 - 相關文章 - 網頁搜尋

[引言] 以平衡計分卡來探討績效衡量指標: 以國立成功大學學生事務處爲例
廖冠力 - 未出版之碩士論文, 國立成功大學工業管理研究所, 台南, 2002

圖 1-24　引用呈現

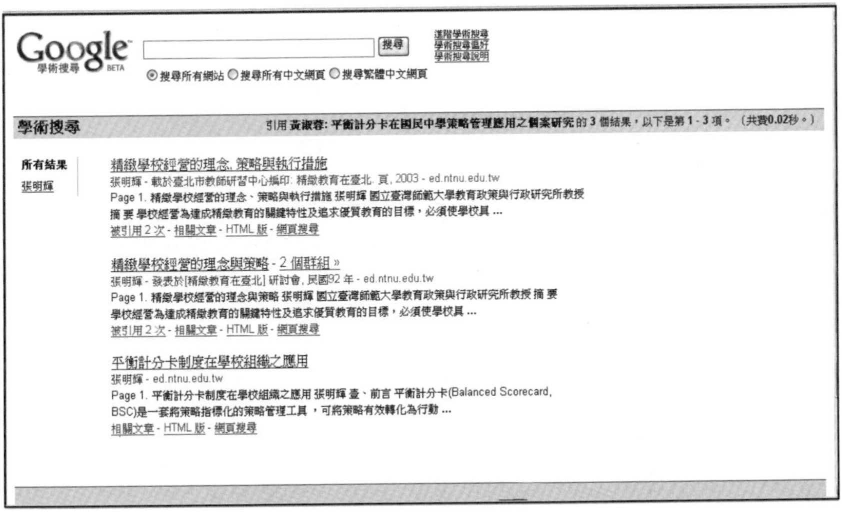

Google 學術搜尋 BETA　搜尋　進階學術搜尋 學術搜尋偏好 學術搜尋說明

◉搜尋所有網站 ○搜尋所有中文網頁 ○搜尋繁體中文網頁

學術搜尋　引用 黃淑蓉: 平衡計分卡在國民中學策略管理應用之個案研究 的 3 個結果，以下是第 1 - 3 項。（共費0.02秒。）

所有結果
張明輝

精緻學校經營的理念, 策略與執行措施
張明輝 - 載於臺北市教師研習中心編印: 精緻教育在臺北. 頁, 2003 - ed.ntnu.edu.tw
Page 1. 精緻學校經營的理念、策略與執行措施 張明輝 國立臺灣師範大學教育政策與行政研究所教授
摘 要 學校經營為達成精緻教育的關鍵特性及追求優質教育的目標，必須使學校具 ...
被引用 2 次 - 相關文章 - HTML 版 - 網頁搜尋

精緻學校經營的理念與策略 - 2 個群組 »
張明輝 - 發表於[精緻教育在臺北] 研討會, 民國92 年 - ed.ntnu.edu.tw
Page 1. 精緻學校經營的理念與策略 張明輝 國立臺灣師範大學教育政策與行政研究所教授 摘 要
學校經營為達成精緻教育的關鍵特性及追求優質教育的目標，必須使學校具 ...
被引用 2 次 - 相關文章 - HTML 版 - 網頁搜尋

平衡計分卡制度在學校組織之應用
張明輝 - ed.ntnu.edu.tw
Page 1. 平衡計分卡制度在學校組織之應用 張明輝 壹、前言 平衡計分卡(Balanced Scorecard,
BSC)是一套將策略指標化的策略管理工具，可將策略有效轉化為行動 ...
相關文章 - HTML 版 - 網頁搜尋

圖 1-25　引用的三篇文件

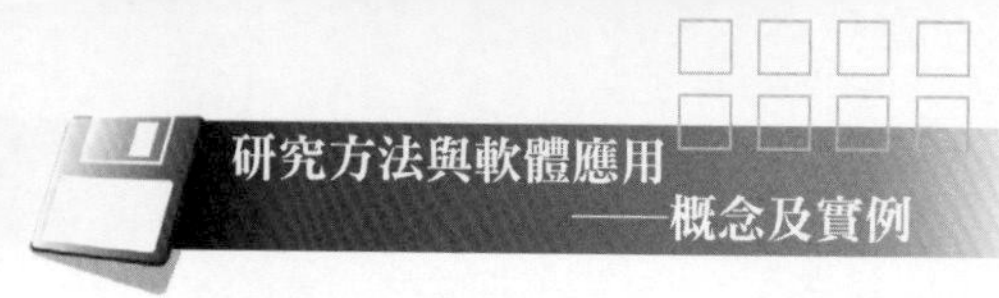

3. 相關文章：尋找其他與此群組文章相似的報告。以圖 1-26 為例，點選「無線射頻識別技術(RFID)理論與應用」下方的[相關文章]，出現 RFID 的相關文章（圖 1-27）。

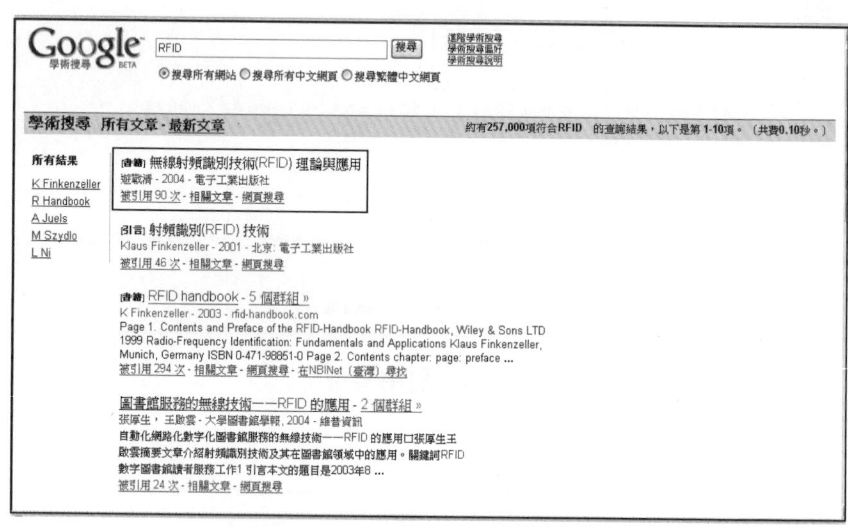

圖 1-26　輸入 RFID 關鍵字

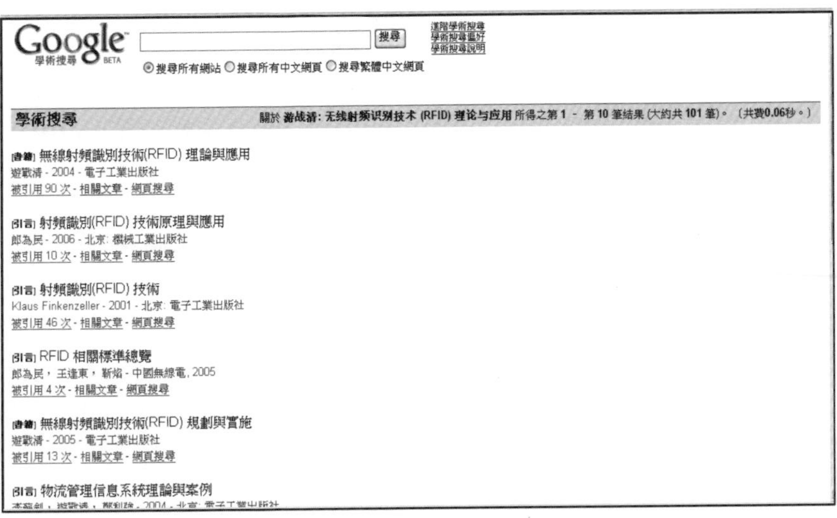

圖 1-27　RFID 的相關文章

4. 圖書館連結（線上）：透過與您圖書館結盟的圖書館資源來找出該文件的電子版。如果您在校園內，這些連結會自動出現。以圖 1-28 中的「NCCU Electronic Holdings」為例，使用者可以從政大圖書館網站透過思博網（Chinese Electronic Periodical Services）（圖 1-29）下載「知識管理文獻之回顧與前瞻—以知識作業及知識策略為分類基礎」的電子全文。若是使用者非政大教職員生，在點選知識管理文獻之回顧與前瞻—以知識作業及知識策略為分類基礎，則將連結到思博網（圖 1-30），唯需購買點數，才能取得全文。

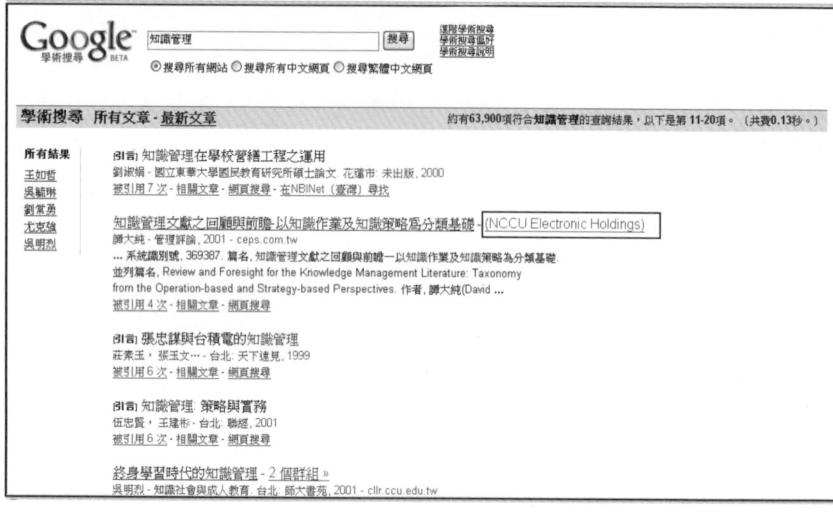

圖 1-28　NCCU Electronic Holdings

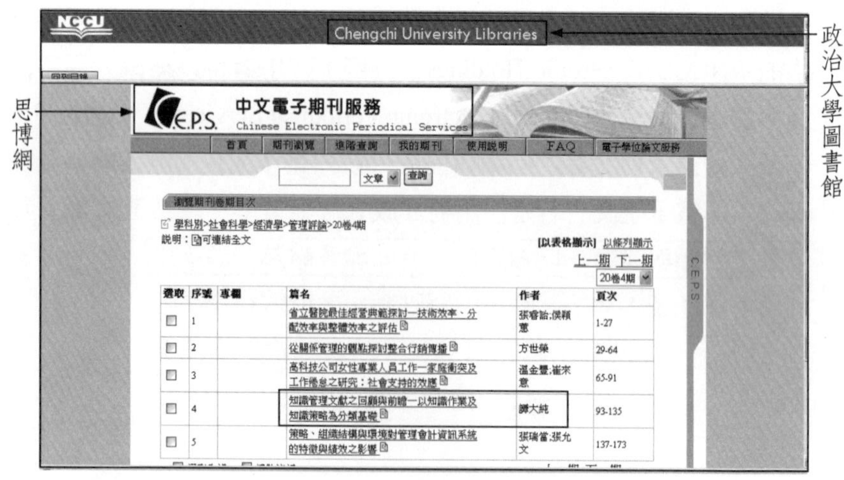

圖 1-29　政大圖書館網站

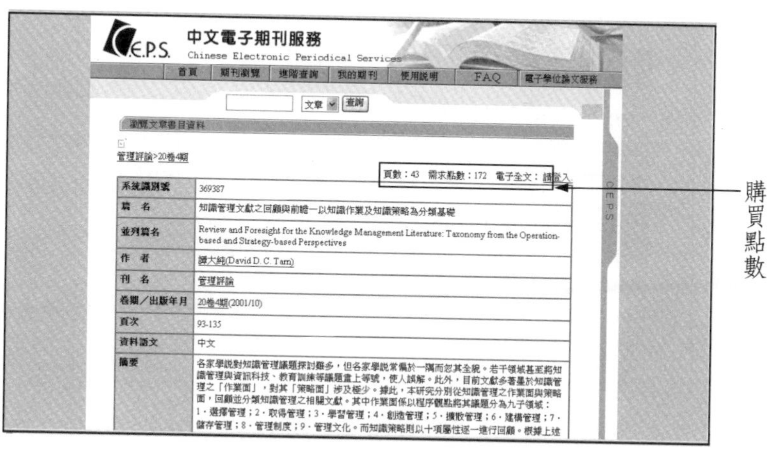

圖 1-30　思博網

5. 圖書館連結（離線）：係指找出擁有該文件實際副本的圖書館。以圖 1-31 為例，點選政大相關資源(NCCU Other R)之後，將連結到政大圖書館（圖 1-32）。

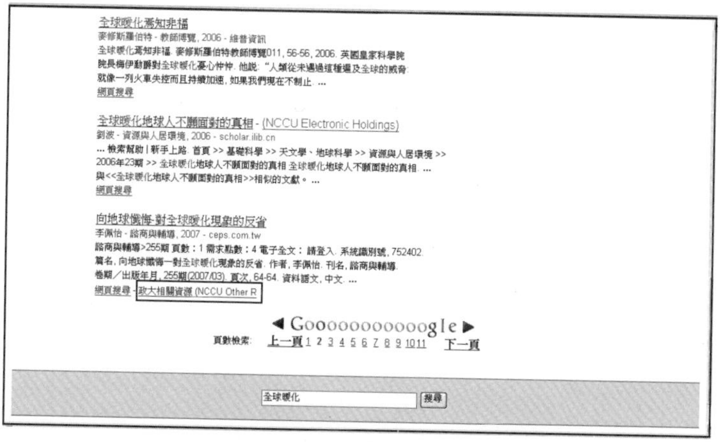

全球暖化焉知非福
麥修斯羅伯特 - 教師博覽, 2006 - 維普資訊
全球暖化焉知非福. 麥修斯羅伯特教師博覽011, 56-56, 2006. 英國皇家科學院院長梅伊勳爵對全球暖化憂心忡忡. 他說: "人類從未遇過這種遍及全球的威脅: 就像一列火車失控而且持續加速, 如果我們現在不制止 ...
網頁搜尋

全球暖化地球人不願面對的真相 - (NCCU Electronic Holdings)
劉波 - 資源與人居環境, 2006 - scholar.ilib.cn
... 檢索幫助 | 新手上路. 首頁 >> 基礎科學 >> 天文學、地球科學 >> 資源與人居環境 >> 2006年23期 >> 全球暖化地球人不願面對的真相 全球暖化地球人不願面對的真相 ... 與<<全球暖化地球人不願面對的真相>>相似的文獻。 ...
網頁搜尋

向地球懺悔-對全球暖化現象的反省
李佩怡 - 諮商與輔導, 2007 - ceps.com.tw
諮商與輔導>255期 頁數：1 需求點數：4 電子全文：請登入. 系統識別號, 752402. 篇名, 向地球懺悔—對全球暖化現象的反省. 作者, 李佩怡. 刊名, 諮商與輔導. 卷期／出版年月, 255期(2007/03). 頁次, 64-64. 資料語文, 中文. ...
網頁搜尋 - 政大相關資源 (NCCU Other R

◀ Gooooooooooogle ▶
頁數檢索: 上一頁 1 2 3 4 5 6 7 8 9 10 11 下一頁

全球暖化 搜尋

圖 1-31　圖書館連結（離線）

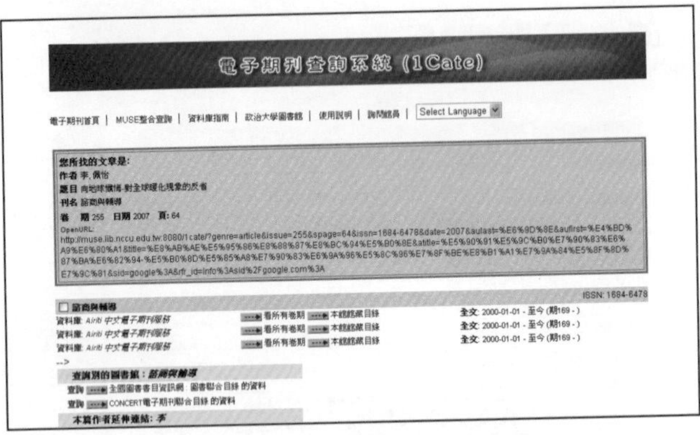

圖 1-32　政大圖書館電子期刊查詢系統

6. 文章系列：係指找出該學術文件系列中的其他文章（可能是初版），而您可以使用這些版本。範例包含預行刊物、摘要、會議文件或其他改編版本。

7. 網頁搜尋：係指在 Google 上搜尋關於此項研究的資訊。以圖 1-33 為例，使用者點選網頁搜尋，將出現關於「台灣非營利組織政策遊說的途徑與策略」的研究資訊（圖 1-34）。

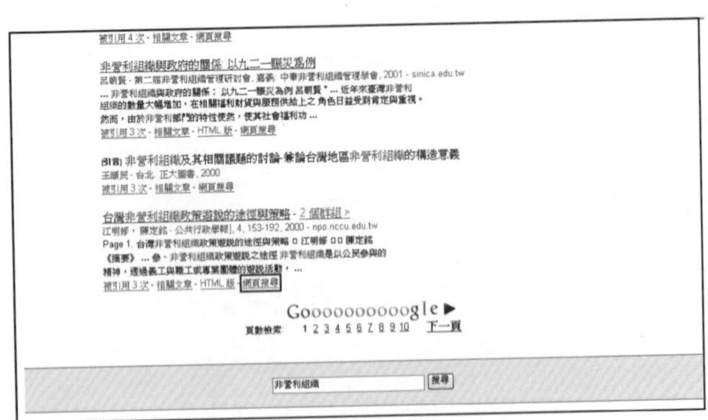

圖 1-33　點選網頁搜尋

圖 1-34　台灣非營利組織政策遊說的途徑與策略

參、Google Scholar **匯入書目** RefWorks

Google Scholar 於 2006 年 4 月 20 日公布與 RefWorks 合作，讀者在 Scholar Preferences（學術搜尋偏好）（見圖1-35）進行使用者預設設定之後，即可從 Google Scholar 匯入書目至 RefWorks，更多細節（例如簡介、操作等）請參閱本書第八章第三節「RefWorks 應用實例」。最新版本的 Google Scholar 網頁已改版，將設定功能（Settings）的位置調整到網頁上方最右側。

圖 1-35　設定學術搜尋偏好

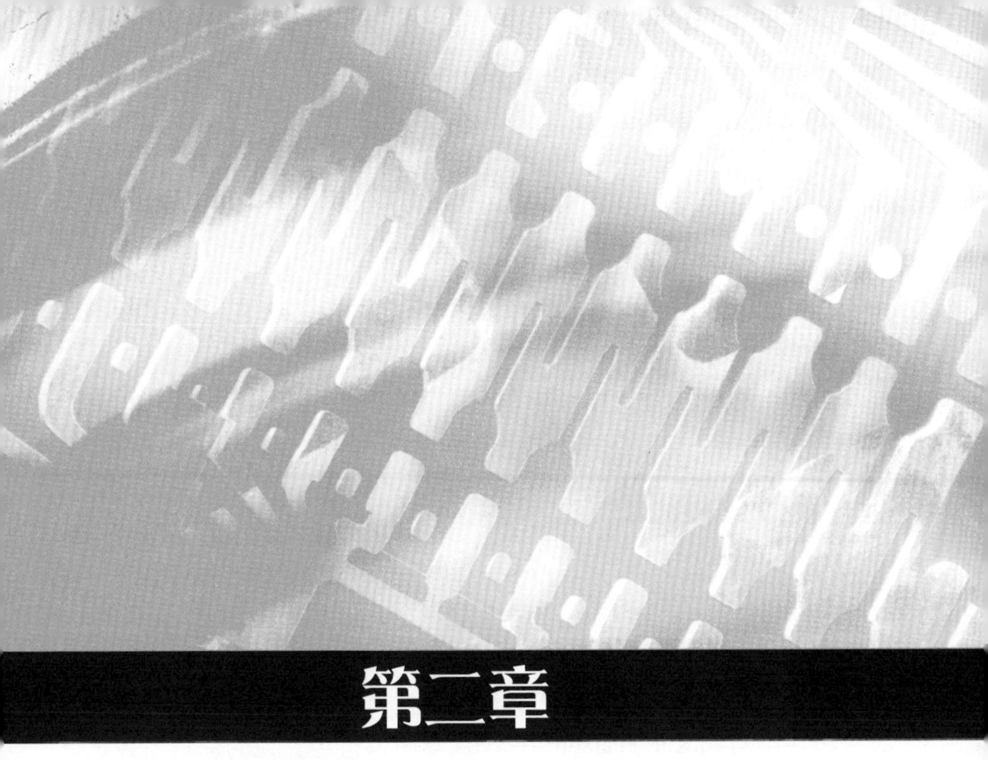

第二章

後設分析與 CMA[1]

1 CMA 係為 Comprehensive Meta-Analysis 軟體的縮寫，其試用版可到以下網址下載：http://www.meta-analysis.com/pages/support_download.html

第一節　後設分析

壹、後設分析濫觴

在統計學上，後設分析（meta-analysis）係指組合數個研究結果，以處理一組相關研究假設；亦即將多項研究結果組合的統計方法，這些組合後的結果會有助於證明或推翻某一項研究假設。史上第一個後設分析係由英國 Karl Pearson[2] 在 1904 年所進行，其目的係為了嘗試克服在研究中因為少量樣本而引起統計考驗力（statistical power）降低的問題；Pearson 進一步認為，整合一群研究的分析，可以獲致更精確的分析數據。自 Pearson 之後迄今，雖然後設分析方法被廣泛的應用在流行病學（epidemiology）和實證醫學（evidence-based medicine）上，但是，直到 1955 年，第一個在醫學治療上的後設分析才在世上發表。時迄 1970 年，教育研究領域導入更複雜的後設分析技巧，此可在 Gene V. Glass、Frank L. Schmidt 和 John E. Hunter 等學者的研究中一窺堂奧。1976 年，任教於科羅拉多大學（University of Colorado-Boulder）的 Gene V. Glass，創造了後設分析一詞，並在 1980 年出版的《心理療法的效益》（*Benefits of Psychotherapy*）一書中，廣泛說明後設分析技術在心理療法的結果研究。其後，在 Nambury S. Raju、Larry V. Hedges、Ingram

2 卡爾皮爾森（中譯姓名，1858-1936）係為數理統計學科的建立者，其在 1911 年於倫敦大學學院（University College London, UCL）創立世上第一個統計學系；皮爾森是優生學的倡導者，也是社會主義者（Wikipedia, 2008b）。

Olkin、John E. Hunter 和 Frank L. Schmidt 等人的研究中，對後設分析的統計理論貢獻卓著（維基百科，2007；Wikipedia, 2007, 2008a, 2008b）。

貳、後設分析意義

國內論者對於後設分析之定義眾多，舉其犖犖大者，後設分析是將對同一研究主題的有關實證研究結果加以統整，衡量其總結果（馬信行，2007）；亦即使用系統的統計技術，探討具有相同研究主題的實證研究文獻，並計算其效應量（effect size）來分析上述研究結果可以解釋與推論的程度，以作為進一步推論或修正依據的一種量化分析方法（吳清山、林天祐，2005）。上述之研究主題範圍甚廣，包括了組織公民行為、生命教育課程成效、交易成本與統治結構之關係、中小學教師個人背景變項與工作壓力相關性、人力資源管理議題、情境干擾效應在動作學習領域、家庭與學校變項對學生學業成就動機的影響、顧客貢獻價值與關係品質及顧客忠誠度之關聯性、電腦網路學習成效、電腦模擬對學生學習成效影響、概念構圖教學策略對學習成效影響、合作學習對學生學習成效影響、學習障礙者教學成效、心理治療與諮商輔導效果、市場導向與組織績效關係、青少年自殺危險因子之檢視等。由此可見，後設分析的應用層面甚多且廣，彰顯出該種方法的重要度。

參、後設分析相關論文

在國家圖書館之「全國博碩士論文資訊網[3]」中，以「後設分析」、「整合分析」為關鍵字進行論文搜尋，在碩博士論文標題名稱出現「後

[3] 全國博碩士論文資訊網網址：http://etds.ncl.edu.tw/theabs/index.jsp

設分析」與「整合分析」者，共計四十二筆（截至 2008 年 1 月），如表 2-1 所示。截至 2013 年 8 月，共計二百六十一筆。由表 2-1 可知，後設分析方法在管理、人文、社會科學、教育、科技、醫學、公共衛生等領域上的應用。

表 2-1　後設分析（整合分析）研究論文

出版年	研究生	論文名稱	指導教授	校院系所
2008	陳怡伶	重新檢視關係品質的前因與後果之後設分析：一個整體的觀點	蔡坤宏	臺北大學企業管理學系碩士論文
2007	葉錦光	我國中小學教師個人背景變項與工作壓力相關性之後設分析	羅希哲	屏東科技大學技術及職業教育研究所碩士論文
2007	廖美惠	企業組織中組織公民行爲之後設分析研究	黃玉梅	育達商業技術學院企業管理所碩士論文
2007	劉珍足	學習障礙者教學成效之後設分析	連廷嘉	臺東大學教育研究所碩士論文
2006	王萬意	我國 STS 教學模式對學生學習成效影響之後設分析	廖遠光	臺灣師範大學教育學系在職進修碩士班碩士論文
2006	石宇立	我國高中職學生學習動機之後設分析研究	徐昊杲	臺灣師範大學工業教育學系碩士論文
2006	林星帆	情境干擾效應在動作學習領域之後設分析	劉淑燕	中正大學運動與休閒教育所碩士論文
2006	陳奇修	交易成本與統治結構之關係：後設分析法	林晉寬	屏東科技大學工業管理系碩士論文
2006	鄒勝峰	我國博碩士論文人力資源管理議題之內容分析與後設分析	陳芳慶	高雄師範大學工業科技教育學系博士論文

（接下頁）

出版年	研究生	論文名稱	指導教授	校院系所
2006	裴美玲	系統性文獻回顧與整合分析：催眠治療在「憂鬱症」與「憂鬱情緒」上之應用	辜美安	南華大學自然醫學研究所碩士論文
2006	蔡欣嘉	九年一貫課程實施後資訊科技融入教學對國中、小學生學習成效影響之後設分析	廖遠光	新竹教育大學職業繼續教育研究所碩士論文
2006	薛宇佩	低碳水化合物飲食對心血管危險因子之影響：整合分析	潘文涵	臺灣大學流行病學研究所碩士論文
2005	吳純儀	青少年自殺危險因子之檢視：整合分析	余麗樺	高雄醫學大學行為科學研究所碩士論文
2005	范瑞東	概念構圖教學策略對學習成效影響的後設分析	廖遠光	新竹教育大學職業繼續教育研究所碩士論文
2004	林川田	捨人為己：群際歧別與自尊間關係的整合性分析	陳振宇	中正大學心理學研究所碩士論文
2004	林詩穎	組織公民行為之後設分析	萬同軒	銘傳大學管理研究所碩士論文
2004	洪雪雅	影響青少年偏差行為的家庭因素之整合分析	吳裕益	高雄師範大學輔導研究所碩士論文
2004	陳芝仙	國民中小學校長教學領導之後設分析研究	吳政達	淡江大學教育政策與領導研究所碩士論文
2004	陳秋雯	對搗亂行為處理效果的後設分析：以單一受試研究為主	馬信行	政治大學教育研究所博士論文
2004	陳琬真	以後設分析探討顧客貢獻價值、關係品質及顧客忠誠度之關聯性	王國明 林博文	清華大學科技管理研究所碩士論文

（接下頁）

出版年	研究生	論文名稱	指導教授	校院系所
2004	楊麗華	生命教育課程成效之後設分析	蔡明昌	南華大學生死學研究所碩士論文
2004	蔡慧君	合作學習對學生學習成效影響之後設分析	廖遠光	新竹教育大學教育研究所碩士論文
2004	魏敏真	市場導向與組織績效關係之探討——文獻整合分析	李皇照	中興大學行銷學系碩士論文
2003	吳大忠	多角化程度與國際化程度對經營績效影響之後設分析：以國內碩博士論文爲例	陳志遠	雲林科技大學企業管理系碩士論文
2003	邱兆宏	壓力與健康：整合分析與模式驗證之研究	余麗樺	高雄醫學大學行爲科學研究所碩士論文
2003	張惠雯	電腦網路學習成效影響之後設分析	廖遠光	新竹師範學院職業繼續教育研究所碩士論文
2003	許崇憲	家庭與學校變項對學生學業成就動機的影響：一個後設分析	馬信行 詹志禹	政治大學教育研究所博士論文
2003	陳郁雯	電腦模擬對學生學習成效影響之後設分析	廖遠光	新竹師範學院國民教育研究所碩士論文
2003	劉胤廷	骨性三級異常咬合者頦帽治療之生物力學效應：整合分析	張宏博	高雄醫學大學牙醫學研究所碩士論文
2003	鄭美娛	性別、電腦經驗、電腦課程及科系對教師電腦態度影響之後設分析	廖遠光	新竹師範學院國民教育研究所碩士論文
2002	林美君	臺北縣縣長選舉之 LOGIT 分析與 META 分析	張紘炬	淡江大學管理科學學系碩士論文

（接下頁）

出版年	研究生	論文名稱	指導教授	校院系所
2002	施乃華	創造思考教學成效之後設分析	陳美紀	彰化師範大學商業教育學系碩士論文
2002	彭瓊慧	我國資優教育研究之回顧與後設分析研究	郭靜姿	臺灣師範大學特殊教育研究所碩士論文
2002	游勝宏	中風後憂鬱與損傷位置之相關性：整合分析	劉景寬 余麗樺	高雄醫學大學行為科學研究所碩士論文
2002	劉俊庚	迷思概念與概念改變教學策略之文獻分析——以概念構圖和後設分析模式探討其意涵與影響	邱美虹	臺灣師範大學科學教育研究所碩士論文
2002	顏耀南	教師職業倦怠相關變項之後設分析研究	王如哲	中正大學教育學研究所碩士論文
2001	陳永慶	國內心理治療與諮商輔導效果的整合分析研究	余麗樺	高雄醫學大學行為科學研究所碩士論文
2001	黃淑敏	電腦網路學習對學生學習成效之後設分析	廖遠光	新竹師範學院國民教育研究所碩士論文
1998	張昭陽	組織氣候與整體工作滿足的實案整合分析	張紘炬	淡江大學管理科學系碩士論文
1997	曾南薰	我國教師組織承諾之整合分析	鍾任琴	嘉義師範學院國民教育研究所碩士論文
1996	賀德潤	領導行為與工作滿足的整合分析：以國內碩博士論文為例	張永源	高雄醫學院行為科學研究所碩士論文
1986	鍾燕宜	我國工作滿足研究的整合分析	林邦傑	東海大學企業管理研究所碩士論文

資料來源：本文作者整理。

第二節 Comprehensive Meta-Analysis[4]

Comprehensive Meta-Analysis 2.0（以下簡稱CMA 2.0）是特別設計用在後設分析的程式，主要包含資料輸入（data entry）、資料分析（data analysis）以及高解析圖（high resolution plots）三個模組，茲分述軟體之重要功能如下（Biostat, 2006）。

壹、資料輸入

一、軟體開啟

讀者在電腦安裝 CMA 2.0 軟體之後，其開啟方式如圖 2-1 所示，亦即點選 程式集 → Comprehensive Meta Analysis V2 → Comprehensive Meta Analysis V2.exe 選單，其中，CMA Brochure.pdf、Meta-Analysis Manual.pdf，以及 Meta-Analysis Tutorial.pdf 係為 CMA 2.0 英文手冊，手冊內有詳細說明。另外，讀者亦可由電腦桌面直接開啟 CMA 2.0 軟體。

開啟 CMA 2.0 軟體之後，出現圖 2-2 的資料輸入介面（格式同試算表），若是讀者目前是使用其他程式進行後設分析（例如：Microsoft Office Excel），可以將數據資料進行複製（務必使用 CTRL+C 鍵），再貼到（務必使用 CTRL+V 鍵）CMA 2.0 資料輸入介面。

4 讀者可以到以下網址進行試用版本軟體下載，唯試用軟體僅提供十次（或十天）使用次數：http://www.meta-analysis.com/pages/demo.html

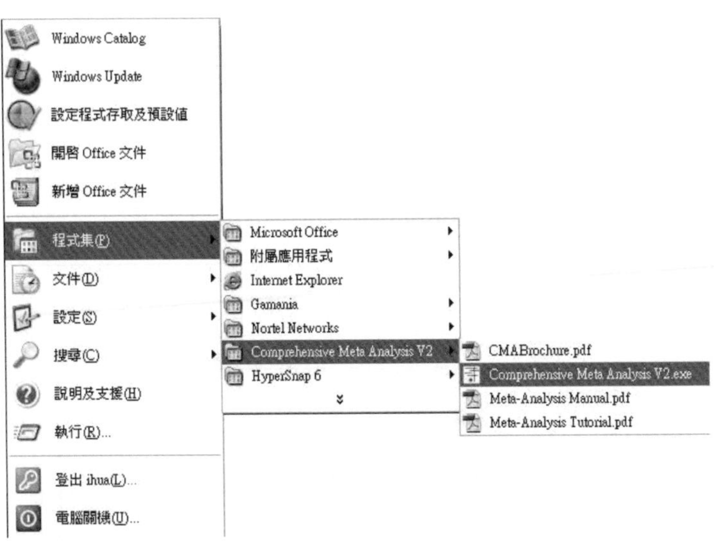

圖 2-1　CMA 2.0 開啟方式

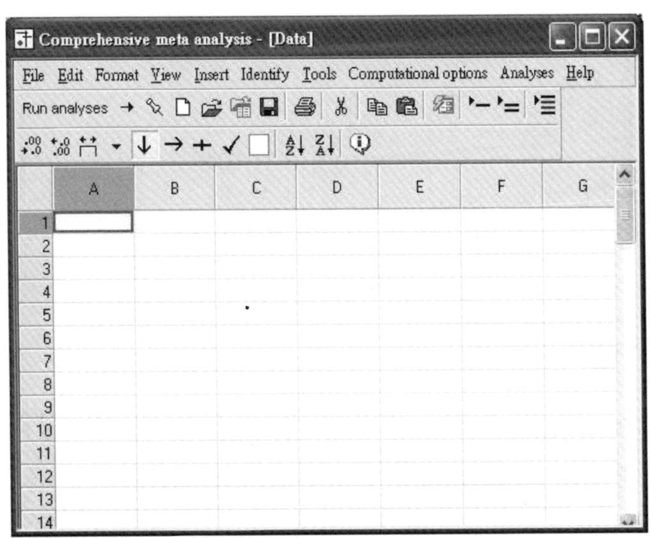

圖 2-2　CMA 2.0 資料輸入介面

二、軟體功能

在 CMA 2.0 上方工具列中，主要分為 File （檔案）、Edit （編輯）、Format （格式）、View （查看）、Insert （插入）、Identify （識別）、Tools （工具）、Computational options （計算選擇）、Analyses （分析），以及 Help （協助）。如圖 2-3 所示。

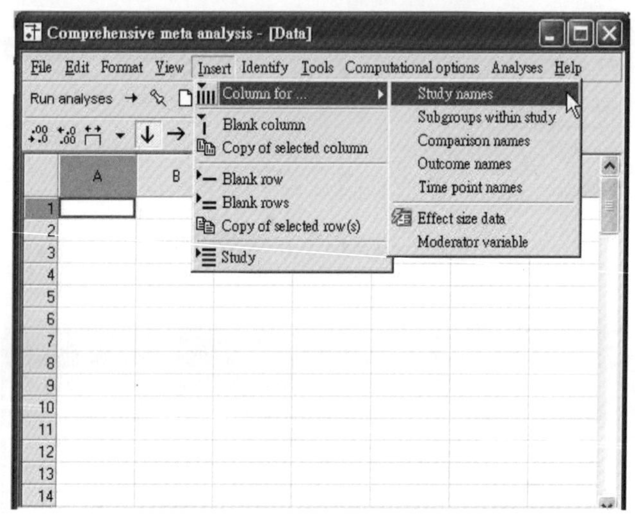

圖 2-3　CMA 2.0 工具列名稱

三、輸入資料

以圖 2-3 工具列中之 Insert （插入）為例，點選 Column for （建立欄位），再點選 Study names （研究名稱／研究者姓名），將自動出現以「Study name」為標題的欄位，如圖 2-4 所示。研究者即可進行研究者姓名資料輸入，如圖 2-5 所示。

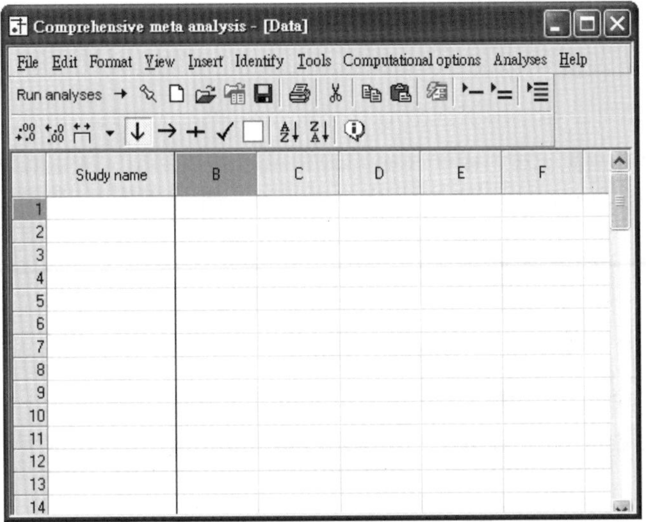

圖 2-4　Study name（研究名稱／研究者姓名）資料輸入欄位

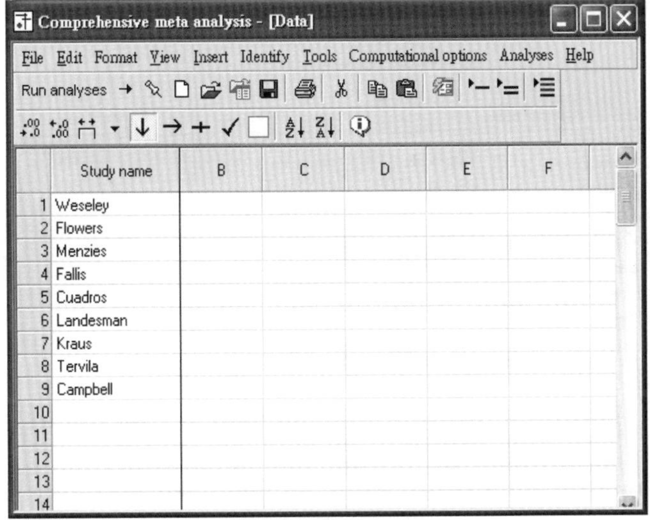

圖 2-5　在 Study name（研究名稱／研究者姓名）欄位輸入研究者姓名

承上圖 2-5 為例，研究者欲進行一項後設分析，以評估利尿劑（diuretics）在減除子癇前症（pre-eclampsia, PE）風險的作用能力，因為PE對孕婦而言是一項潛在致命的病變（event）。因此，研究者將患有PE的孕婦隨機分派到接受利尿劑的實驗組和控制組，並追蹤實驗組和控制組的受試者發生 PE 的人數。接下來，點選 Effect size data（效應量資料），如圖 2-6 所示。其後，將陸續出現以下對話框：Welcome（歡迎）→點選 Show common formats only（只顯示常用格式）→ Next（下一步）→Types of studies included（研究類型）→點選 Comparisons of two groups, time-points（兩組與時間點比較）→ Next（下一步）→ Select the data entry format（選擇資料輸入格式），如圖 2-7 所示。

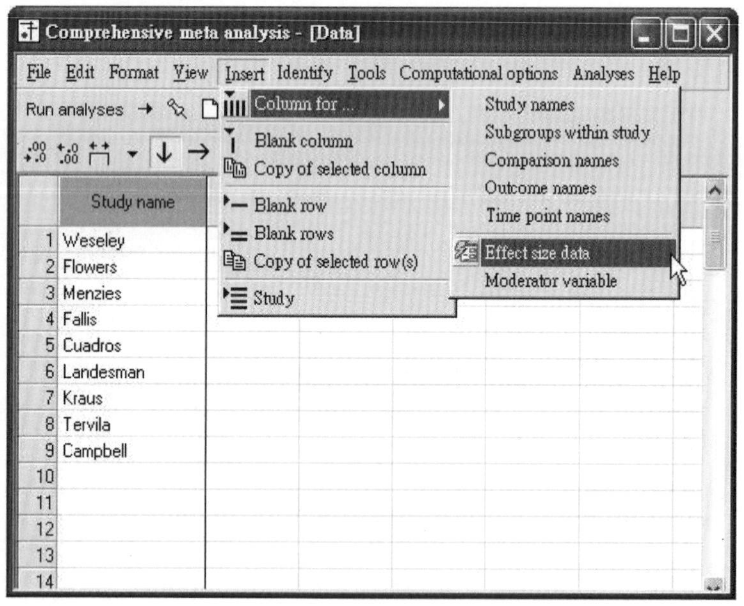

圖 2-6 點選 Effect size data（效應量資料）

在圖 2-7 中，讀者可以點選三項下拉式清單，三項清單中包含 Dichotomous（二分變項）、Continuous（連續變項）以及 Correlation（相關）。若讀者進一步點選上述三項清單，在 Dichotomous（二分變項）清單之下會出現 Unmatched groups（不對稱組別）和 Computed effect sizes（計算效應量）；在 Continuous（連續變項）清單之下會出現 Unmatched groups（不對稱組別）和 Computed effect sizes（計算效應量），在 Correlation（相關）清單之下會出現 Computed effect sizes（計算效應量），如圖 2-8 所示。

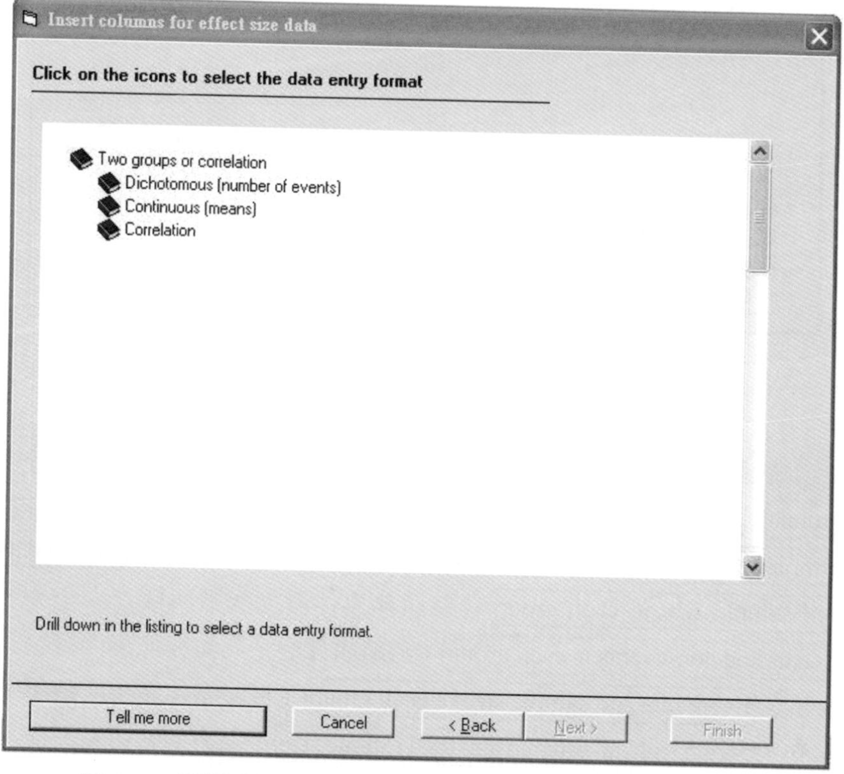

圖 2-7　選擇資料輸入格式（Select the data entry format）

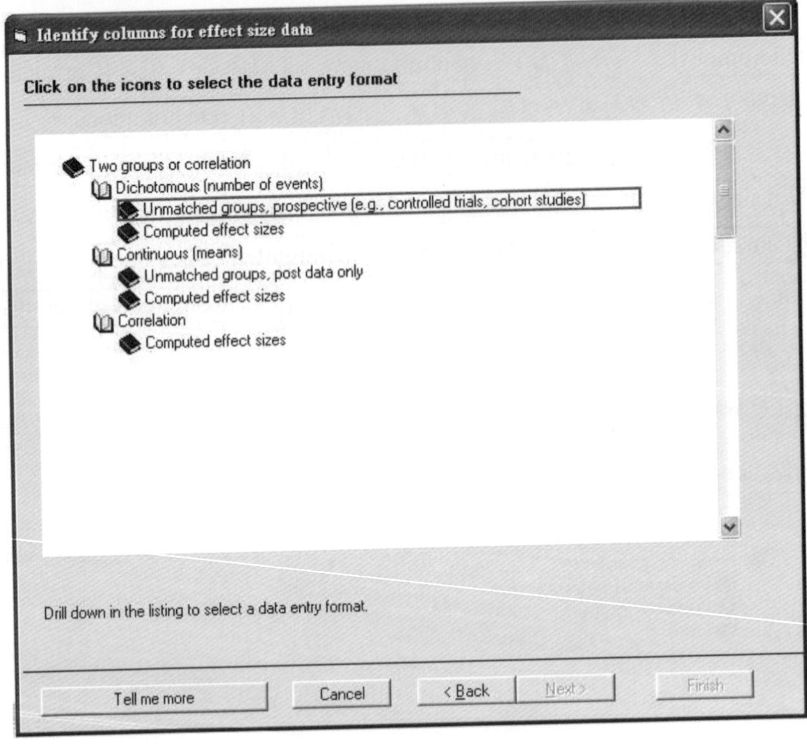

圖 2-8　資料輸入清單

在圖2-8中，點選 Dichotomous（二分變項）清單之下的 Unmatched groups（不對稱組別），會出現五種資料輸入格式，分別是 Events and sample size in each group（每組事件發生次數和樣本大小）、Non-events and sample size in each group（每組無事件發生次數與樣本大小）、Events and non-events in each group（每組事件發生次數與無事件發生次數）、Event rate and sample size in each group（每組事件發生次數頻率與樣本大小）、Chi-squared and total sample size（卡方考驗與整體樣本大小），如圖 2-9 所示。

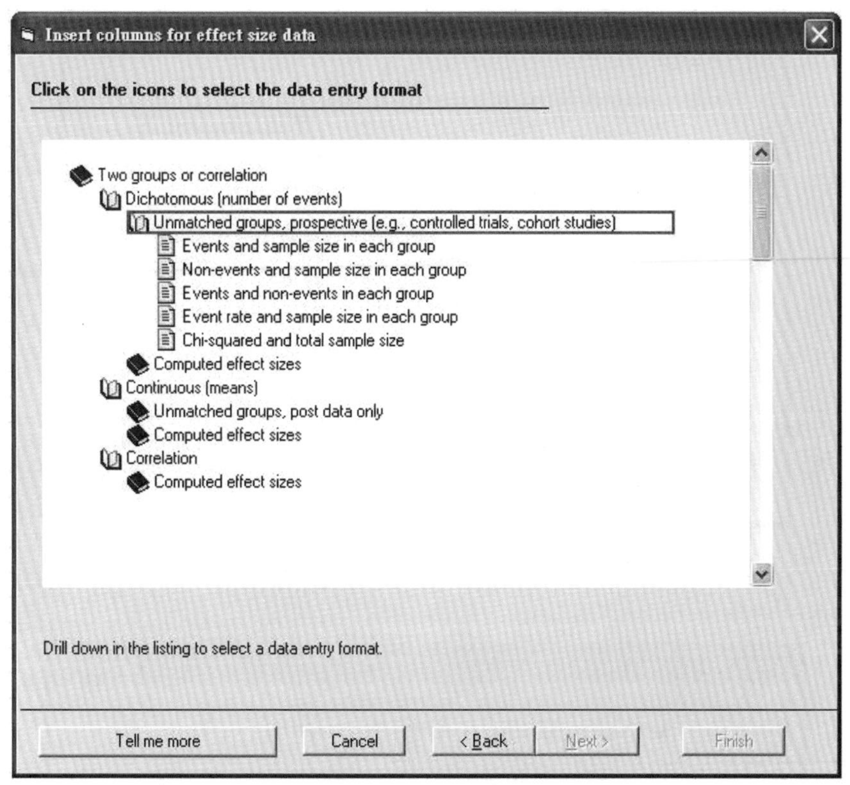

圖 2-9　不對稱組別之下的五種資料輸入格式

承上圖 2-9，點選 Events and sample size in each group → Finish，將出現「Treated」（實驗組）與「Control」（控制組）命名、「Events」（事件發生）、「Non-events」（事件不發生）之對話框，如圖 2-10 所示。點選圖 2-10 Ok 之後，讀者可進行「Group-A Events」（實驗組 A 事件發生）、「Group-A Total N」（實驗組 A 總人數）、「Group-B Events」（控制組 B 事件發生）、「Group-B Total N」（控制組 B 總人數）等欄位資料輸入，如圖 2-11 所示。

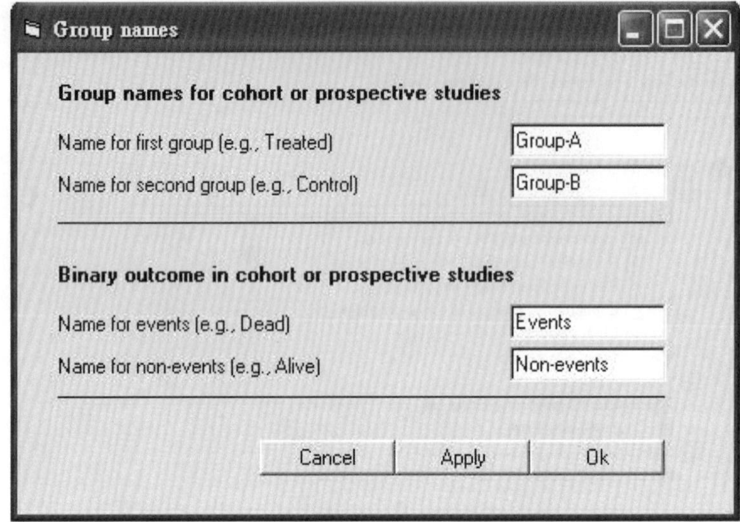

圖 2-10　實驗組與控制組之命名對話框

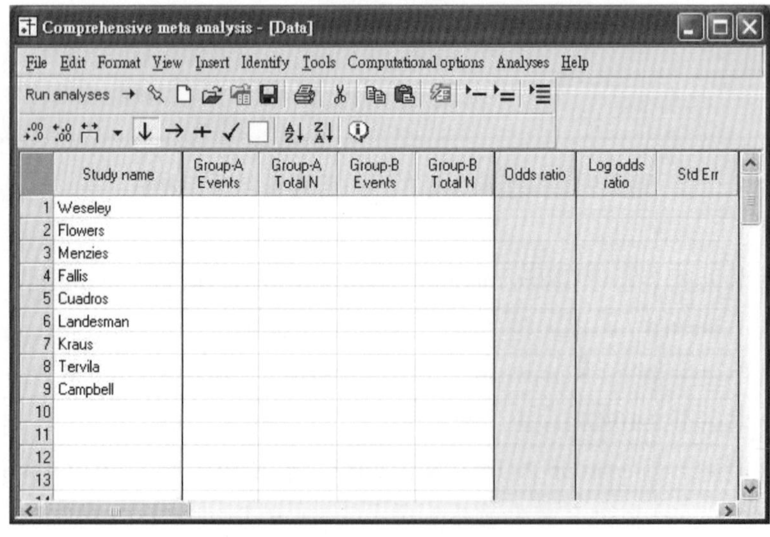

圖 2-11　實驗組 A 事件發生等資料輸入欄位

續圖2-11，依序將九位研究者（Weseley、Flowers、Menzies、Fallis、Cuadros、Landesman、Kraus、Tervila、Campbell）所屬的資料輸入「Group-A Events、Group-B Events」（事件發生）與「Group-A Total N、Group-B Total N」（總人數）欄位中，如圖 2-12，即可進行資料分析。

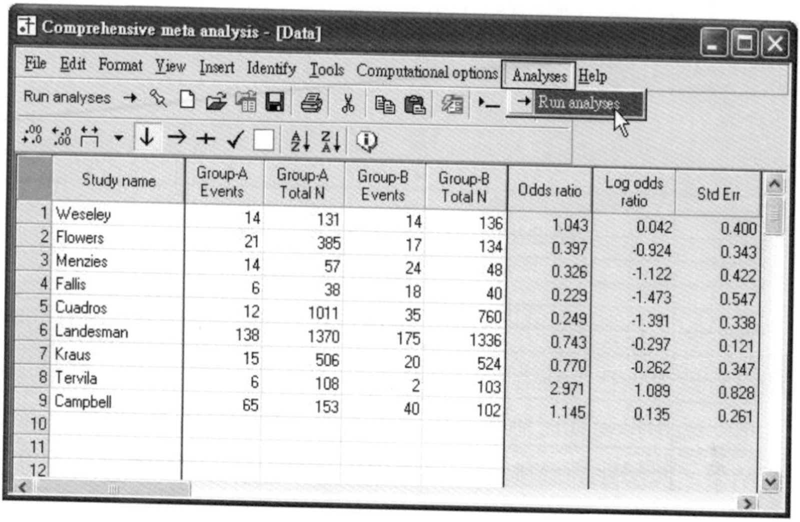

Comprehensive meta analysis - [Data]

File Edit Format View Insert Identify Tools Computational options Analyses Help

Run analyses → Run analyses

	Study name	Group-A Events	Group-A Total N	Group-B Events	Group-B Total N	Odds ratio	Log odds ratio	Std Err
1	Weseley	14	131	14	136	1.043	0.042	0.400
2	Flowers	21	385	17	134	0.397	-0.924	0.343
3	Menzies	14	57	24	48	0.326	-1.122	0.422
4	Fallis	6	38	18	40	0.229	-1.473	0.547
5	Cuadros	12	1011	35	760	0.249	-1.391	0.338
6	Landesman	138	1370	175	1336	0.743	-0.297	0.121
7	Kraus	15	506	20	524	0.770	-0.262	0.347
8	Tervila	6	108	2	103	2.971	1.089	0.828
9	Campbell	65	153	40	102	1.145	0.135	0.261
10								
11								
12								

圖 2-12　資料輸入於事件發生與總人數欄位

貳、資料分析

承上圖 2-12，點選工具列中的 Analyses（分析）→ Run analyses（進行分析）之後，將呈現出資料分析結果，如圖 2-13 所示。在圖 2-13 中，呈現出每一筆研究的「Odds ratio」（優勢比）、「Lower limit 和 Upper limit」（上下界限）、「Z-Value」（Z 值）和「p-Value」（p 值）。最右側是用「點」來表示優勢比的福烈斯特圖（forest plot），在 95 %的信賴區間範圍內。

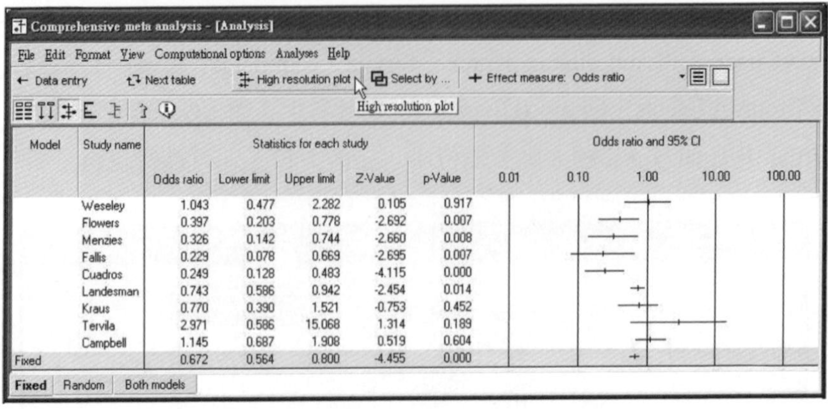

Model	Study name	Statistics for each study				
		Odds ratio	Lower limit	Upper limit	Z-Value	p-Value
	Weseley	1.043	0.477	2.282	0.105	0.917
	Flowers	0.397	0.203	0.778	-2.692	0.007
	Menzies	0.326	0.142	0.744	-2.660	0.008
	Fallis	0.229	0.078	0.669	-2.695	0.007
	Cuadros	0.249	0.128	0.483	-4.115	0.000
	Landesman	0.743	0.586	0.942	-2.454	0.014
	Kraus	0.770	0.390	1.521	-0.753	0.452
	Tervila	2.971	0.586	15.068	1.314	0.189
	Campbell	1.145	0.687	1.908	0.519	0.604
Fixed		0.672	0.564	0.800	-4.455	0.000

圖 2-13　資料分析福烈斯特圖

承上圖 2-13 之福烈斯特圖（forest plot），優勢比 1.00 係表示實驗處理沒有效果，在上述九筆研究結果中，有六筆研究結果之優勢比低於 1.00，係指接受利尿劑處理的病患，較不可能發展驚厥前期。三筆研究結果之優勢比高於 1.00，係指示接受利尿劑處理的病患，較可能發展驚厥前期。每一筆研究的信賴區間範圍係反映估計值（estimate）的精準性，小規模研究傾向於具有較大的信賴區間，大規模研究具有較小的信賴區間，上述研究係使用 95 %信賴區間。在圖 2-13 下方顯示在採用固定效應模式（fixed effect model）之下，九筆研究的組合效應，優勢比是 .672，95 %信賴區間的上下界限為 .564 到 .800，Z 值是-4.455，p 值＜ .000。

參、高解析圖

點選圖 2-13 中工具列的 High resolution plot（高解析圖），將出現後設分析解析圖，如圖 2-14 所示。

Meta Analysis

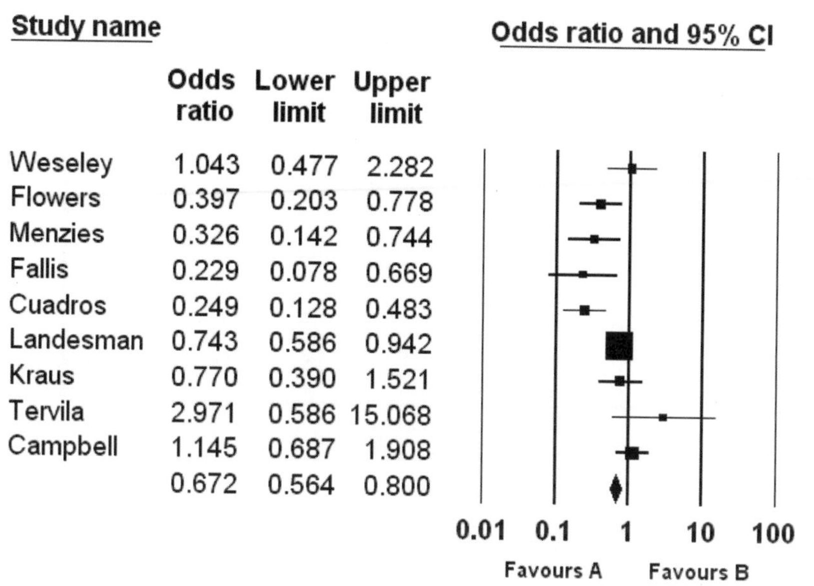

Study name	Odds ratio	Lower limit	Upper limit
Weseley	1.043	0.477	2.282
Flowers	0.397	0.203	0.778
Menzies	0.326	0.142	0.744
Fallis	0.229	0.078	0.669
Cuadros	0.249	0.128	0.483
Landesman	0.743	0.586	0.942
Kraus	0.770	0.390	1.521
Tervila	2.971	0.586	15.068
Campbell	1.145	0.687	1.908
	0.672	0.564	0.800

Meta Analysis

圖 2-14　後設分析高解析圖

肆、計算審視

在圖 2-15 中，在白色欄位輸入數據資料，CMA 2.0 會自動計算優勢比（Odds ratio）與對數優勢比（Log odds ratio），並將上述數值顯示在黃色欄位內；以滑鼠左鍵雙擊黃色欄位內的任何數值（例如：以第一筆研究的優勢比 1.043 為例），則會出現一個對話框，顯示數值之計算過程，如圖 2-16 所示。

Comprehensive meta analysis - [C:\Program Files\Comprehensive Meta Analysis Version 2\De...

File Edit Format View Insert Identify Tools Computational options Analyses Help

Run analyses

	Study name	Treated PE	Treated Total N	Control PE	Control Total N	Odds ratio	Log odds ratio	Std Err	Variance
1	Weseley	14	131	14	136	1.043	0.042	0.400	0.160
2	Flowers	21	385	17	134	0.397	-0.924	0.343	0.118
3	Menzies	14	57	24	48	0.326	-1.122	0.422	0.178
4	Fallis	6	38	18	40	0.229	-1.473	0.547	0.299
5	Cuadros	12	1011	35	760	0.249	-1.391	0.338	0.114
6	Landesman	138	1370	175	1336	0.743	-0.297	0.121	0.015
7	Kraus	15	506	20	524	0.770	-0.262	0.347	0.121
8	Tervila	6	108	2	103	2.971	1.089	0.828	0.686
9	Campbell	65	153	40	102	1.145	0.135	0.261	0.068
10									
11									
12									
13									
14									
15									

圖 2-15　優勢比與對數優勢比的自動計算

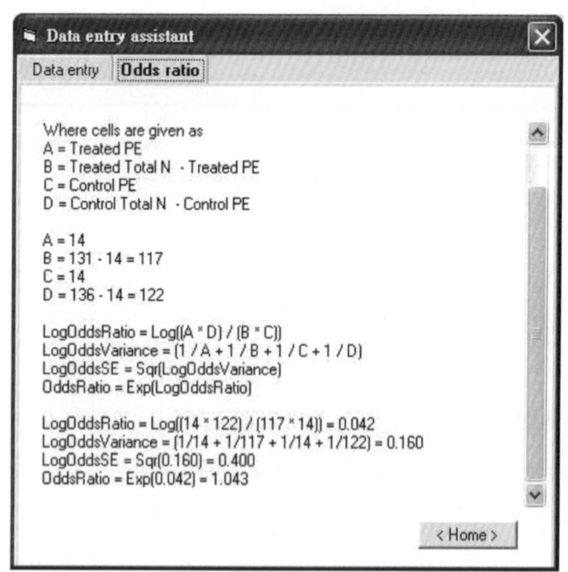

圖 2-16　顯示優勢比之計算過程

承上，以滑鼠右鍵單擊黃色欄位內的任何數值，點選 Customize computed effect size display（客製化計算效應量顯示），如圖 2-17 所示。

Comprehensive meta analysis - [C:\Program Files\Comprehensive Meta Analysis Version 2\De...

File Edit Format View Insert Identify Tools Computational options Analyses Help

Run analyses →

	Study name	Treated PE	Treated Total N	Control PE	Control Total N	Odds ratio	Log odds ratio	Std Err	Variance
1	Weseley	14	131	14	136	1.043	0.042	0.400	0.160
2	Flowers	21	385	17	134	0.3			
3	Menzies	14	57	24	48	0.3			
4	Fallis	6	38	18	40	0.2			
5	Cuadros	12	1011	35	760	0.2			
6	Landesman	138	1370	175	1336	0.7			
7	Kraus	15	506	20	524	0.7			
8	Tervila	6	108	2	103	2.9			
9	Campbell	65	153	40	102	1.1			
10									
11									
12									
13									
14									
15									

Sort A-Z
Sort Z-A
Column properties
Data entry assistant
Formulas
Show all selected indices
Show only the primary index
Set primary index to Odds ratio
Customize computed effect size display

圖 2-17　客製化計算效應量顯示

之後會出現一個「Effect size indices」（效應量指標）對話框，如圖 2-18 所示，「Odds ratio」（優勢比）是預設指標，讀者可以依據研究之需要修正指標顯示。例如，可以選擇顯示「Risk ratio」（風險比）、「Risk difference」（風險差異），或是下拉指標選單，也可以選擇其他實驗 indices of treatment effect（處理效應指標），亦可以 Also show variance（選擇變異）或是 Also show standard error（標準誤）。

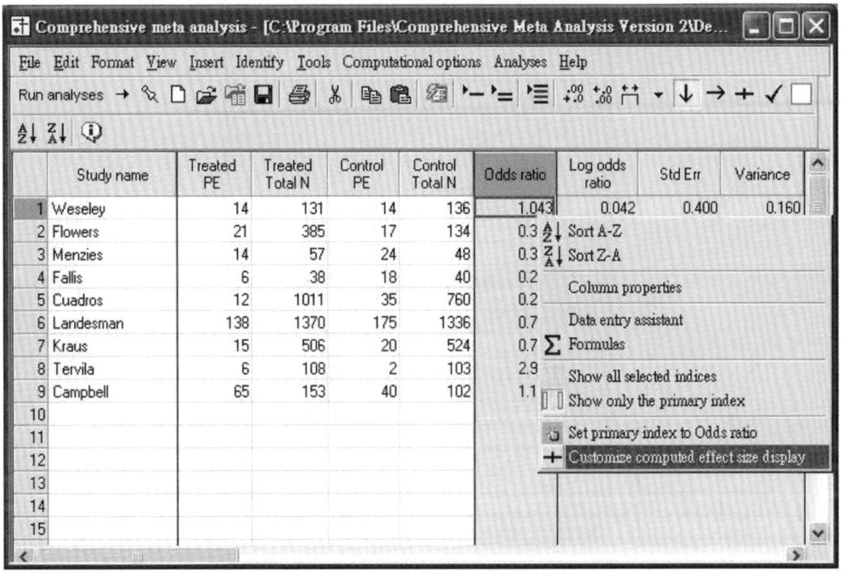

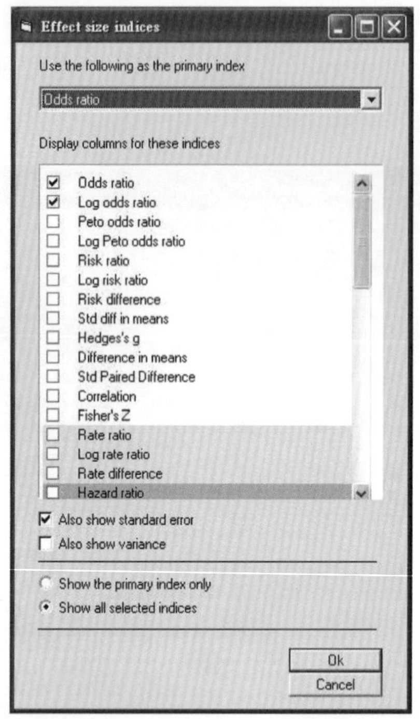

圖 2-18 「Effect size indices」（效應量指標）對話框

伍、其他格式

在圖 2-12 中（詳見本章），九筆研究的資料輸入格式是「Events and sample size in each group」（每組事件發生次數與樣本大小），若上述九筆研究中的最後兩筆（亦即 Tervila 與 Campbell）的研究報告僅呈現優勢比（odds ratio）和信賴區間（confidence interval），則需要插入其他欄位以容納此兩種資料格式。以圖 2-19 為例，刪除第八筆和第九筆資料；再從工具列點選 Insert（插入）→ Column for（建立欄位）→

Effect size data（效應量資料），如圖 2-20 所示。

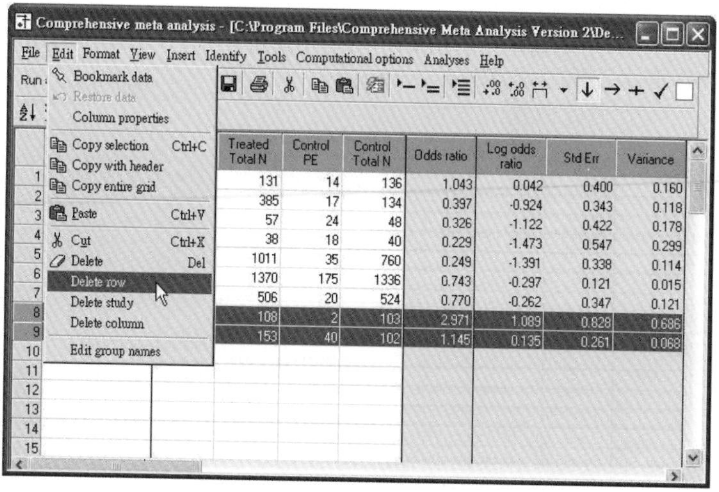

圖 2-19　刪除第八筆和第九筆資料

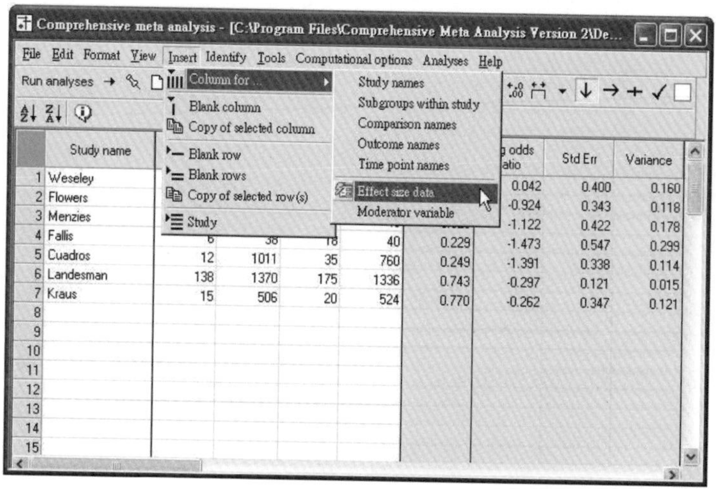

圖 2-20　建立欄位與效應量資料

承上圖 2-20，點選 Effect size data（效應量資料）之後，開啟一個對話框，如圖 2-21 所示，點選 Odds ratio and confidence limits（優勢比和信賴界限）→ Finish（結束）。點選 Finish（結束）之後，會顯示新的對話框，如圖 2-22 所示。

Insert columns for effect size data

Click on the icons to select the data entry format

Two groups or correlation
Dichotomous (number of events)
Unmatched groups, prospective (e.g., controlled trials, cohort studies)
Events and sample size in each group
Non-events and sample size in each group
Events and non-events in each group
Event rate and sample size in each group
Chi-squared and total sample size
Matched groups, prospective (e.g., crossover trials or pre-post designs)
Unmatched groups, retrospective (e.g., case control studies)
Computed effect sizes
Odds ratio and confidence limits
Log odds ratio and standard error
Log odds ratio and variance
Peto's (O-E) and V
Risk ratio and confidence limits
Log risk ratio and standard error
Log risk ratio and variance

You have selected Odds ratio and confidence limits
Click 'Finish' to create the columns

Tell me more | Cancel | < Back | Next > | Finish

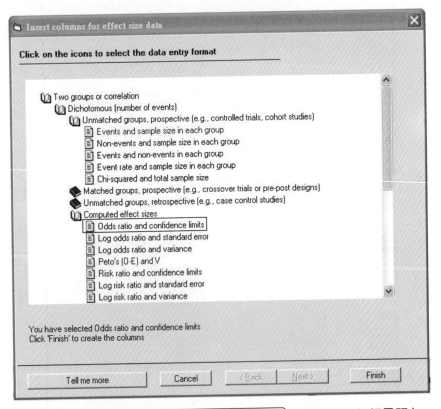

圖 2-21　點選 Odds ratio and confidence limits（優勢比和信賴界限）

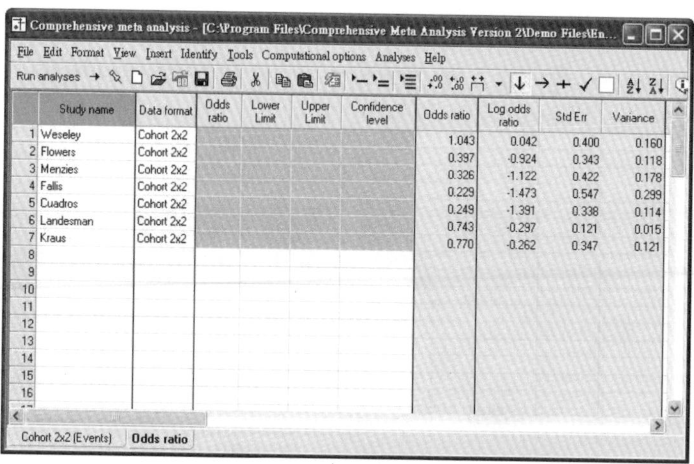

圖 2-22　優勢比（Odds ratio）資料格式

承上圖 2-22 中，視窗左下角有兩種資料格式，亦即 Cohort 2x2 (Events) 和 Odds ratio 。藉由點選 Cohort 2x2(Events) 或 Odds ratio ，以切換資料格式。點選 Cohort 2x2(Events) ，出現的資料格式如圖 2-23 所示。

	Study name	Data format	Treated PE	Treated Total N	Control PE	Control Total N	Odds ratio	Log odds ratio	Std Err	Variance
1	Weseley	Cohort 2x2	14	131	14	136	1.043	0.042	0.400	0.160
2	Flowers	Cohort 2x2	21	385	17	134	0.397	-0.924	0.343	0.118
3	Menzies	Cohort 2x2	14	57	24	48	0.326	-1.122	0.422	0.178
4	Fallis	Cohort 2x2	6	38	18	40	0.229	-1.473	0.547	0.299
5	Cuadros	Cohort 2x2	12	1011	35	760	0.249	-1.391	0.338	0.114
6	Landesman	Cohort 2x2	138	1370	175	1336	0.743	-0.297	0.121	0.015
7	Kraus	Cohort 2x2	15	506	20	524	0.770	-0.262	0.347	0.121

圖 2-23　Cohort 2x2 資料格式

點選圖 2-23 左下角 Odds ratio ，將兩筆（Tervila 與 Campbell）研究資料輸入，步驟如下：輸入姓名→滑鼠左鍵雙擊「Odds ratio」所屬空白欄位→輸入資料，結果如圖 2-24 所示。

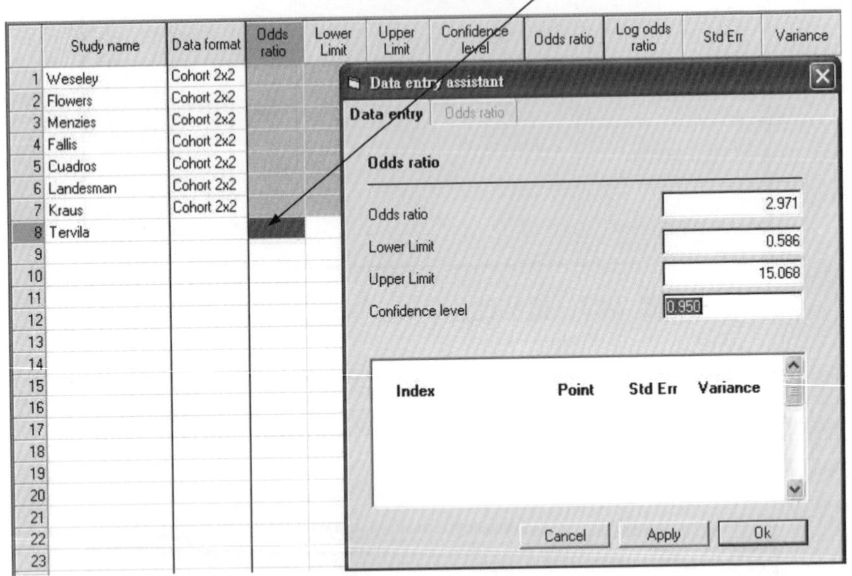

圖 2-24　輸入資料

在圖 2-25 中，前七筆研究（Weseley、Flowers 等）係使用事件發生與樣本人數資料格式，後兩筆研究（Tervila 和 Campbell）係使用優勢比和信賴界限資料格式。無論使用何種資料格式，CMA 2.0 都會計算對數優勢比與標準誤（見黃色欄位），做為資料分析使用。在白色欄位（例如：「Odds ratio」欄位）單擊滑鼠右鍵，點選 Show all data entry formats （顯示所有資料輸入格式），如圖 2-26 所示。

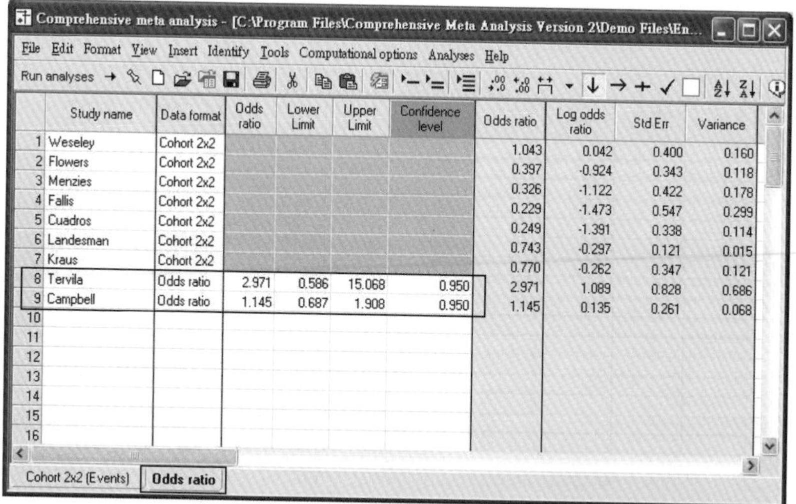

圖 2-25　優勢比（Odds ratio）資料格式

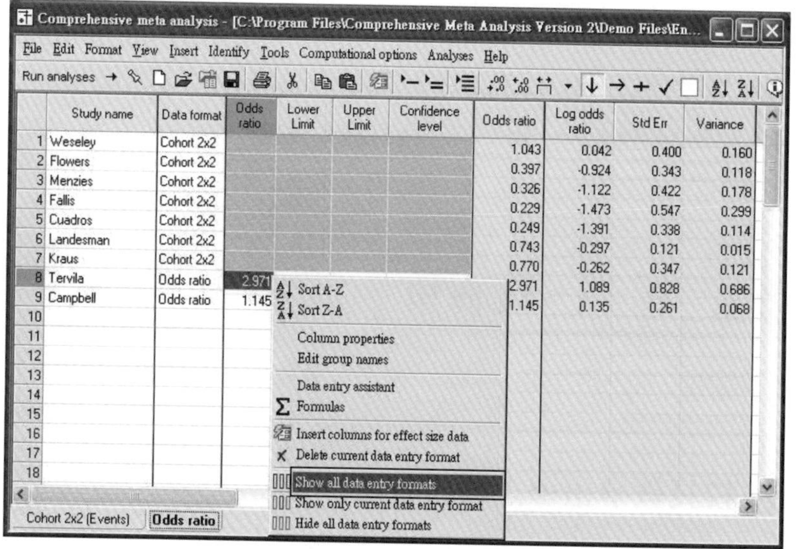

圖 2-26　顯示所有資料輸入格式

點選顯示所有資料輸入格式之後，將可審視所有輸入資料，如圖 2-27。若欲將圖 2-27 的資料格式回復到圖 2-26 的資料格式，步驟如下：在白色欄位單擊滑鼠右鍵→點選 Show only current data entry format（顯示目前資料輸入格式）。

Comprehensive meta analysis - [C:\Program Files\Comprehensive Meta Analysis Version 2\Demo Files\English\Diuretic.cma]

File Edit Format View Insert Identify Tools Computational options Analyses Help

Run analyses →

	Study name	Data format	Treated PE	Treated Total N	Control PE	Control Total N	Odds ratio	Lower Limit	Upper Limit	Confidence level	Odds ratio	Log odds ratio	Std Err	Variance
1	Weseley	Cohort 2x2	14	131	14	136					1.043	0.042	0.400	0.160
2	Flowers	Cohort 2x2	21	385	17	134					0.397	-0.924	0.343	0.118
3	Menzies	Cohort 2x2	14	57	24	48					0.326	-1.122	0.422	0.178
4	Fallis	Cohort 2x2	6	38	18	40					0.229	-1.473	0.547	0.299
5	Cuadros	Cohort 2x2	12	1011	35	760					0.249	-1.391	0.338	0.114
6	Landesman	Cohort 2x2	138	1370	175	1336					0.743	-0.297	0.121	0.015
7	Kraus	Cohort 2x2	15	506	20	524					0.770	-0.262	0.347	0.121
8	Tervila	Odds ratio					2.971	0.586	15.068	0.950	2.971	1.089	0.828	0.686
9	Campbell	Odds ratio					1.145	0.687	1.908	0.950	1.145	0.135	0.261	0.068
10														
11														
12														
13														
14														
15														
16														
17														
18														
19														
20														

Cohort 2x2 (Events) | Odds ratio

圖 2-27　所有輸入資料

第三節　CMA 應用

壹、校長教學領導之後設分析

陳芝仙（2004）的研究《國民中小學校長教學領導之後設分析研

究》，旨在整合國民中小學校長教學領導之實證研究結果。首先，具體指出截至 2003 年 10 月為止國民中小學校長教學領導之主要研究；其次，描述與蒐集國民中小學校長教學領導研究之特徵，並建立研究假設清單；最後，探討不同背景變項下，教育人員知覺校長教學領導行為之差異情形。上述研究蒐集資料的方法係透過博碩士論文、政府研究、中華民國期刊論文索引系統等資料庫系統進行檢索，總計符合本研究主題之實證研究共計二十六篇。

貳、軟體應用

陳芝仙（2004）採用 Hedges 和 Olkin 的後設分析法，應用 Comprehensive Meta-analysis 軟體 1.0 版進行統計分析。研究結果摘要如下：

一、男性教育人員知覺校長教學領導行為高於女性教育人員。

㈠不同性別校長知覺校長教學領導行為沒有顯著差異，然而男性教師知覺校長教學領導行為高於女性教師。

㈡不同性別教育人員知覺校長教學領導行為之差異程度，在臺北地區與桃竹苗地區沒有顯著差異。

㈢不同性別國中教育人員知覺校長教學領導行為差異程度大於國小教育人員。

二、年資超過五年之教育人員知覺校長教學領導行為高於年資在五年以下的教育人員。

㈠不同年資校長所知覺的校長教學領導行為並無顯著差異。

㈡年資超過五年的教師所知覺的校長教學領導行為高於年資在五年以下的教師所知覺的校長教學領導行為。

三、教育程度在研究所以上之教育人員知覺校長教學領導行為高於教育程度在大專以下之教育人員。

(一)不同教育程度校長知覺的教學領導行為沒有顯著差異。

(二)教育程度在研究所以上之教師知覺校長教學領導行為高於教育程度在大專以下之教師。

四、校長知覺的校長教學領導行為高於教師所知覺的校長教學領導行為。

五、兼行政職教師知覺校長教學領導行為高於未兼行政職教師所知覺的校長教學領導行為。

六、較小規模學校（24 班以下）教育人員知覺校長教學領導行為高於較大規模學校（25 班以上）教育人員所知覺的校長教學領導行為。

(一)不同學校規模校長知覺校長教學領導行為沒有顯著差異。

(二)較小規模學校教師知覺校長教學領導行為高於較大規模學校教師所知覺的校長教學領導行為。

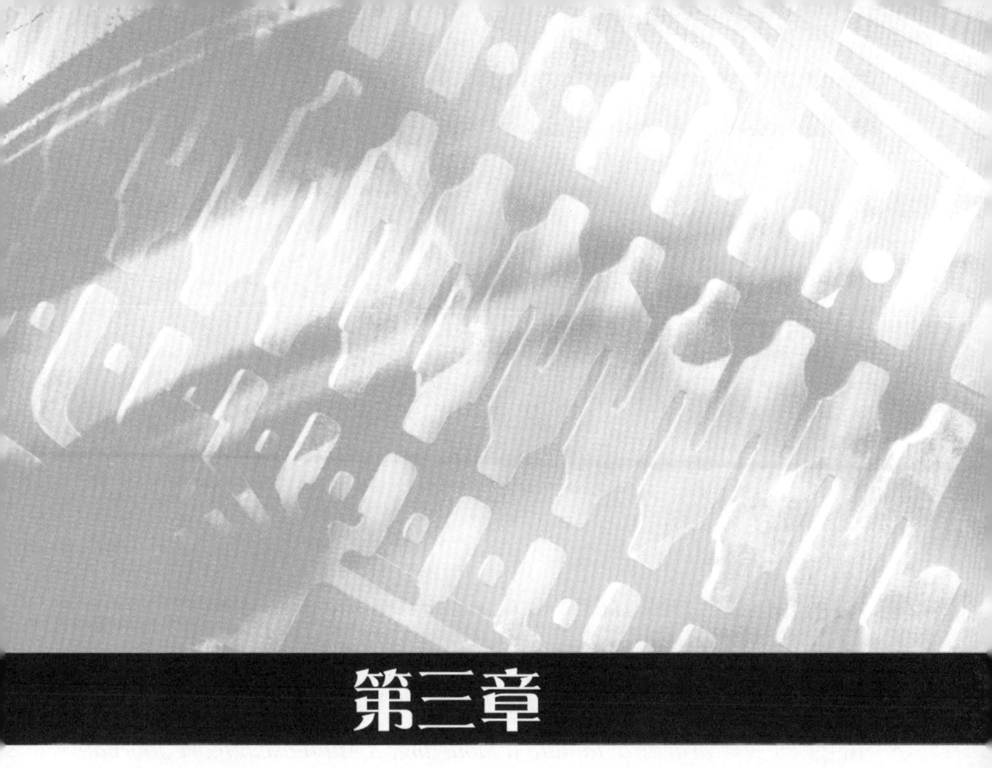

第三章

結構方程模式與 M*plus*

第一節　結構方程模式

壹、簡介

近年以來，結構方程模式（structural equation modeling, SEM）的討論與應用，在臺灣學術界受到高度的重視，而以探究SEM等方法論的學會和期刊亦相繼成立與發行。在國外，專門以SEM為討論主題與應用的期刊——*Structural Equation Modeling: A Multidisciplinary Journal*[1]，已於 1994 年發行，至今已有十五年（Taylor & Francis, 2008）。SEM 是一項結合使用統計數據和定性的因果假設（qualitative causal assumptions），用以測試和估算因果關係的統計技術。遺傳學者 Sewall Wright（1921）、經濟學者 Trygve Haavelmo（1943）和 Herbert Simon（1953），都曾明確地說明結構方程模式的觀點，而 Judea Pearl（2000）則使用微積分的概念，正式的定義 SEM（Wikipedia, 2008e）。

貳、概念

SEM鼓勵驗證性（exploratory）模型化，而不是試探性模型化（exploratory modeling），因此，SEM 適合於理論測試而非理論發展。通

---

1 *Structural equation modeling: A multidisciplinary journal* 網址如下：http://www.tandf.co.uk/journals/titles/1070-5511.asp

常，SEM開始於一個假設、將假設呈現為一種模式、使用測量工具操作構念，最後檢測此模式。嵌入在該模式的因果假設（causal assumptions）在經由檢測數據之後，該模式通常具有被檢證的意涵（falsifiable implications）。基於模式證據（model evidence）的觀點，最初的假設常常需要調整。SEM 優勢之一是把構念（construct）建構成潛在變項（latent variables）（潛在變項不能直接被測量，可從測量變項的模式中加以估計）的能力，以讓模式建構者（modeler）可以明確地掌握模式中的不可靠性測量（unreliability of measurement），進而讓潛在變項中的結構關係可以被精確地估計（Wikipedia, 2008e）。

關於模式的適配評量（assessment of fit），利用結構方程模式分析程式，可以比較實際矩陣和估計矩陣在模式中變項之間所代表的關係。為實現上述目的，正式的統計考驗和適配指標已經發展出來；個別模式參數也可以在估計模式中加以檢驗，以便看看所提出的假設模式是否與理論相契合。發展至今，較常用的適配指標包括卡方統計值（Chi-Square Test）、平均近似值誤差平方根（Root Mean Square Error of Approximation, RMSEA）、標準化均方根殘差（Standardized Root Mean Square Residual, SRMR），以及比較適合度指標（Comparative Fit Index, CFI）（Wikipedia, 2008e）。

第二節　M*plus* 軟體

壹、簡介[2]

一、M*plus* 歷史

M*plus* 1 第一次發行是在 1998 年 11 月，自此，M*plus* 已經歷過六次主要的版本更新：M*plus* 2（2001 年 2 月發行）、M*plus* 3（2004 年 3 月發行）、M*plus* 4（2006 年 2 月發行）、M*plus* 5（2007 年 11 月發行）、M*plus* 6（2010 年 4 月發行），目前，最新的 M*plus* 版本是 M*plus* 7（2012 年 9 月發行）。

二、M*plus*[3] 功能

M*plus* 是一種統計模型化軟體（statistical modeling program），該軟體能提供研究者使用彈性工具來分析數據資料。M*plus* 易於使用的介面設計、資料和分析結果的圖形化顯示（graphical displays），能提供研究者廣泛選擇模式（models）、估計值（estimators）和計算方法（algorithms）。更重要的是，M*plus* 能分析橫斷面（cross-sectional）和縱貫性（longitudinal）的數據資料、單層次（single-level）和多層次

2 本文修訂自張奕華（2007）。**學校科技領導及管理：理論及實務**。台北：高等教育。

3 Muthén & Muthén 網站如下：http://www.statmodel.com/

（multilevel）數據資料，以及不同母群體的觀察或非觀察數據（observed or unobserved）資料。除此之外，M*plus* 能分析的觀察變項包括連續變項、二分類別變項、次序性類別（ordered categorical）變項或次序（ordinal）變項、無序類別（unordered categorical）變項或名義（nominal）變項和上述組合變項。M*plus* 亦具有處理遺漏數據資料（missing data）、調查數據資料（survey data）、多層次數據資料（multilevel data）和蒙地卡羅[4]模擬[5]研究（Monte Carlo simulation studies）的功能。M*plus* 模型化架構的一般性，來自於獨特的使用連續性和類別性潛在變項（latent variables），連續性潛在變項常用以表示非觀察構念（unobserved constructs）的因素等，類別性潛在變項常用以表示同質性團體的潛在等級等（Muthén & Muthén, 2008）。

從概念上來說，模型化（modeling data）數據資料的目的，是以簡單型式來描述資料結構，使其容易理解與詮釋。實質上，數據資料模型化等同於是具體指定變項之間的一組關係。以圖 3-1 為例，顯示出在 M*plus* 中模型化出來的關係型式，長方形表示觀察變項，觀察變項可以是背景變項或結果變項（依變項），背景變項以 x 表示，連續結

---

4 蒙地卡羅是一種數值方法，利用亂數取樣（random sampling）模擬來解決數學問題。一般公認蒙地卡羅方法一詞為著名數學家 John von Neumann 等人於 1949 年在一篇名為 'The Monte Carlo method' 文章中所提出。此方法的理論基礎於更早時候已為人所知，只不過是用手動產生亂數來解決問題，是一件費時又費力的繁瑣工作，等到電腦時代，此繁複計算工作才變得實際可執行（顏逸飄，2006）。

5 蒙地卡羅模擬是由學者蒙地卡羅所提出，一開始主要運作於分析賭博遊戲，諸如輪盤、骰子、拉吧。蒙地卡羅可以模擬這些賭博中的隨機行為，當你擲骰子時，你知道共有一至六的數字可能出現，但是你不知道它的規則。它就像企業主面對問題時，可能知道問題引發的結果和過程，卻無法瞭解每一個變數的嚴重程度（昊青公司，2008）。

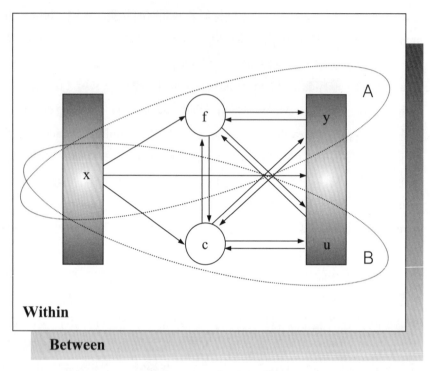

圖 3-1　M*plus* 結構模型

資料來源：Muthén & Muthén (2008). *General description*. Retrieved August 25, 2008, from http://www.statmodel.com/features.shtml

果變項以 y 表示；二分類別變項、次序性類別（或次序）變項、無序類別（或名義）變項以 u 表示；圓形表示潛在變項（latent variable），連續變項和類別變項可以做為潛在變項，連續潛在變項以 f 表示，類別潛在變項以 c 表示（Muthén & Muthén, 2008）。

在圖 3-1 的 M*plus* 結構模型中，箭頭代表變項之間的迴歸關係（regression relationships），而觀察結果變項的迴歸、連續潛在變項的迴歸以及類別潛在變項的迴歸等型式，並不特地在圖 3-1 標示出來。對於連續結果變項而言，可以使用線性迴歸（linear regression）模式；對於二分類別和次序性類別結果變項而言，可使用機率（probit）或是羅吉斯迴歸（logistic regressions）模式；對於無序類別結果變項而言，可使用多項式羅吉斯迴歸（multinomial logistic regression）模式；對於計數結果變項而言，可使用卜瓦松迴歸（Poisson regression）模式（Muthén & Muthén, 2008）。除此之外，圖 3-1 的 M*plus* 模式包括連續潛在變項、類別潛在變項或是連續和類別的組合潛在變項。其中，橢圓形 A 表示僅有連續潛在變項的模式，橢圓形 B 表示僅有類別潛在變項的模式，而完整模型化架構（full modeling framework）則是指連續和類別潛在變項的組合模式。至於圖 3-1 中的 Within 和 Between 部分，係表示多層次模式（包括單層次和集群層次，其中單層次模式係指 Within 部分，集群層次係指 Between 部分）的變異，可以用 M*plus* 加以估計（Muthén & Muthén, 2008）。

貳、M*plus* 操作

關於 M*plus*（5.1 版本）指令說明和操作步驟，分述如下。

一、視窗介紹

開啟 M*plus*（5.1 版本）之後的介面視窗，如圖 3-2 所示，空白之處係做為輸入指令之用。

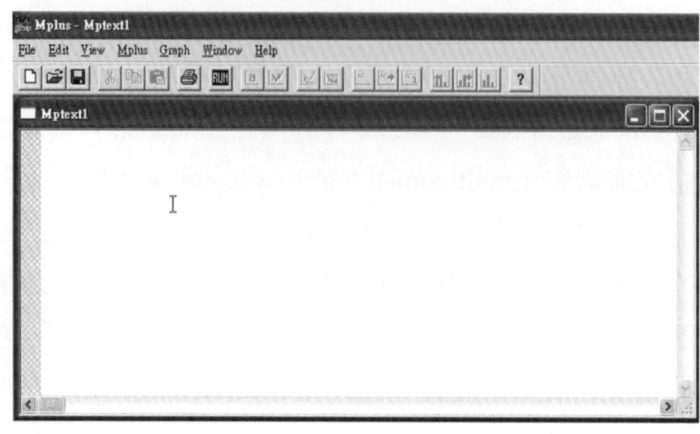

圖 3-2 M*plus* 介面視窗

工具列中的 Mplus ，係提供 Language Generator（資料處理方式）與 Run Mplus（執行「Mplus」）的功能，如圖 3-3 所示。其中，資料處理方式包括 SEM（結構方程模式）、SEM with Missing data（含有遺漏數據資料的結構方程模式）、SEM with Clustered data（含有集群數據資料的結構方程模式）、Mixture（混合模式）、EFA（試探性因素分析）、EFA with Missing data（含有遺漏數據資料的試探性因素分析）以及 Logistic（羅吉斯迴歸）。

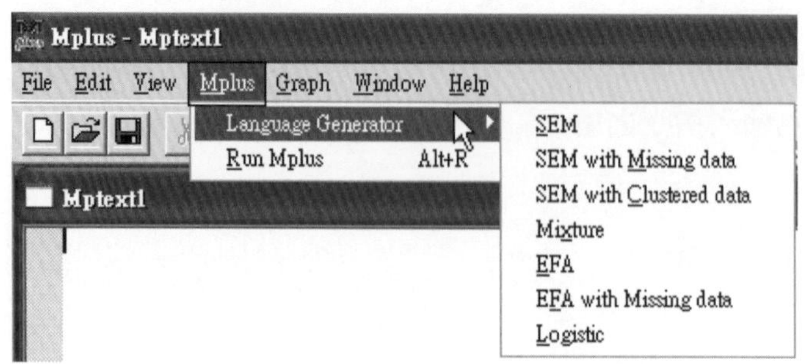

圖 3-3 工具列中的 M*plus* 功能

二、指令語言

M*plus*語言指令包括TITLE、DATA、VARIABLE、DEFINE、ANALYSIS、MODEL、OUTPUT、SAVEDADA、PLOT以及MONTECARLO等十個指令，分述如下：TITLE指令是指分析結果之後的標題；DATA 指令是指分析的資料集（data set）檔名；VARIABLE 指令是指資料集內的變項名稱；DEFINE 指令是指轉換現有的變項，創造出新變項；ANALYSIS指令是指描述分析的技術細節；MODEL指令是指描述計算的模式；OUTPUT 指令是指要求不含預設的額外輸出結果；SAVEDADA 指令是指是儲存分析資料結果；PLOT 指令是指要求觀察數據和分析結果的圖形化顯示；MONTECARLO 指令是明確指定蒙地卡羅模擬研究的細節。上述之M*plus*指令可以按照任何的順序排列（in any order），需要特別注意的是，DATA（檔名為.txt）和VARIABLE是在任何分析中必須具備的指令，所有的指令必須另起新行，指令後面必須接續冒號，指令選項之間必須使用分號做為隔離，每一行可以設定一個以上的選項，但是不能超過八十個欄位，英文字母可用大小寫表示。

三、輸入指令

以圖 3-4 之科技領導研究（見圖 3-5 問卷之人口變項）的輸入指令為例，「TITLE」（標題）指令是「leadership technology」；「DATA」（資料集）指令是「wpsem.txt」；「VARIABLE」（變項）指令包括十八個變項，分別為：id（樣本編號）、vision（願景、計畫與管理）、serve（成員發展與訓練）、person（人際關係與溝通技巧）、ethic（倫理與法律課題）、integra（整合科技於課程與教學）、structu（科技與基本設施的支持）、assess（評鑑與研究）、minority

（少數族群）、small（學校小規模）、expert（教學科技的專業水準）、large（學校大規模）、tenure（職務）、female（女性）、grade（教學年級）、work5（與校長共事五年以上）、less1（與校長共事一年以下）、elemen（任教小學科目）。前述變項中，usevariables（使用變項）分別為：vision、serve、structu、assess、work5 和 minority。

```
Mptext1
TITLE: leadership technology;

DATA:       FILE IS C:\wpsem.txt;

VARIABLE:   Names are id vision serve person ethic
            integra structu assess minority small
            expert large tenure female grade work5
            less1 elemen;
            usevariables are vision serve
            structu assess work5 minority;


ANALYSIS:   TYPE = Meanstructure;
                Estimator is ML;
                Iterations=30000;

MODEL:      leadtech by vision serve structu
            assess;


OUTPUT:  SAMPSTAT STANDARDIZED MODINDICES;
```

圖 3-4　科技領導研究輸入指令

Technology Leadership Questionnaire

Directions: The following questions are intended to describe what your principal does in the area of technology leadership that is related to principals' facilitation of technology use. This survey is not intended as an evaluation of your principal. Please respond to the questions based on your perceptions of your principal's technology leadership. Please circle the appropriate number that most closely represents your perceptions, using the rating scale below. Your responses are very important to this research and anonymity is assured.

Background of Respondent

Please check the correct response for the items 1-10 below:

1.	Gender:	□Male	□Female		
2.	Race/ethnicity:	□White	□African American	□Native American	
		□Asian	□Hispanic	Other________	
3.	Teaching grade level: ________				
4.	Teaching discipline or subject matter: ________________				
5.	Size of school (# of students):	□100-250	□251-500	□501-750	□750&above
6.	Level of technology use:	□Novice	□Average	□Expert	
7.	Educational level:	□BA or BS	□MA or M.ED	□MA+30	
		□MA+60	□ED.S	□Ph. D or Ed. D	
8.	Accessibility to workplace technology:	□Labs are restricted to periodic use by personnel			
		□Labs are available for teacher/student use			
		□Their is enough equipment in the classroom for teacher/student use			
9.	Position:	□Tenured Teacher	□Probationary Teacher		
		□Professional Support Staff	□Special Service		
		□Media/Resource Specialist	□Technology Coordinator		
10.	I have worked with this principal:	□Less than 1 year	□1-5 years	□More than 5 years	

圖 3-5　問卷之人口變項

在圖 3-6「ANALYSIS」（分析）指令中，「TYPE」（型式）指定為 Meanstructure（平均數結構），「Estimator」（估計量）指定為 Maximum Likelihood（ML）（最大概似法），「Iterations」（疊代次數）指定為 30000。在「MODEL」（模式指令）（見圖 3-7）中，指定 leadtech（科技領導）可以用 vision（願景、計畫與管理）、serve（成員發展與訓練）、structu（科技與基本設施的支持）、assess（評鑑與研究）等四個層面加以測量（「by」，測量之意）；使用 minority（少數族群）、

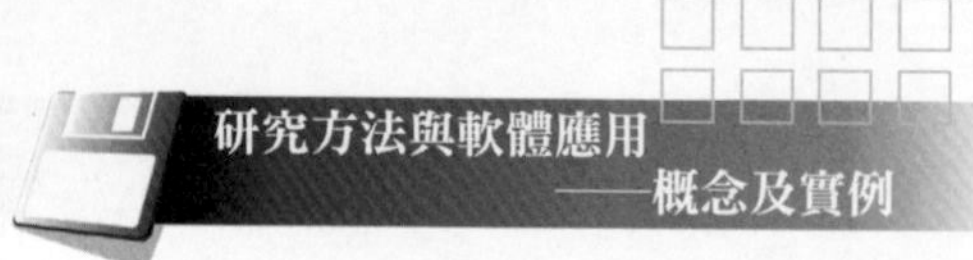

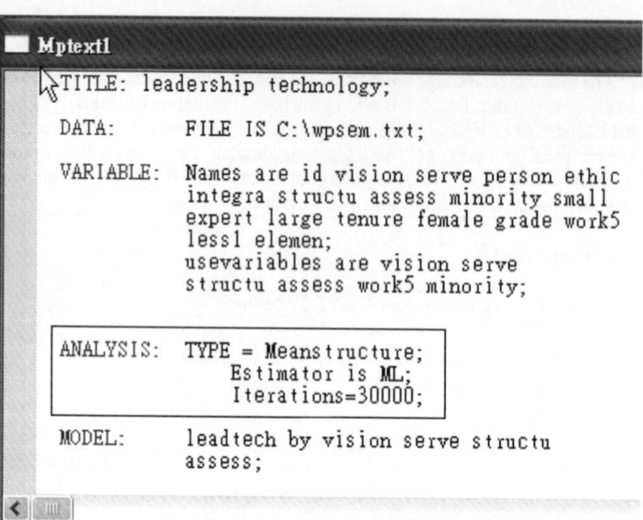

```
Mptext1
TITLE: leadership technology;
DATA:       FILE IS C:\wpsem.txt;
VARIABLE:   Names are id vision serve person ethic
            integra structu assess minority small
            expert large tenure female grade work5
            less1 elemen;
            usevariables are vision serve
            structu assess work5 minority;

ANALYSIS:   TYPE = Meanstructure;
                 Estimator is ML;
                 Iterations=30000;
MODEL:      leadtech by vision serve structu
            assess;
```

圖 3-6　「ANALYSIS」（分析）指令

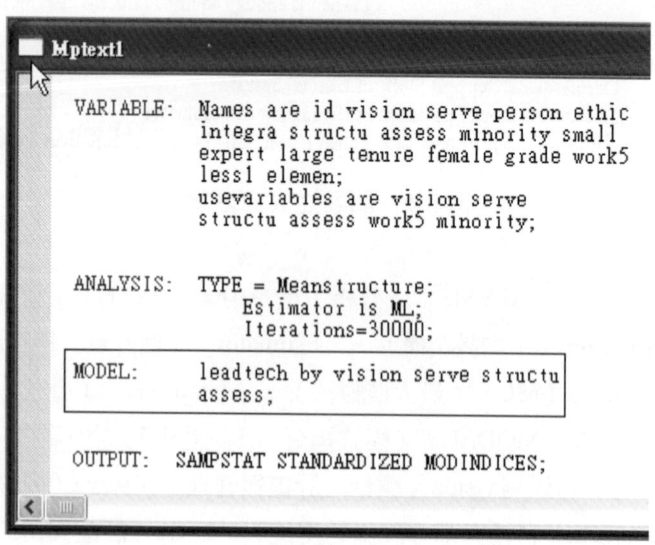

```
Mptext1
VARIABLE:   Names are id vision serve person ethic
            integra structu assess minority small
            expert large tenure female grade work5
            less1 elemen;
            usevariables are vision serve
            structu assess work5 minority;

ANALYSIS:   TYPE = Meanstructure;
                 Estimator is ML;
                 Iterations=30000;
MODEL:      leadtech by vision serve structu
            assess;

OUTPUT:   SAMPSTAT STANDARDIZED MODINDICES;
```

圖 3-7　「MODEL」（模式）指令

female（女性）和 elemen（任教小學科目）等自變項對 leadtech（科技領導）進行線性迴歸分析（「on」，迴歸之意）；使用 person（人際關係與溝通技巧）自變項對 leadtech（科技領導）進行線性迴歸分析；使用 minority（少數族群）自變項對 leadtech（科技領導）進行線性迴歸分析。在「OUTPUT」（輸出結果）指令中，「SAMPSTAT」指令要求分析數據資料的樣本統計數，「STANDARDIZED」指令要求標準差係數，「MODINDICES」指令要求修正指標（modification indices）、期望參數改變指標（expected parameter change indices）、標準化期望參數改變指標（standaridzed exdpected parameter change indices）（見圖 3-8）。當完成指令設定之後，單擊工具列中的 RUN（見圖 3-9），或選擇 Mplus → Run Mplus（見圖 3-10），即可進行資料分析。

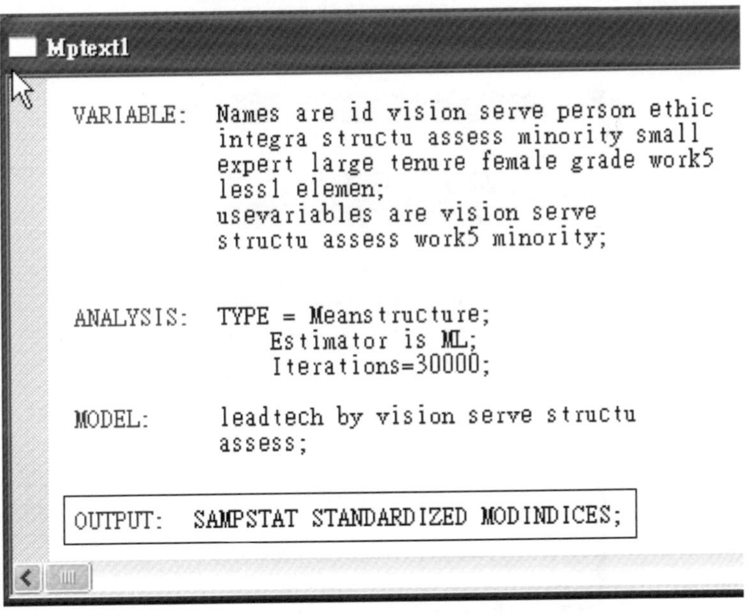

圖 3-8　「OUTPUT」（輸出結果）指令

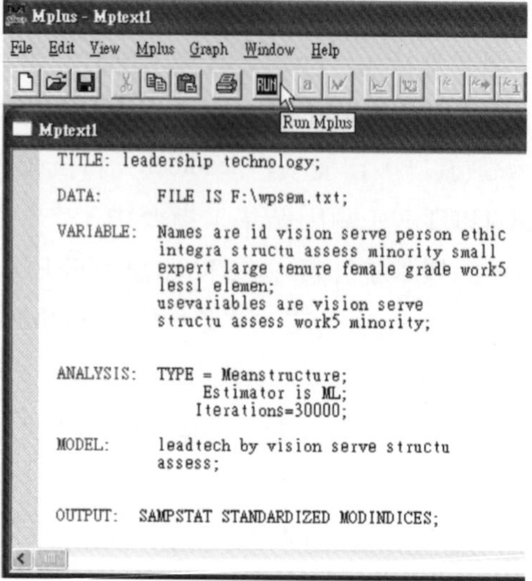

圖 3-9　單擊工具列中的RUN

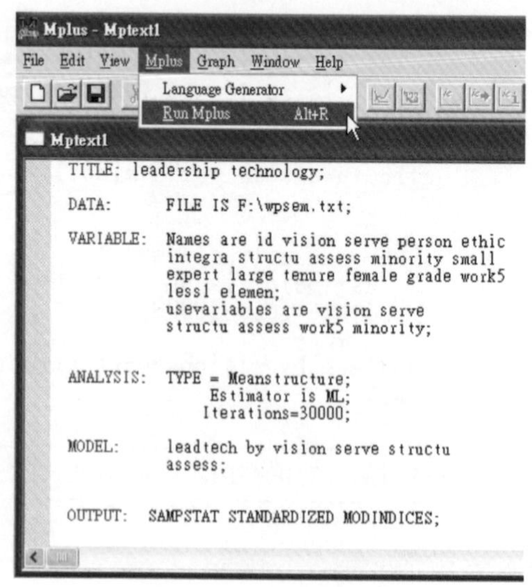

圖 3-10　點選Run Mplus

當使用者點選RUN或是Run Mplus之後，會顯示儲存指令的對話框，如圖 3-11 所示。使用者選擇是(Y)之後，會顯示儲存「Mptext1」於哪一個地方的對話框，如圖 3-12 所示。當使用者點選儲存之後，

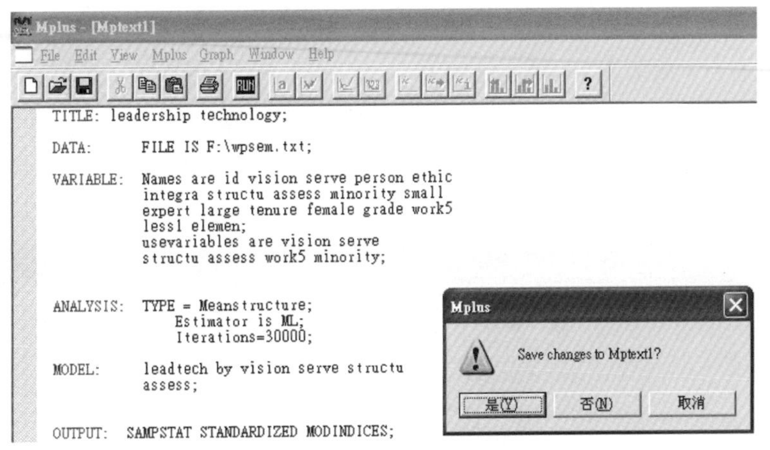

圖 3-11　儲存指令的對話框

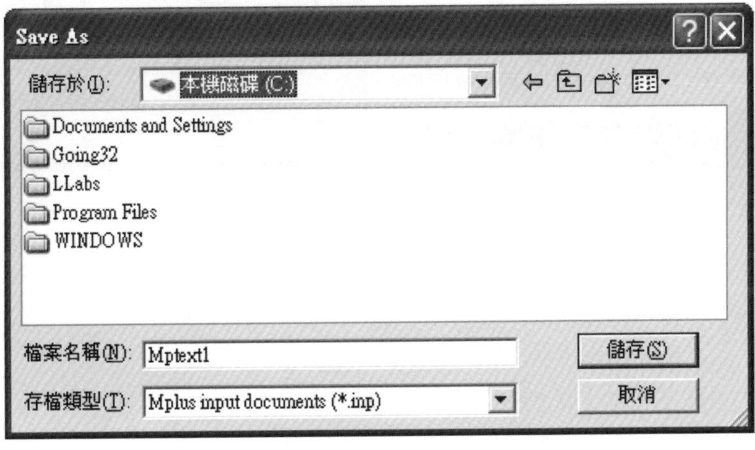

圖 3-12　儲存 Mptext1 的對話框

會顯示數秒的 M*plus* 資料處理過程（M*plus* in progress），如圖 3-13 所示；緊接著螢幕會顯示資料處理的結果，如圖 3-14 至圖 3-18 之輸出結果所示。

在圖 3-14 輸出結果㈠顯示 M*plus* 版本（M*plus* VERSION 5.1）之外，分別顯示出「TITLE」（標題）、「DATA」（資料集）、「VARIABLE」（變項）、「ANALYSIS」（分析）和「MODEL」（模式）、「OUTPUT」（輸出結果）等指令及其選項，其輸出結果和圖 3-4 的輸入指令相同。

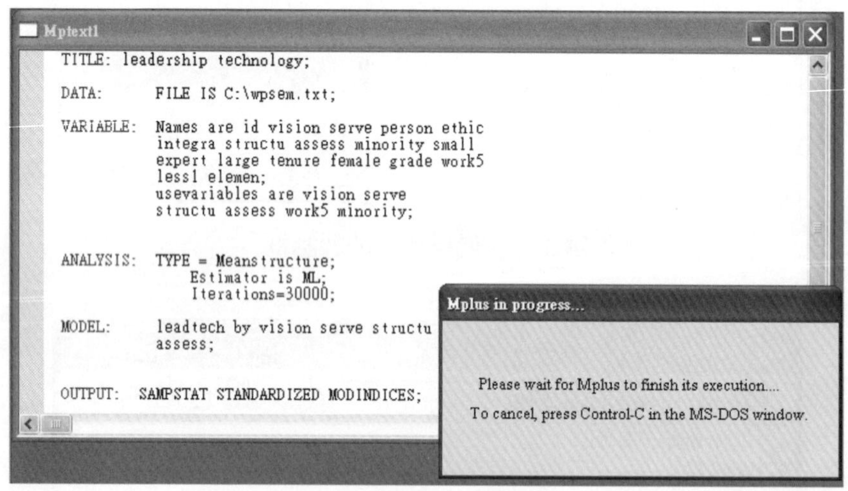

圖 3-13　資料處理過程

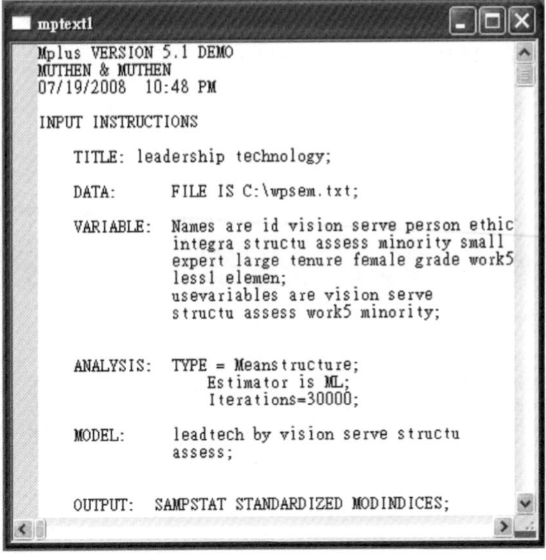

```
mptext1
Mplus VERSION 5.1 DEMO
MUTHEN & MUTHEN
07/19/2008  10:48 PM

INPUT INSTRUCTIONS

    TITLE: leadership technology;

    DATA:       FILE IS C:\wpsem.txt;

    VARIABLE:   Names are id vision serve person ethic
                integra structu assess minority small
                expert large tenure female grade work5
                less1 elemen;
                usevariables are vision serve
                structu assess work5 minority;


    ANALYSIS:   TYPE = Meanstructure;
                    Estimator is ML;
                    Iterations=30000;

    MODEL:      leadtech by vision serve structu
                assess;


    OUTPUT:   SAMPSTAT STANDARDIZED MODINDICES;
```

圖 3-14　輸出結果(一)

在圖 3-15 輸出結果(二)顯示二百四十七筆觀察值、六個依變項，以及一個連續性潛在變項。

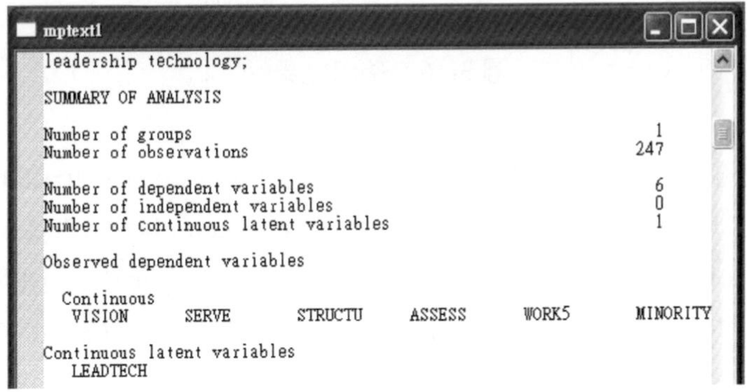

```
mptext1
leadership technology;

SUMMARY OF ANALYSIS

Number of groups                                              1
Number of observations                                      247

Number of dependent variables                                 6
Number of independent variables                               0
Number of continuous latent variables                         1

Observed dependent variables

  Continuous
   VISION      SERVE       STRUCTU     ASSESS      WORK5       MINORITY

Continuous latent variables
   LEADTECH
```

圖 3-15　輸出結果(二)

在圖 3-16 輸出結果㈢顯示模式估計量執行正常（詳見 THE MODEL ESTIMATION TERMINATED NORMALLY 等字），卡方統計值（Chi-Square Test）為 21.743，未達顯著（P-Value ＝ .0264 > .01），符合要求標準。

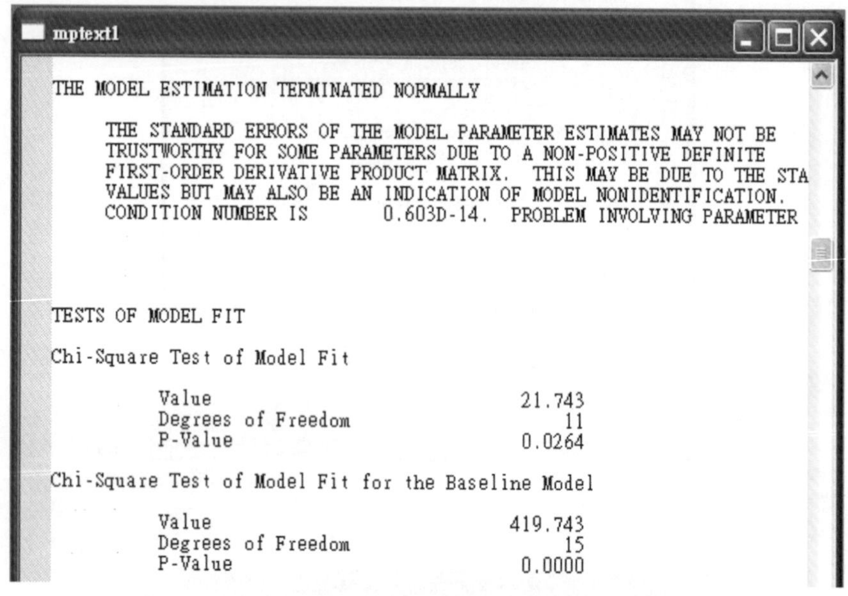
```
mptext1

THE MODEL ESTIMATION TERMINATED NORMALLY

     THE STANDARD ERRORS OF THE MODEL PARAMETER ESTIMATES MAY NOT BE
     TRUSTWORTHY FOR SOME PARAMETERS DUE TO A NON-POSITIVE DEFINITE
     FIRST-ORDER DERIVATIVE PRODUCT MATRIX.  THIS MAY BE DUE TO THE STA
     VALUES BUT MAY ALSO BE AN INDICATION OF MODEL NONIDENTIFICATION.
     CONDITION NUMBER IS       0.603D-14.  PROBLEM INVOLVING PARAMETER



TESTS OF MODEL FIT

Chi-Square Test of Model Fit

          Value                              21.743
          Degrees of Freedom                     11
          P-Value                            0.0264

Chi-Square Test of Model Fit for the Baseline Model

          Value                             419.743
          Degrees of Freedom                     15
          P-Value                            0.0000
```

圖 3-16　輸出結果㈢

在圖 3-17 輸出結果㈣顯示，比較適合度指標（Comparative Fit Index, CFI）為 .973（> .90），符合要求標準；Tucker-Lewis 指標（Tucker-Lewis Index, TLI）為 .964（> .90），符合要求標準；平均近似值誤差平方根（Root Mean Square Error of Approximation, RMSEA）為 .063（< .05）；標準化假設模型整體殘差（Standardized Root Mean Square Residual, SRMR）為 .052（趨近介於 0 到 .05 之間）。

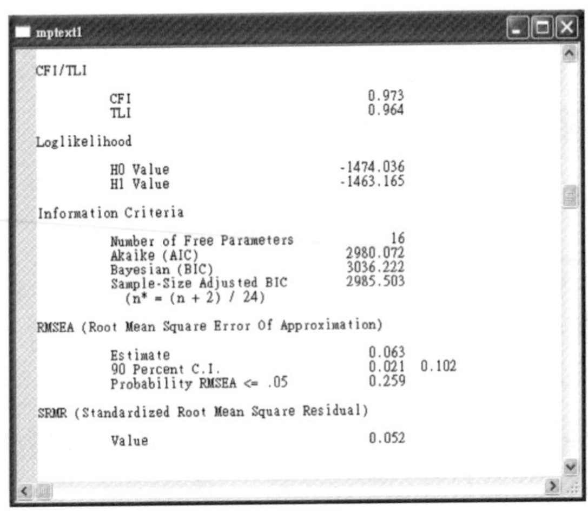

圖 3-17　輸出結果(四)

在圖 3-18 輸出結果(五)顯示 M*plus* 執行的開始和結束時間，以及相關聯絡方式（Support: Support@StatModel.com）和著作權規定（Copyright (c) 1998-2008 Muthen & Muthen）。

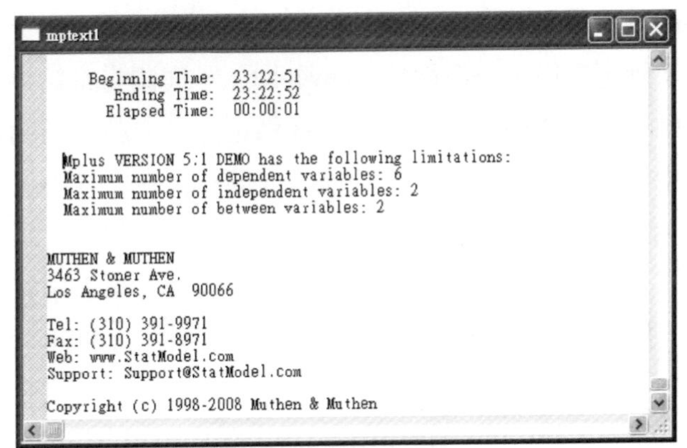

圖 3-18　輸出結果(五)

第三節　M*plus* 應用

本節所介紹的〈美國科技領導實證研究[6]〉，係應用M*plus*分析數據資料。美國科技領導實證研究旨在瞭解美國科技領導的現況趨勢，透過實證研究與美國經驗，提出對臺灣的啟示。本研究具體目的如下：(1)探討科技領導的研究現況；(2)分析科技領導的衡量層面；(3)檢視人際關係與溝通技巧是科技領導的前提；(4)瞭解教育人員對校長科技領導效能的知覺。

壹、研究對象

研究對象是從美國中西部一個中型公立學區（3 所高中、6 所國中以及 18 所小學，教師共計 1,300 名）中隨機抽樣五百名教職員。有關研究對象的確定與選擇，係透過公立學區教育局所提供的資訊而來。在研究對象確定之後，將封面函（cover letter）與問卷寄給每一位受試者；封面函中解釋本研究的目的，並提供正確完成該問卷的資訊，以讓研究對象衡量校長的科技領導效能（亦即校長在學校中促進科技使用的角色）。本研究的教職員包括專任教師、實習教師、媒體專家、科技協調人，為了增加研究之回收率，研究者接下來也函寄了謝卡以及提醒函。更重要地是研究者向受試者確保機密性（confidentiality），

[6] 本文修正自張奕華（2004）。**結構方程模式在評量科技領導效能向度上的應用**。載於第一屆統計方法學學術研討會，國立中正大學成人及繼續教育學系，嘉義縣。

以減緩受試者對於匿名性以及因為評鑑校長而可能換來的報復（reprisals）之擔心。在寄出的五百份問卷中，共計回收二百七十份，回收率（response rate）為 54 %。

貳、研究工具

本研究在進行文獻探討之後，發展出評量工具以及定義出科技領導各層面的題目（如表 3-1 所示）。科技領導的層面與題目是從有關校長、科技領導以及既存的校長評鑑工具加以概念化（Aten, 1996; Ford, 2000; ISTE, 2001）。測量工具題目選擇的標準是基於以下三項：⑴關於科技領導的實證研究；⑵關於領導、校長領導、教育科技領導的專業文獻；⑶先前研究發展並已測試過的工具。科技領導的四項層面如下：⑴願景、計畫與管理（例如：清楚地說明學校中科技使用的共同願景；發展共同願景和長期科技計畫；利用科技以有效地管理行政運作）；⑵成員發展與訓練（例如：提供在職訓練以獲得特定科技技能；分配資源以作為在職科技訓練之用）；⑶科技與基本設施支持（例如：提倡適當的支持科技；尋求外部科技經費籌措資源）；⑷評鑑與研究（例如：執行教師科技專業成長的評鑑程序；評鑑在教學計畫中使用科技）。除上述科技領導的四項層面之外，中介構念（intervening construct）或中介變項——校長的「人際關係與溝通技巧」（interpersonal and communication skills）亦成為問卷中的一部分，係指有效地與內部人員（例如：教師、職員、學生等）與外部人員（例如：社區成員、家長、地方企業人士等）溝通的能力。

參、資料分析

本研究為改善工具的信度（reliability）與效度（validity），研究者曾對美國中西部一州的預試團體（包含教師與校長）進行預試（pilot study）。預試團體提出對於問卷遣辭用字的建議，本研究根據所提出的建議，加以整合與修正。在預試與修正工具之後，科技領導四項層面共計有三十二個題目（採用 Likert 五點量表），用以測量教職員對科技領導效能的知覺；另外，校長的人際關係與溝通技巧（亦即中介構念）包含七個題目，合計三十九個題目。在問卷中的選項「1」表示校長在學校中從未促進科技使用，選項「5」表示校長在學校中常常促進科技使用，而量表中的「不知道」（即 don't know, DK）也是其中一個選項。為了測量各分量表的內部一致性（internal consistency），研究者使用 Cronbach's alpha 加以測量之。本研究工具之各分量表的 alpha 係數分別在以下的括號內：願景、計畫與管理（.94）、成員發展與訓練（.90）、科技與基本設施支持（.91）、評鑑與研究（.95）、校長的人際關係與溝通技巧（.92）。在施測工具上各層面所包含的題目如表 3-1 所示；每項層面及其各題目之平均數和標準差亦如表 3-1 所示。

表 3-1　科技領導各層面題目之平均數、標準差與 Cronbach's alpha 係數

願景、計畫與管理（Vision, Planning and Management）	平均數	標準差
清楚地說明學校中科技使用的共同願景 Clearly articulates a shared vision for technology use in the school	3.71	1.06
發展共同願景和長期科技計畫 Develops shared vision and long-range technology plan	3.69	1.06
授權包含不同成員的科技計畫團隊 Empowers a diverse and inclusive technology planning team	3.98	1.09
執行科技豐富化的學校改善計畫 Implements technology-rich school improvement plan	3.73	1.10
提倡學校的科技資源 Advocates for technology resources for the school	4.32	0.83
運用公平和合理的判斷以分配科技資源 Exercises fair and reasonable judgment in allocating technology resources	4.21	0.95
有效地管理科技上的變革 Manages change in technology effectively	4.07	0.94
分配資源以提高科技計畫的執行 Allocates resources to advance implementation of the technology plan	4.07	0.91
利用科技以有效地管理行政運作 Uses technology to efficiently manage administrative operations	4.18	0.95
有效地管理科技設備和資源 Manages technology facilities and resources effectively	3.97	1.00
Alpha =0.94 N=186	**3.99**	**0.99**

（接下頁）

成員發展與訓練（Staff Development and Training）	平均數	標準差
鼓勵在職科技訓練 Encourages in-service training in technology	3.93	0.99
提供在職訓練以獲得特定科技技能 Provides in-service training for specific skill acquisition in technology	3.71	1.13
分配資源以作為在職科技訓練之用 Allocates resources for in-service training in technology	3.79	1.04
支持在職科技訓練課程的設計 Supports design of an in-service training program for technology	3.90	1.03
支持在職科技訓練的講授 Supports delivery of in-service training for technology	4.00	0.97
提供時間以作為科技訓練之用 Provides release time for technology training	2.92	1.37
Alpha = .90 N=179	**3.71**	**1.09**
科技與基本設施支持（Technology and Infrastructure Support）	平均數	標準差
提倡適當的科技支援 Advocates adequate support for technology	4.23	0.90
確保足夠使用的科技設備 Ensures that facilities for technology use are appropriate	4.17	0.90
確保相同近用科技資源的機會 Ensures equal access to technology resources	4.15	0.97
確保科技的支援給需要協助的學校人員 Ensures technology support to school personnel when assistance is needed	4.03	0.99
確保設備的即時修理與維護 Ensures timely repair and maintenance of equipment	3.78	1.04

（接下頁）

科技與基本設施支持（Technology and Infrastructure Support）	平均數	標準差
確保提供各種軟體應用程式給學校人員 Ensures a variety of software applications to school personnel	3.77	1.01
尋求外部科技經費籌措資源 Seeks out external funding sources for technology	3.96	1.10
Alpha = .91 N=139	**4.01**	**0.99**
評鑑與研究（Evaluation and Research）	平均數	標準差
執行教師科技專業成長的評鑑程序 Implements evaluation procedures for teachers' professional growth in technology	2.79	1.34
考慮有效的使用科技是評量教職員表現的一個成分 Considers effective use of technology as one component in performance assessment of instructional staff	3.21	1.29
評鑑在教學計畫中使用科技 Evaluates technology use in instructional programs	2.93	1.26
評鑑學校的科技計畫 Evaluates school technology plans	4.04	0.95
從成本效益的觀點評鑑科技 Evaluates technology in terms of costs/benefits	3.99	1.02
評鑑教室和電腦教室中的電腦操作系統 Evaluates computer operating systems for classrooms and laboratories	3.48	1.31
利用地區數據資料去評鑑教學中使用科技情形 Utilizes district level data to evaluate instructional use of technology	3.71	1.11
應用科技相關的研究以引導學校使用科技 Applies technology-related research in guiding use of technology in school	3.69	1.13

（接下頁）

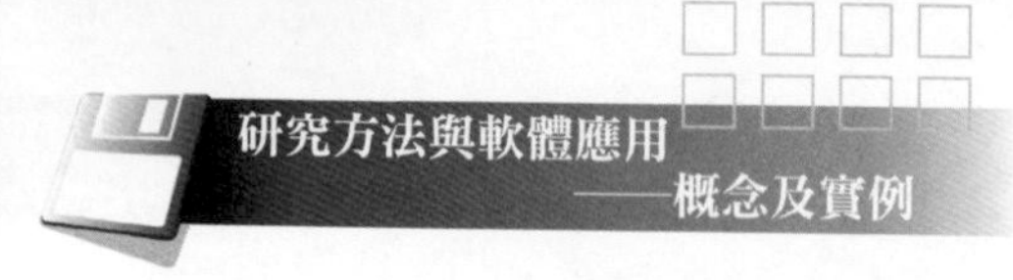

評鑑與研究（Evaluation and Research）	平均數	標準差
鼓勵學校人員利用有關科技資訊資源作爲專業的成長 Encourages school personnel to utilize information sources about technology for professional growth	3.88	1.09
Alpha = .95 N=74	**3.52**	**1.17**
人際關係與溝通技巧（Interpersonal and Communication Skills）	平均數	標準差
瞭解教職員和學生在科技上的需求和關心 Demonstrates an understanding of technology needs and concerns of faculty, staff and students	4.00	0.95
公平與尊敬的對待所有學校人員有關於科技的取得與訓練 Treats all school personnel fairly and with respect in regard to technology access and training	4.33	0.89
有關科技上的事務，能與教職員生維持正面的關係 Maintains positive relationships with faculty, staff and students in regard to technology	4.33	0.89
當教職員學習使用科技時，能展現出耐心 Shows patience with faculty and staff as they learn to use technology	4.40	0.74
與學校外的科技支持團體維持正面的關係 Maintains positive relationships with external constituencies regarding technology	4.40	0.75
有效地與教職員和學生溝通科技的課題 Communicates effectively with faculty, staff and students about technology	3.93	0.98
有效地與學校外的支持團體溝通科技的課題 Communicates effectively with external constituencies about technology	4.19	0.94
Alpha = .92 N=136	**4.23**	**0.88**

除上述科技領導各層面的題目外，問卷中亦包括人口變項（例如性別、少數族群、教學年級、教學科技的專業水準、教育程度、取得科技的便利性、職務、與校長一起工作的年資）；而虛擬變項則用來處理人口變項資料（例如，女性用 1，男性用 0；少數族群用 1，白人用 0）。在詳述三者〔人口變項（Demographic Characteristics）、科技領導（Technology Leadership）、人際關係與溝通技巧（Interpersonal Communication）〕的模式關係（如圖 3-19 所示）（引自張奕華，2003b，p.124）後，再透過 2.10 版本 M*plus* 軟體的最大概似配置功能（maximum likelihood fitting function），分析數據資料（actual data）以測量整個結構方程模式的效度。在圖 3-19 的科技領導假設模式中，科技領導包含四個向度（分別簡寫為 Vision、Development、Infrastructure、Assessment，如圖 3-20 所示）的單層次構念。而中介變項（即校長的人際關係與溝通技巧，簡寫成 Interpersonal Communication）被假設直接影響教師和職員對校長有效能科技領導的知覺。教師和職員的人口變項（例如少數種族、性別）被假設對校長的人際關係與溝通技巧造成衝擊，並影響到他們對校長有效能科技領導的知覺。

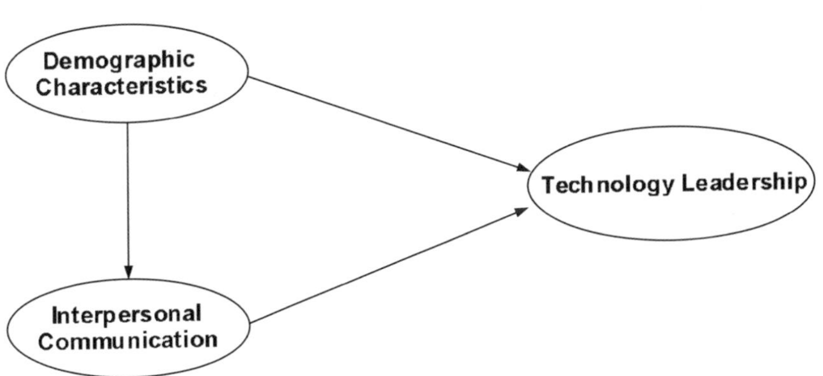

圖 3-19　科技領導假設模式

肆、結果與討論

一、受試者的人口變項特徵（demographic characteristics）

在回答問卷的受試者當中，教師所占的人數分別為男性五十五名（21.2 %）、女性二百零五名（78.8 %）；族群所占的人數分別為白人二百四十六名（91.1 %）、少數族群二十四名（9.9 %）；教師所任教的一到十二個年級中，一百五十一名（58.1 %）教師任教一到六年級，六十三名（24.3 %）教師任教七到九年級，三十六名（13.9 %）教師任教十到十二年級。在教師使用科技的經驗中，十六名（6.2 %）將自己歸類為新手，一百八十三名（70.4 %）歸類自己為中等使用者（average users），五十三名（20.4 %）歸類自己為專家。而受試者的學歷背景分別為大學七十七名（29.6 %）、碩士六十九名（26.5 %）、碩士（加 30 學分）四十六名（17.7 %）、碩士（加 60 學分）五十二名（20.0 %）、碩士（專士學歷）七名（2.7 %）、博士六名（2.3 %）。

二、結構方程模式的配適度衡量

結構方程模式（structural equation modeling, SEM）提供研究者一種同時定義與測量多元向度構念（例如：校長的科技領導）的能力，並可以測試人口變項對整體構念的效度。結構方程模式配適度可以透過以下五種評估指標衡量：卡方統計值（Chi Square Test）、比較適合度指標（Comparative Fit Index, CFI）、Tucker-Lewis 指標（亦稱為非基準的配合指標）、標準化假設模型整體殘差（Standardized Root Mean Squared Residual, SRMR）、平均近似值誤差平方根（Root Mean Square Error of Approximation, RMSEA）（Heck & Thomas, 2000）。本研究的

表 3-2　研究模式的配適度分析

配適指標	建議要求標準	結果
卡方統計值（Chi Square Test）	不顯著	23.159（p=.11>.01）
比較適合度指標（Comparative Fit Index）	>.90	.984
Tucker-Lewis 指標	>.90	.975
標準化假設模型整體殘差（Standardized Root Mean Squared Residual）	介於 0 到.05 之間	.031
平均近似值誤差平方根（Root Mean Square Error of Approximation）	<.05	.043

模式配適度分析如表 3-2 所示。

表3-2的配適指標顯示出模式的配適度良好，Heck與Thomas（2000）認為，如果模式配適度良好，研究者已有適當的證據支持理論模式關係。在衡量理論模式之後，需要考慮結構方程模式的標準估計參數（standardized parameter estimates），以瞭解各層面對科技領導的貢獻度。圖 3-20 的結構方程模式，說明了四個層面能定義並測量研究假設模式（引自張奕華，2003b，p.130）。

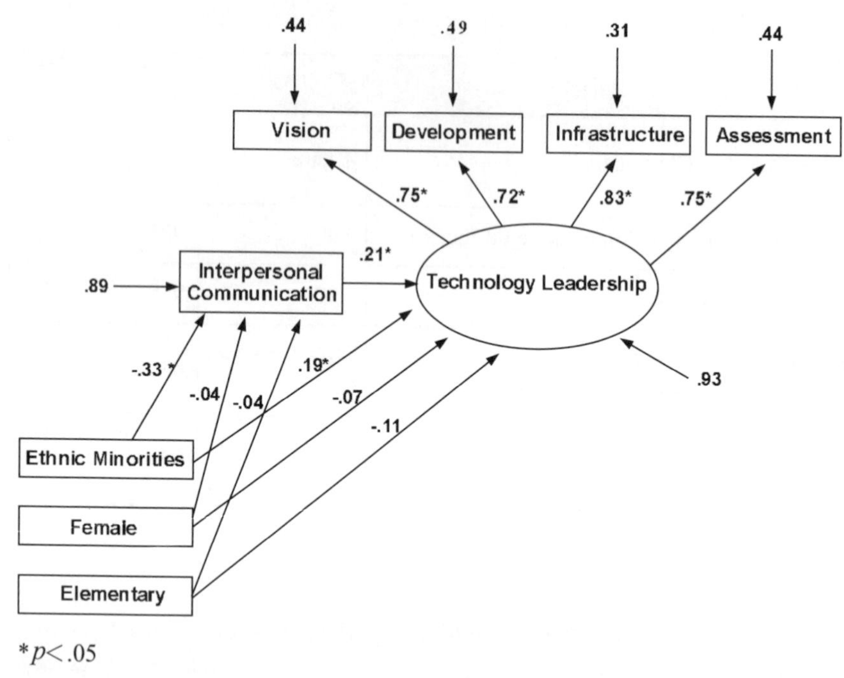

*$p<.05$

圖 3-20　科技領導結構方程完整模式

除了標準估計參數之外，表 3-3 亦列出結構方程模式的殘差（Error Terms）和多元相關平方（Squared Multiple Correlations, SMCs）。其中估計參數範圍從.72 到.84，殘差介於.306 和.489 之間，多元相關平方介於.511 和.694 之間（引自張奕華，2003b，p.131）。因此，SEM 模式指出，觀察變項（四項層面）能成為潛在變項（科技領導）的有效測量指標，換言之，該四項層面能有效的解釋校長的科技領導。

表 3-3　標準估計參數、殘差和多元相關平方

Technology Leadership Dimension	Parameter Estimates (Factor Loadings)	Error Terms (Residuals)	Squared Multiple Correlations (SMCs or R^2)
Vision, planning and management	.75*	.444	.556
Staff development and training	.72*	.489	.511
Technology and infrastructure support	.84*	.306	.694
Evaluation, research and assessment	.75*	.442	.558

* Parameter estimate is significant at $p<.05$

圖 3-20 顯示出中介變項（Interpersonal and Communication，亦即校長的人際關係與溝通技巧）對於有效能的科技領導（Technology Leadership）（.21）具有重要且正面的衝擊。此發現支持了先前的研究——校長欲成為有效的科技領導者，必須具備有效能的人際關係與溝通技巧。在受試者的人口變項方面，相較於白人教師而言，少數族群（Ethnic Minorities）（.19）教師認為他（她）們的校長是有效能的科技領導者；然而，少數族群教師認為他（她）們的校長在人際關係和溝通技巧（-.33）上是沒有效能的。換言之，校長在科技領導上是被認為有效能的，但是在與少數族群溝通與互動上是沒有效能的。除此之外，在解釋校長的科技領導上，女性教師（Female）（-.07）和任教小學科目（Elementary）（-.11）是不顯著的預測變項。其他的變項也因為不顯著，而從 SEM 模式中移除。

伍、結論與啟示

本研究發現，欲成為有效能的科技領導者，校長必須在學校中發展與執行科技遠景和長期科技計畫、鼓勵教師的科技發展與訓練活動、提供適當的基本設施與科技支援，以及為學校發展有效的科技評鑑計畫。校長愈能抱持科技領導者的角色，愈能有效地帶領學校迎接二十一世紀的挑戰。更重要的是，校長必須讓學校獲得新興科技資源，以讓師生致力於教導與學習。換言之，本研究建構出科技領導層面，可協助校長們發展必要的知識與技巧，促進科技的使用以增進學校效能。

第四章

決策分析與 Expert Choice

第一節 層級分析法[1]

壹、層級分析法的意義

層級分析法（analytic hierarchy process, AHP）係為一種結構性的技術，用以幫助人們處理複雜的決策，與其說AHP是指定一個「正確」的決策，不如說AHP是幫助人們「決定」一個決策。植基於數學和人類心理學的理論，AHP係由Thomas L. Saaty在1970年左右發展出來，至此，已廣泛地經過研究與琢磨（Wikipedia, 2008c）。換言之，AHP是利用層級結構概念，將複雜的多目標問題經由高層次往低層次逐步分解，加以層級結構化，利用系統內含有次系統的觀點，說明系統具有結構性，使決策者能脈絡分明地分析問題。AHP以階層架構表示某個問題所有相關要素的一種有系統的分析過程，並且包括從數個替代方案中求出最佳解的程序與原則。AHP之作業程序為建立層級關係及各層級之成對比較矩陣，求解各層級權重檢定一致性及各方案優勢比重值，排列方案優先順序（Bund-Jackson, 1983; Saaty, 1980; Saaty, Vargas, & Kearns, 1991）。

---

1 本文修訂自嚴貞、許正妹（2007）。設計課程網路教學平臺功能設計之探討：層級分析法之應用。**科技學刊**，**16**(1)，61-80。

貳、層級分析法使用前提

Miller（1956）認為，人類無法同時對七種以上事物進行比較，因此，每一層級要素不宜超過七個，當層級建構好之後，各層級必須以上一層級的準則或目標做為評估基準，進行要素之間的成對比較，若有 n 個要素時，則必須進行 n（n － 1）/2 次「成對比較」。使用層級分析法之前提如下：㈠倒數對照特性（reciprocal comparison）：決策者進行比較時，對於各元素的喜好度必須滿足倒數性質，例如，決策者對 A 偏好程度為對 B 偏好程度的 3 倍時，必須也滿足對 B 偏好程度為對 A 偏好程度的 1/3 倍。㈡同質性（homogeneity）：每層以不超過七個元素為宜，且元素的比較必須具有意義，並且是在合理的評量尺度範圍內。㈢獨立性（independence）：元素之間的比較必須假設互相獨立。㈣預期性（expectations）：為使決策目標順利完成，關係階層必須被清楚描述，且建立關係階層及相關準則時，必須完整且不可遺漏或是忽略。進行比較時，Saaty、Vargas 和 Kearns（1991）建議，需採用九個名目評分尺度，此評分尺度係由五個語意細分而得，其定義如表 4-1 所示。

表 4-1　AHP 的九個評分尺度

評估尺度	定義相對重要性
1	同等重要
3	稍重要
5	重要
7	很重要
9	絕對重要
各數之倒數	B 對 A 比較或劣勢比較時

參、AHP 操作步驟

以〈設計課程網路教學平臺功能設計之探討：層級分析法之應用〉為例，該研究對於十二位設計科系教師進行之 AHP「功能相對重要性比較」問卷調查，其操作步驟如下所示：

一、問題的界定：針對研究主題，蒐集相關資訊，藉由文獻分析與相關研究結果，瞭解設計課程網路教學平臺應包含之功能項目。

二、建構層級結構：將所有設計課程網路教學平臺應包含之功能項目，以建構式學習模式，亦即分析 Blackboard 及中山網大網路教學平臺、網路教學平臺軟體公司關於網路教學平臺之設計，以作為分群分組之基礎，並建立上下階層結構。

三、問卷設計與調查：依據所建立之階層結構編擬「功能相對重要性比較」問卷調查，選取十二位設計科系教師進行調查。

四、成立對偶比較矩陣：根據回收問卷填答的結果，輸入 Expert Choice 2000 軟體，將同一群組的項目予以兩兩比較，建立對偶比較矩陣。

五、層級一致性的檢定：對於問卷填答的一致性，可藉由一致性比率（consistency ratio, CR）及整個階層的一致性檢定（consistency ratio of the hierarchy, CRH）等指標來檢定填答者的一致性反應。本研究採用 Expert Choice 2000 進行層級一致性的檢定分析，其是以不一致判斷值（inconsistency ratio, IR）與整體階層不一致判斷值（overall inconsistency index, OII）分別取代 CR 與 CRH 等兩判斷指標（林嘉君，2004）。當 CR 或 IR≤ .1，則填答者判斷趨一致，否則宜重填問卷，或將原來填寫值修正為較適切值；當有多個階層時，亦須對 CRH 或 OII 值加以檢定，若 CRH 或 OII 值大於 .1 則須重建層級結構。

六、決策方案的選擇：根據層級結構及一致性檢定的結果，進行分析探討，提出整個層級結構，做為網路教學平臺功能設計之參考。

第二節　Expert Choice 簡介

壹、Expert Choice 歷史

自 1983 年起，Expert Choice 致力於改進全球企業界與政府組織的決策，Expert Choice 解決方案（solutions）係根據層級分析法而來。在 1980 年代初期，喬治華盛頓大學商業與公共管理學院教授 Ernest Forman 博士，應用 AHP 發展了 Expert Choice，做為個人電腦使用。二十多年以來，Expert Choice 軟體已歷經了 Expert Choice 2000（2nd Edition）（2005 年 7 月發行）、Periscope（2007 年 2 月發行）、Expert Choice 11（2007 年 3 月發行）、Expert Choice 11.5（2007 年 8 月發行）等更新版本（Expert Choice, 2007）。

貳、Expert Choice 軟體開啟

讀者開啟 Expert Choice 11.5 之後，出現以下視窗，如圖 4-1 所示。讀者可選擇 Quick Overview（快速瀏覽）、Full Overview（完全瀏覽）、Quick Start Guide（快速開始導引）、Preview Sample Decisions（預覽範例決策）等，以輔助個人的學習。

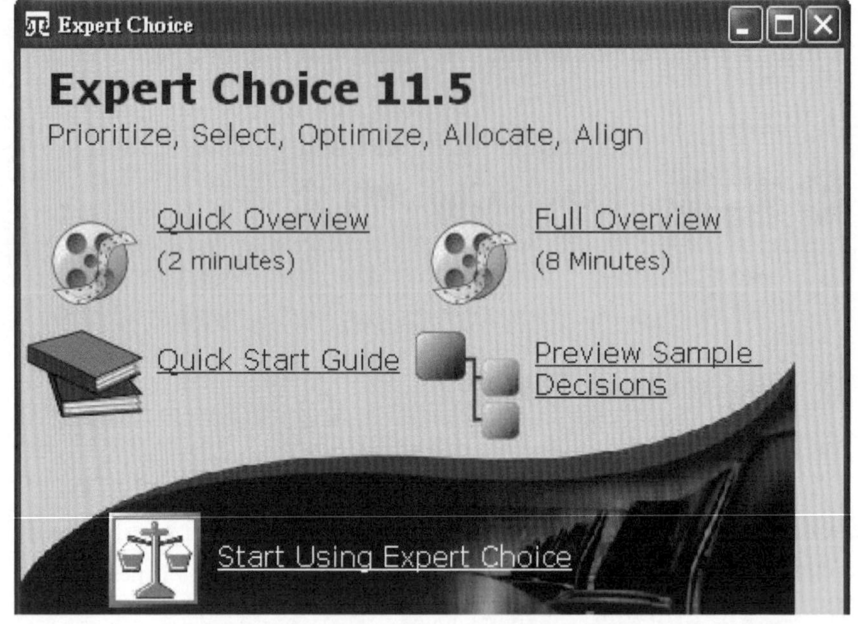

圖 4-1　Expert Choice 11.5 開始介面

參、操作步驟

一、建立新模式檔名

若點選開始使用 Expert Choice（Start Using Expert Choice），會顯示歡迎對話框（見圖 4-2）。讀者可以依據研究需要，選擇「Create new model」（建立新模式）或是「Open existing model」（開啟現有模式）。若選擇「Create new model」（建立新模式）之後，要點選OK。

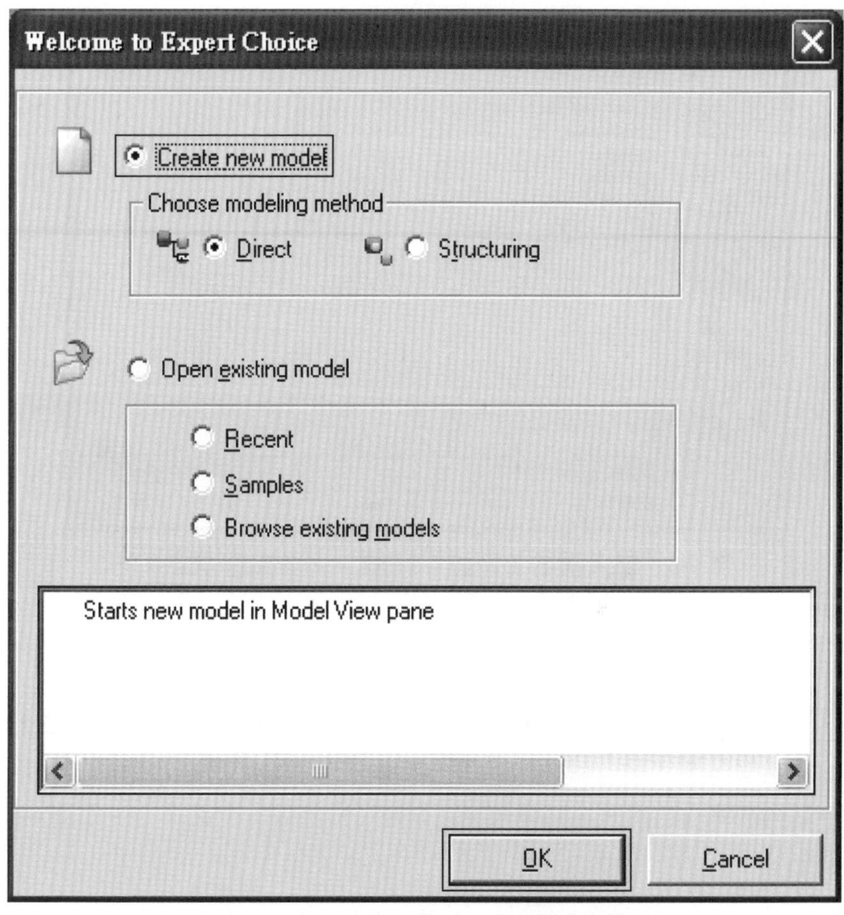

圖 4-2　Expert Choice 11.5 歡迎對話框

在圖 4-2 中，讀者點選 OK 之後，必須輸入檔名（例如：TEST），並點選 開啟(C) ，如圖 4-3 所示。

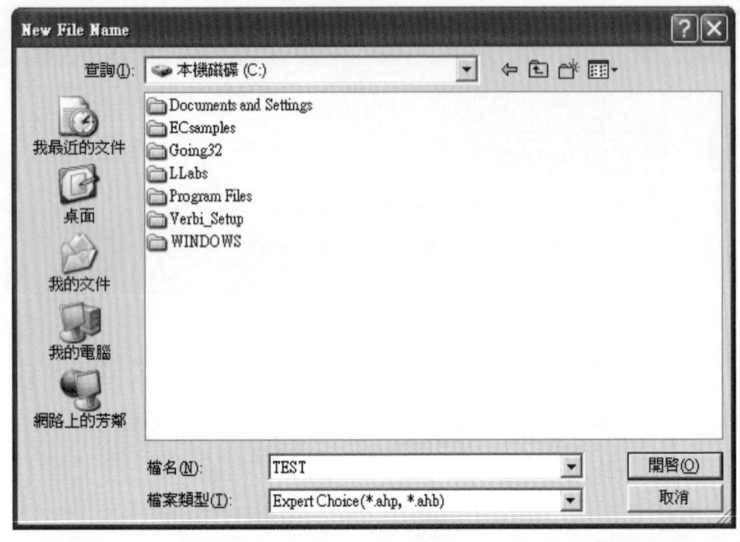

圖 4-3　輸入檔名（例如：TEST），並點選開啟(C)

二、目標描述

點選開啟(C)之後，將出現一個「Goal Description」（目標描述）的對話框，要求輸入目標的描述，如圖 4-4 所示。所謂目標描述係指讀者所欲解決的問題，將會顯示在層級（或階層）的最上方，如圖 4-6 所示。

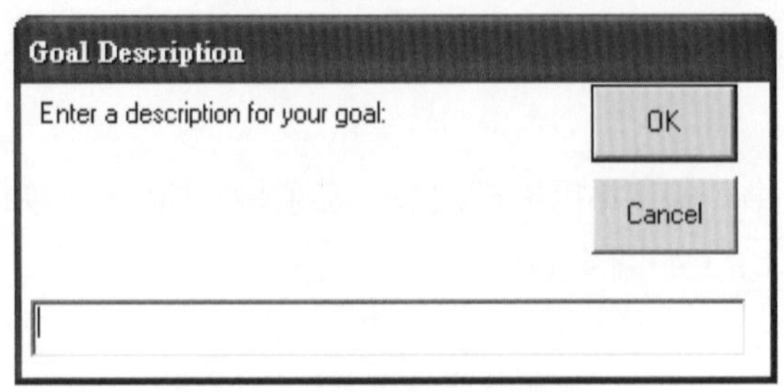

圖 4-4　目標描述的對話框

以圖 4-4 為例，讀者的目標是「選擇最佳度假景點」[2]，當輸入目標之後，點選 OK（見圖 4-5），會顯示出由三個方格組成的空白視窗，如圖 4-6 所示。

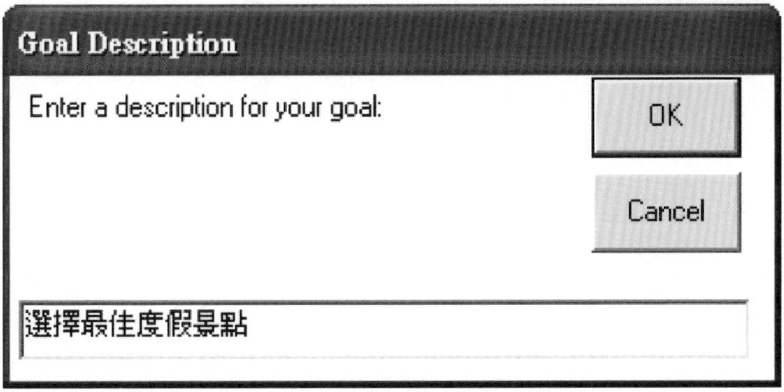

圖 4-5　輸入目標

三、模式概覽

在圖 4-6 中，整個空白視窗稱為模式概覽（ModelView），左側的方格稱之為樹狀概覽（TreeView），右上方稱之為選擇方案方格（Alternatives Pane），右下方稱之為資訊文件方格（Information Document Pane）。樹狀概覽顯示層級，選擇方案方格顯示有效的方案（active alternatives），資訊文件方格顯示資訊文件。讀者可以調整模式概覽的外觀，步驟如下：選擇工具列中的 Tools（工具）→ Options（選項）→ View（概覽）（見圖 4-7），即可進行外觀設定，如圖 4-8 所示。

2　本範例參考自 *Expert Choice Quick Start Guide*（Expert Choice, 2008）。

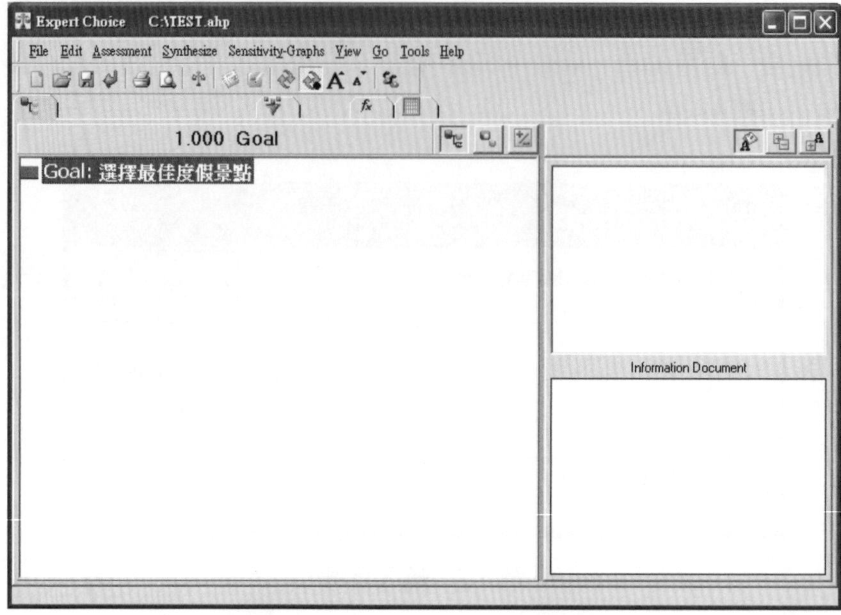

圖 4-6　Expert Choice 11.5 視窗

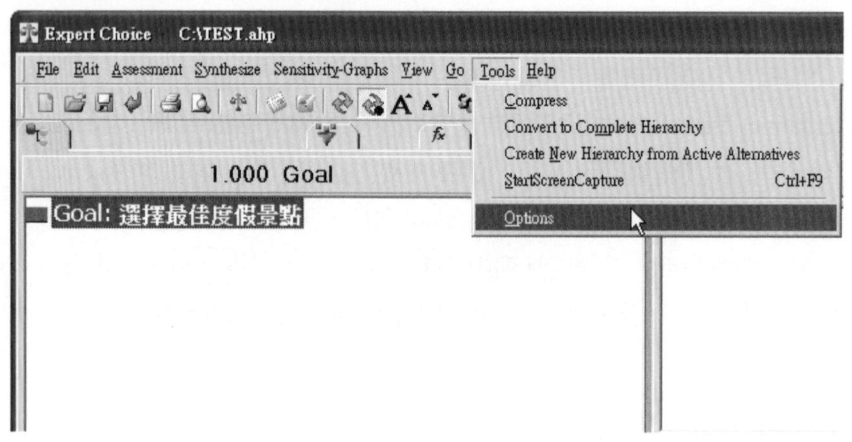

圖 4-7　選擇工具列中的Options（選項）

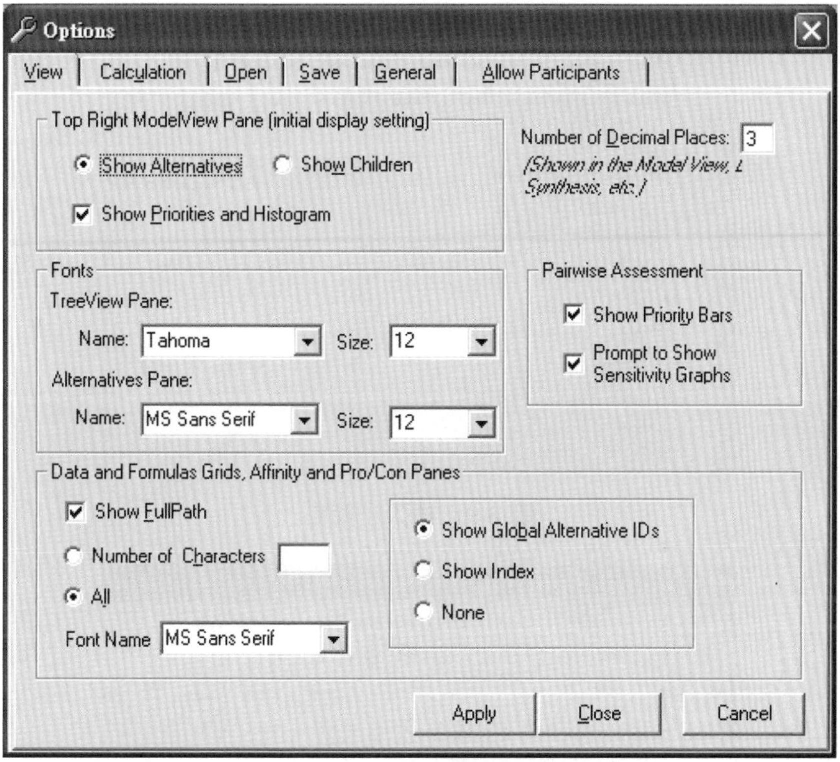

圖 4-8　外觀設定

四、建構新模式

接下來，讀者需要插入度假景點的子目標（objectives）或指標（criteria），例如花費、氣候、購物、休閒活動等。插入目標的步驟如下：Edit（編輯）→ Insert Child of Current Node（插入子節點），如圖 4-9 所示。

讀者選擇 Insert Child of Current Node（插入子節點）之後，將顯示如圖 4-10 的視窗，緊接著將第一個子目標（例如：花費）繕打在

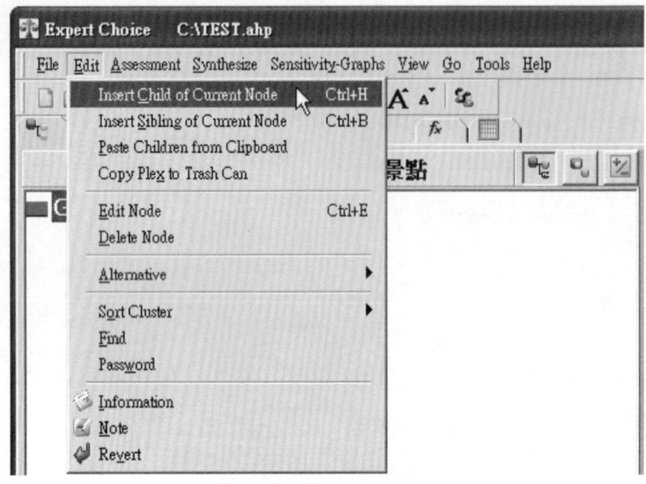

圖 4-9　插入子節點

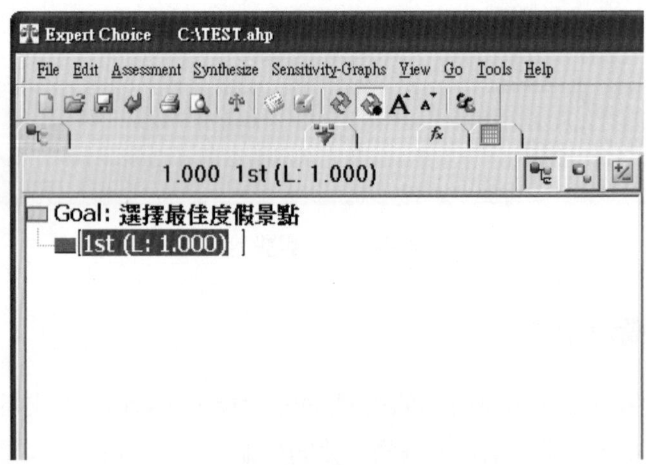

圖 4-10　顯示插入子目標

1st (L: 1.000)〕之內，單擊鍵盤的 Enter（輸入）鍵之後，將顯示次一個節點，如圖 4-11 所示。接續將第二個子目標（例如：氣候）繕打在 2nd〕

之內，單擊鍵盤的Enter（輸入）鍵，將顯示次一個節點，如圖 4-12 所示。接續在將第三個子目標（例如：購物）繕打在 3rd 之內，單擊鍵盤的 Enter（輸入）鍵，將顯示次一個節點，如圖 4-13 所示。

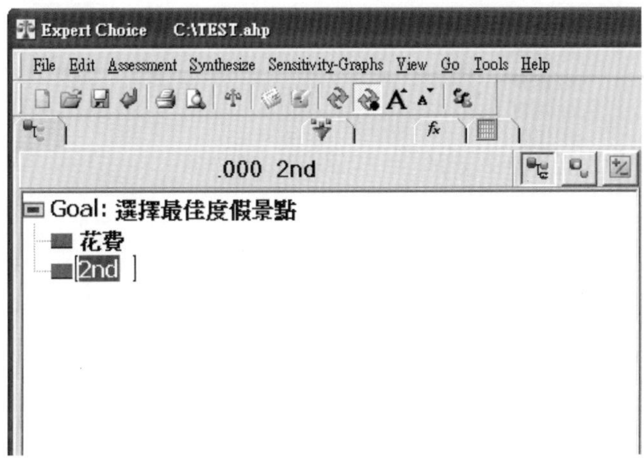

圖 4-11　已輸入第一個子目標

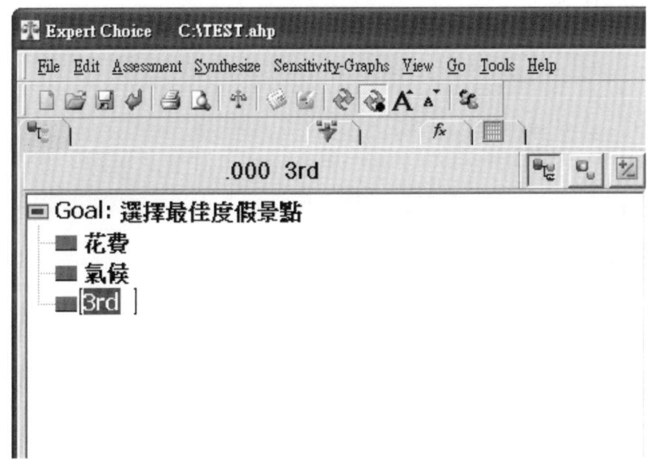

圖 4-12　已輸入第二個子目標

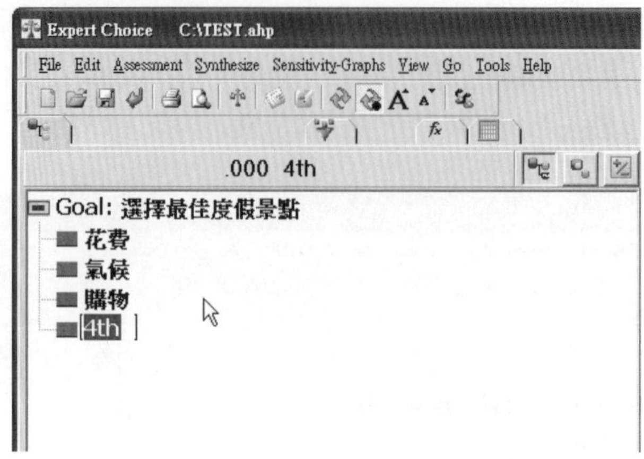

圖 4-13　已輸入第三個子目標

最後，將第四個子目標（例如：活動）繕打在 4th 之內，單擊鍵盤的Enter（輸入）鍵，如圖 4-14 所示。讀者可以依照前述步驟將次一個目標依序輸入，原則上子目標以四個為上限。若要結束插入子目標過程，單擊鍵盤的Enter（輸入）或Esc（離開）鍵即可，本範例以輸入四個子目標做說明。

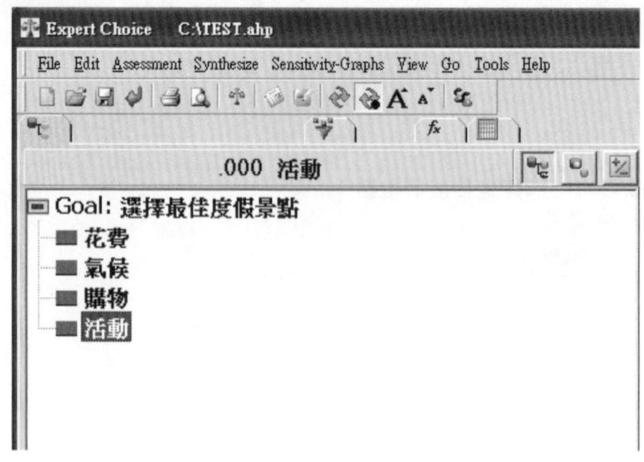

圖 4-14　已輸入第四個子目標

若讀者在輸入過程中，遭遇到中斷的情況發生（或是在結束子目標輸入離開之後，又要繼續輸入新的子目標），則可以點選其中一個子目標，並選擇Edit（編輯）中的Insert Sibling of Current Node（插入兄弟節點），如圖 4-15 所示，則可以繼續在相同層級上輸入子目標（例如輸入第五個子目標），如圖 4-16 所示。

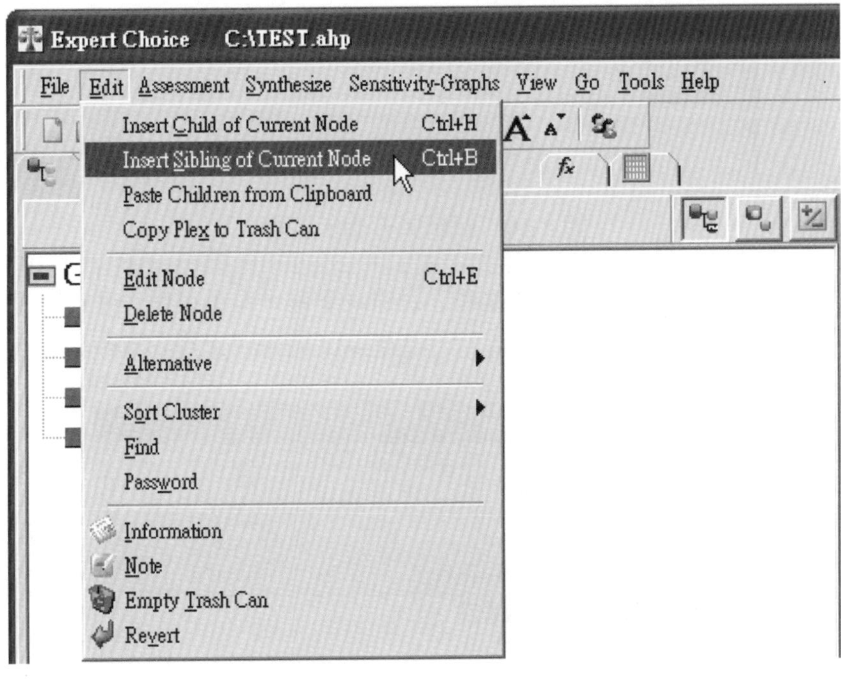

圖 4-15　插入兄弟節點

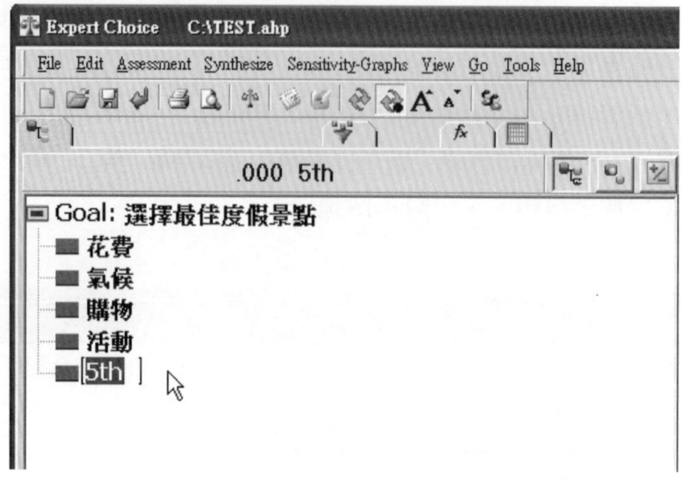

圖 4-16　顯示第五個子目標

另外一種情形是，讀者欲在子目標之下輸入次子目標，則需點選其中一個子目標（例如：花費），如圖 4-17 所示，之後，再依循以下

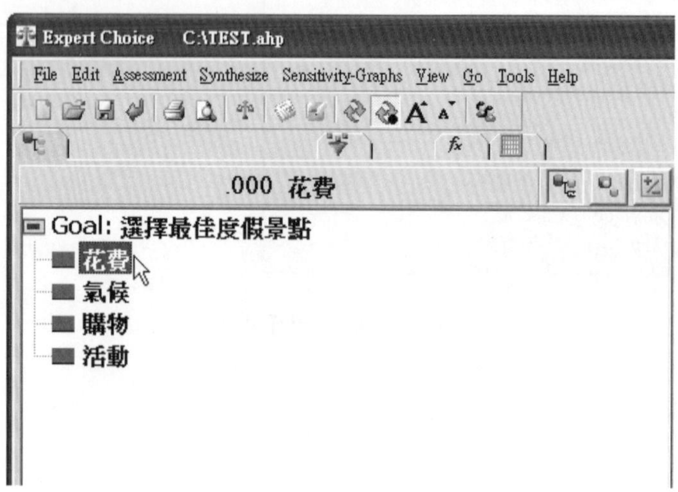

圖 4-17　選擇一個子目標

步驟：Edit（編輯）→ Insert Child of Current Node（插入子節點），即可輸入次子目標，如圖 4-18 所示。若讀者欲在其他子目標（例如：氣候、購物、活動）之下輸入次子目標，步驟同上。

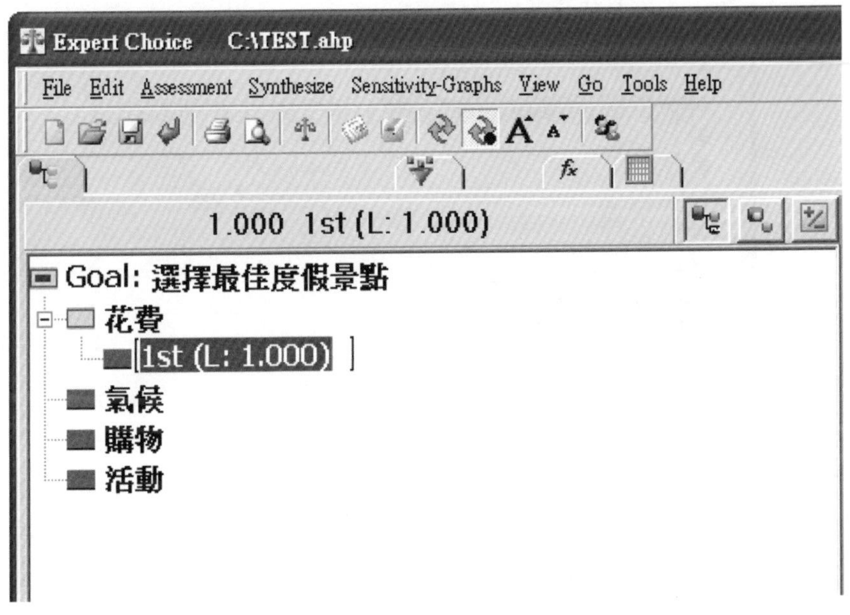

圖 4-18　輸入次子目標

五、輸入選擇方案

在左側的樹狀概覽（TreeView）方格內輸入完畢子目標之後，接續在右上方的選擇方案（Alternative: Ideal mode）方格內輸入方案，步驟如下：Edit（編輯）→ Alternative（選擇方案）→ Insert（插入），如圖 4-19 所示。

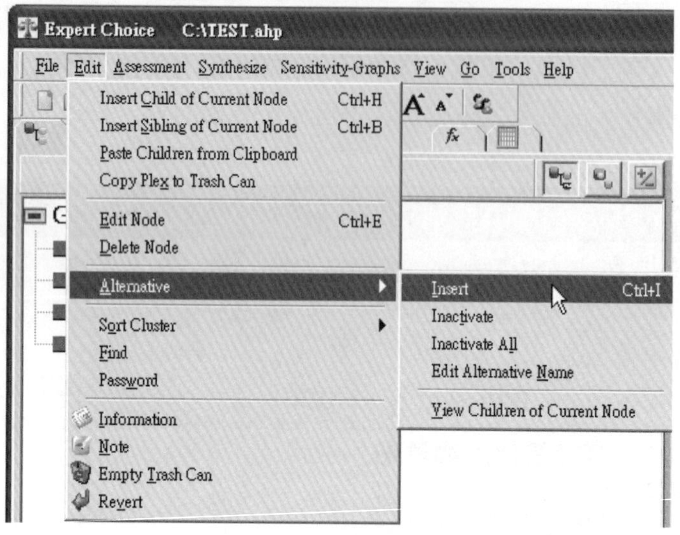

圖 4-19　插入選擇方案

在圖 4-19 點選 Insert （插入）之後，將顯示「Add Alternative」（增加選擇方案）的對話框，如圖 4-20 所示，讀者在方框內輸入新的選擇方案名稱（Enter New Alternative Name）（例如：東京），單擊 OK 鍵之後，東京將顯示在右上方的選擇方案方框內，如圖 4-21 所示。

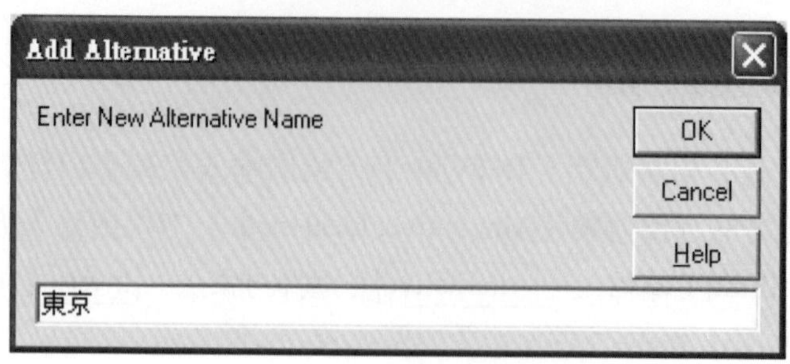

圖 4-20　在方案名稱方框內輸入東京

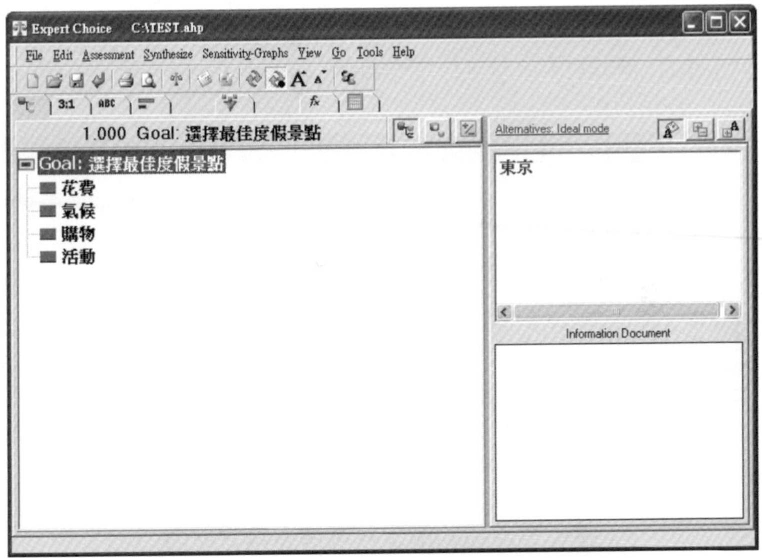

圖 4-21　東京顯示在選擇方案方框內

在選擇方案方框單擊滑鼠右鍵，點選 Insert（插入）可插入新的選擇方案，如圖 4-22 所示。

圖 4-22　插入新的選擇方案

重複上述的步驟，輸入第二個選擇方案（例如：紐約），紐約將顯示在右上方的選擇方案方框內，如圖 4-23 所示。

圖 4-23　紐約顯示在選擇方案方框內

重複上述的步驟，輸入第三個選擇方案（例如：巴黎），巴黎將顯示在右上方的選擇方案方框內，如圖 4-24 所示。當上述模式完成之後，需儲存檔案，步驟如下：File（檔案）→Save（儲存）。

圖 4-24　巴黎顯示在選擇方案方框內

另外一種輸入選擇方案的方式，是點選選擇方案方格右上方的新增選擇方案（Add Alternative）按鈕，如圖 4-25 所示，接下來的步驟同上述。

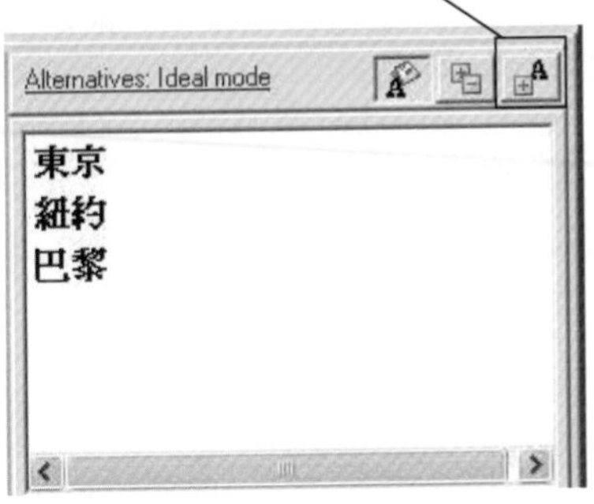

圖 4-25　新增選擇方案

六、建立目標的資訊文件

點選 Goal：選擇最佳度假景點 之後，接著點選按鈕列中的資訊按鈕，如圖 4-26 所示。

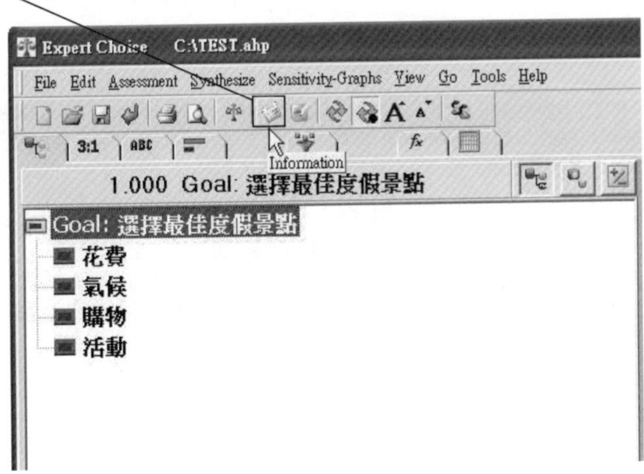

圖 4-26　點選資訊按鈕

選擇資訊按鈕之後，會顯示「資訊文件」（Information Document）的對話框，如圖 4-27 所示。

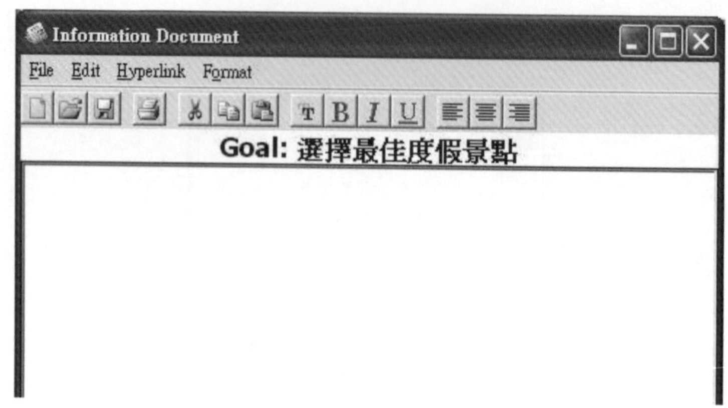

圖 4-27　「資訊文件」對話框

讀者可以在「資訊文件」對話框內，繕打一些有關目標的資訊（見圖 4-28），亦可以插入圖片和超連結，子目標、次子目標和選擇方案等亦同。

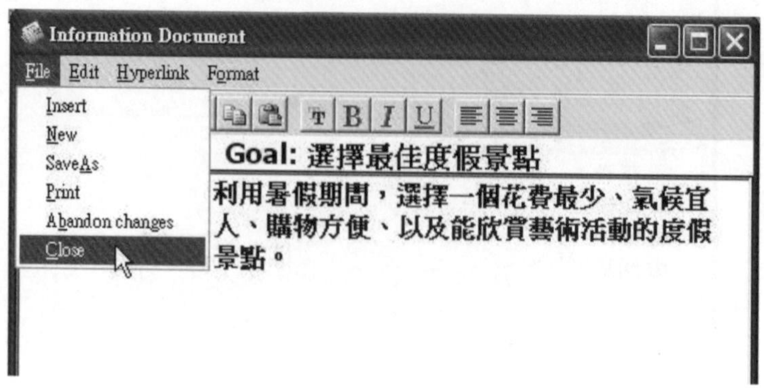

圖 4-28　繕打目標的資訊

點選 File（檔案）中的 Close（關閉），目標資訊將顯示在資訊文件方框內，而資訊按鈕將由白色轉為藍色，如圖 4-29。

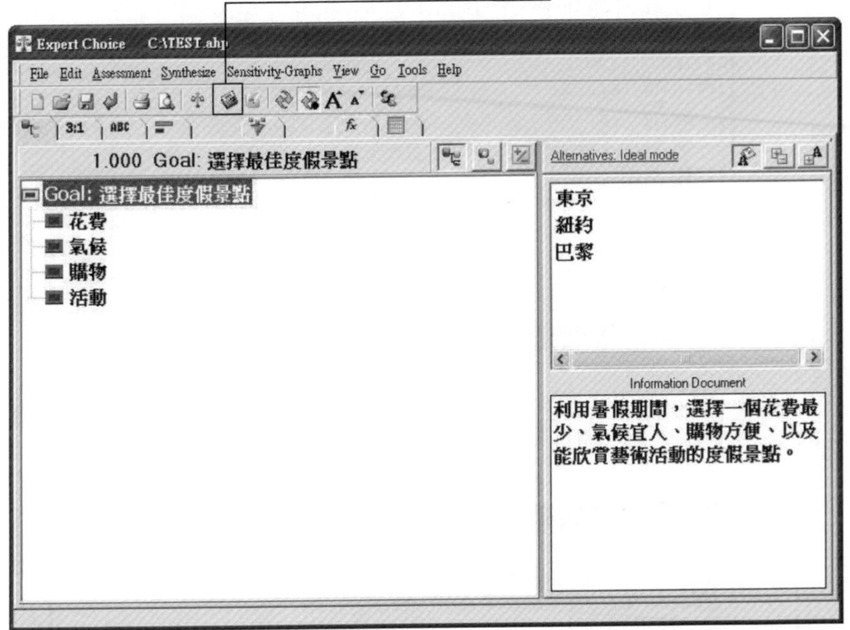

圖 4-29　目標資訊顯示在資訊文件方框內

七、選擇方案的文字評價

接下來，針對選擇方案（東京、紐約、巴黎）所涵蓋的四個子目標，進行喜好度的評價。首先，單擊第一個子目標（例如：花費），並從工具列中選擇 Assessment（評價）→ Pairwise（成對）（見圖 4-30）。

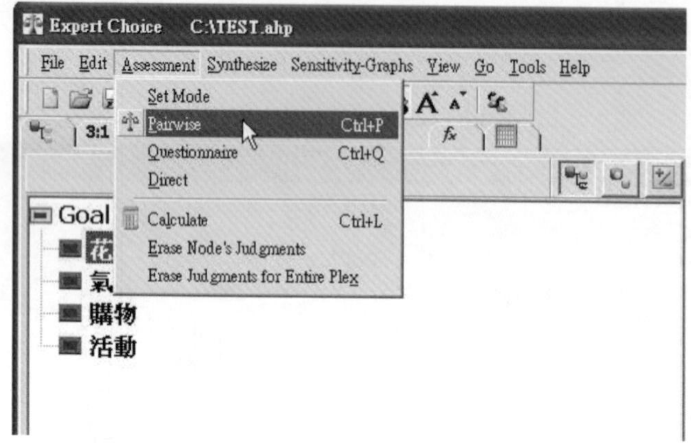

圖 4-30 Assessment（評價）選單中選擇Pairwise（成對）

點選Pairwise（成對）之後，會顯示預設的文字比較視窗，如圖4-31 所示。

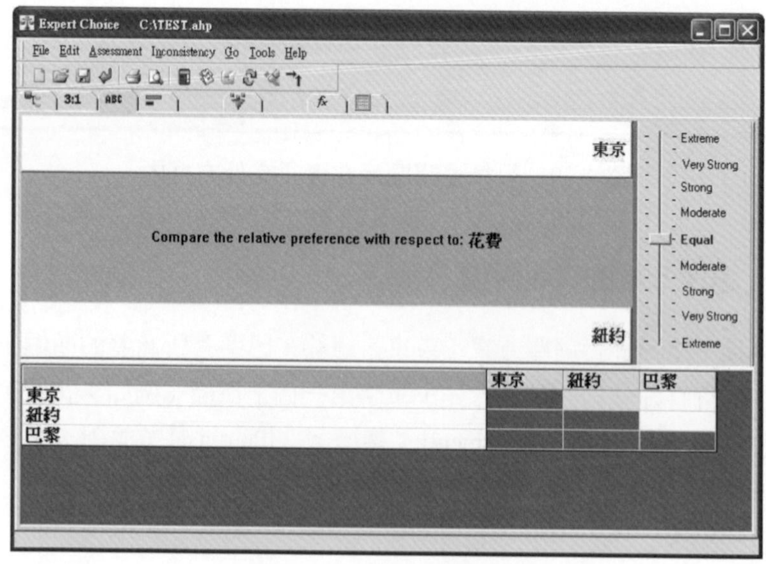

圖 4-31 文字比較視窗

在圖 4-31 中，係比較三個「選擇方案」（東京、紐約、巴黎）在「花費」上的優先選擇（亦即相對重要評比、偏愛程度、花費最低廉）。首先進行比較東京和紐約，讀者可藉由向上或向下拖曳文字規模指標（verbal scale indicator，）到適當位置，以顯示個人的判斷。以圖 4-32 為例，關於花費的相對重要評比如下：東京的喜好（五等第）強烈的（strong）勝於紐約、東京的喜好（七等第）非常強烈的（very strong）勝於巴黎、紐約的喜好（三等第）適度的（moderate）勝於巴黎。

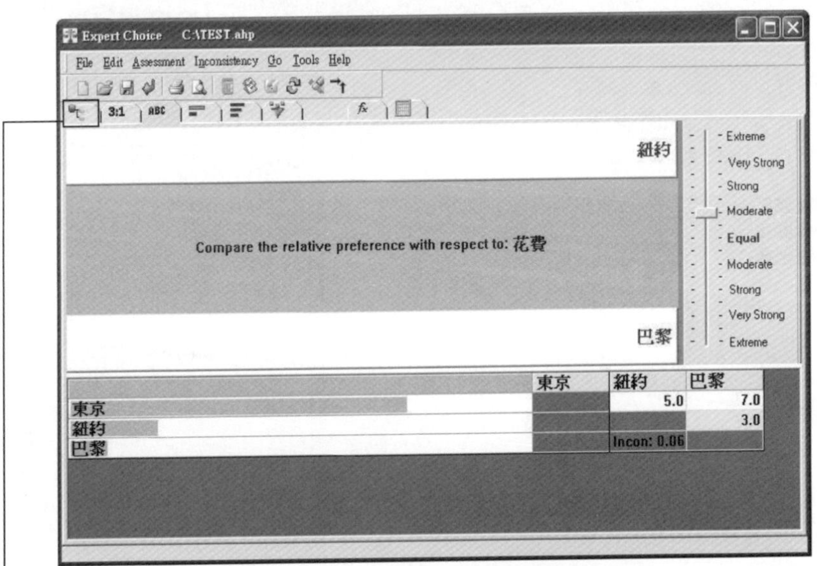

圖 4-32　「花費」的相對重要評比

當所有評比（judgments）完成之後，會顯示「Record judgments and calculate」（記錄評比和計算）的對話框（見圖4-33），請選擇是(Y)，將回到模式預覽的視窗，而選擇方案的優先順序已自動計算完成，並顯示在選擇方案方框內，如圖 4-34。讀者亦可單擊圖 4-32 中的按鈕，讓畫面回歸到模式預覽的視窗。

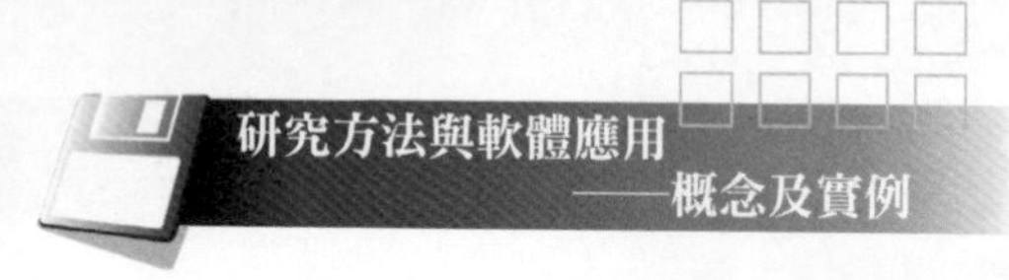

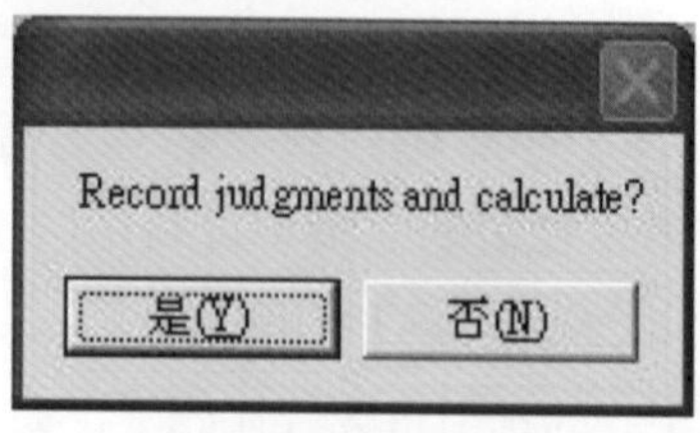

圖 4-33　「記錄評比和計算」對話框

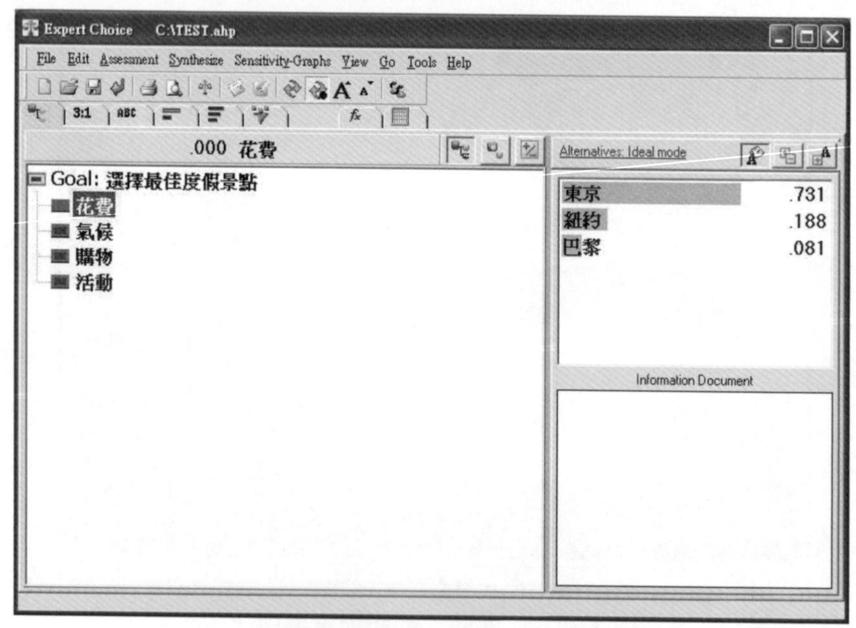

圖 4-34　選擇方案在「花費」上的優先順序

值得注意的是，顯示在矩陣左下方細格（見圖 4-35）內的數值（0.06），是不一致比率（inconsistency ratio），一般而言，不一致比率必須小於.1，方可宣稱是合理一致的。

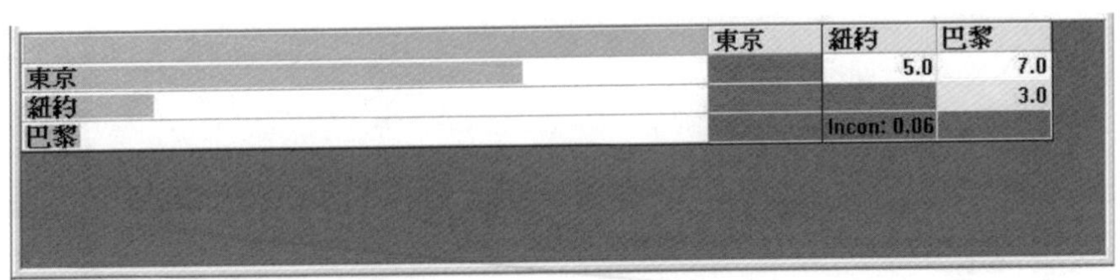

圖 4-35　不一致比率

讀者可重複以上步驟（選擇子目標→Assessment（評價）→Pairwise（成對），或是選擇子目標→點選 ABC 按鈕），接續比較三個「選擇方案」（東京、紐約、巴黎）在氣候、購物、活動的相對重要評比。如圖 4-36 到圖 4-38 所示。

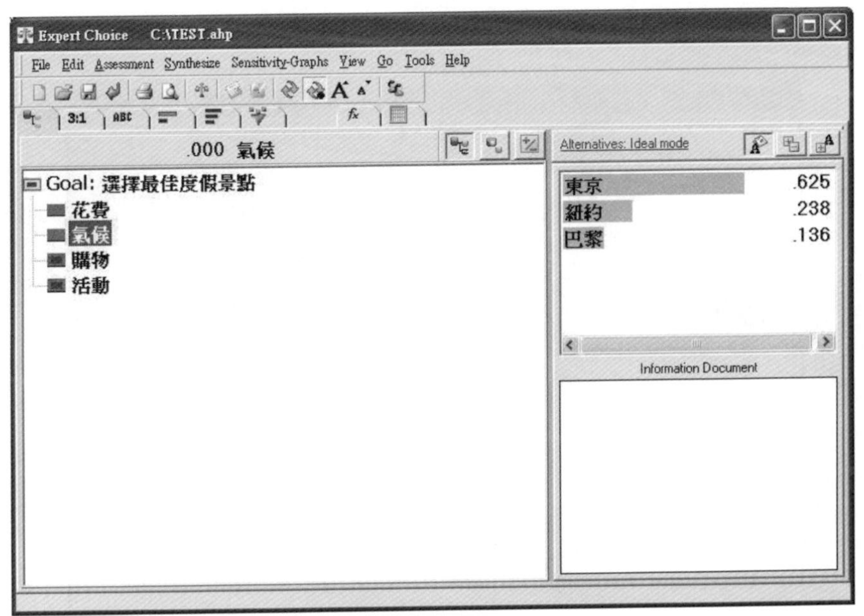

圖 4-36　選擇方案在「氣候」上的優先順序

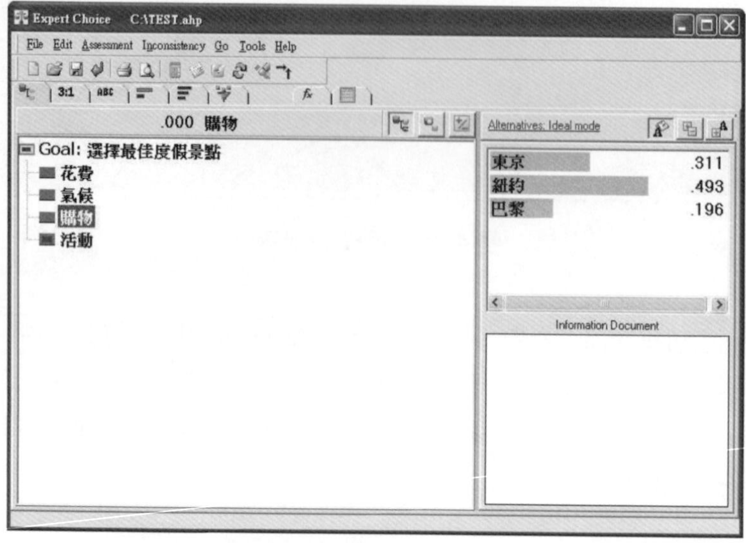

圖 4-37　選擇方案在「購物」上的優先順序

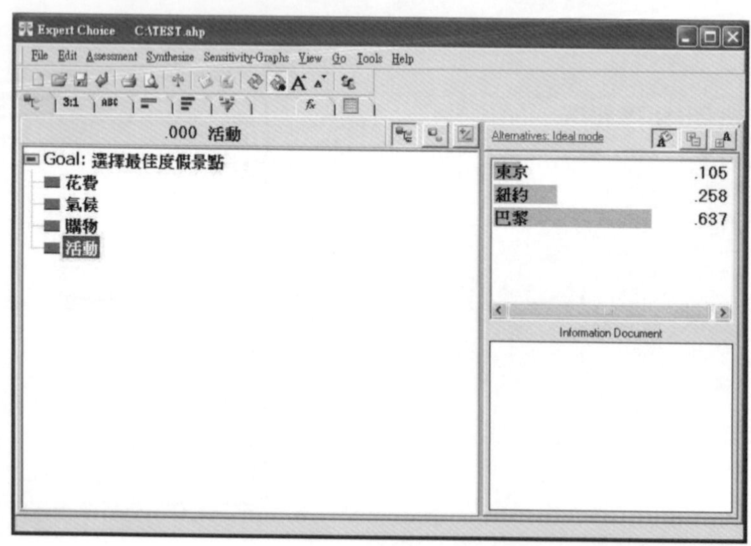

圖 4-38　選擇方案在「活動」上的優先順序

在圖 4-39 中，右下方矩陣細格內顯示的紅色數字，係表示列（column）的選擇方案勝於行（row）的選擇方案。舉例來說，紐約的喜好（三等第）適度的（moderate）勝於東京、巴黎的喜好（五等第）強烈的（strong）勝於東京、巴黎的喜好（三等第）適度的（moderate）勝於紐約。

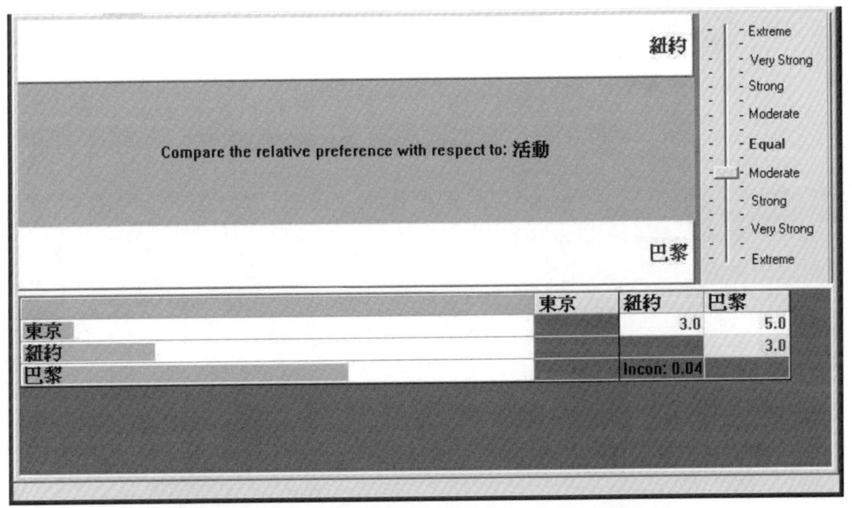

圖 4-39　右下方矩陣細格內顯示的紅色數字

八、計算優先順序

如圖 4-34、圖 4-36、圖 4-37、圖 4-38 所示，選擇方案（東京、紐約、巴黎）在各子目標（花費、氣候、購物、活動）的優先順序，顯示在選擇方案方框內。讀者除了使用成對文字比較（Pairwise Verbal Comparisons，點選 ABC 按鈕）之外，亦可使用數值模式（numerical mode）或圖形模式（graphical mode）。以數值模式而言（見圖 4-40），讀者需點選成對數值比較（Pairwise Numerical Comparisons）按鈕 3:1 之後，將顯示數值模式視窗，如圖 4-41 所示。

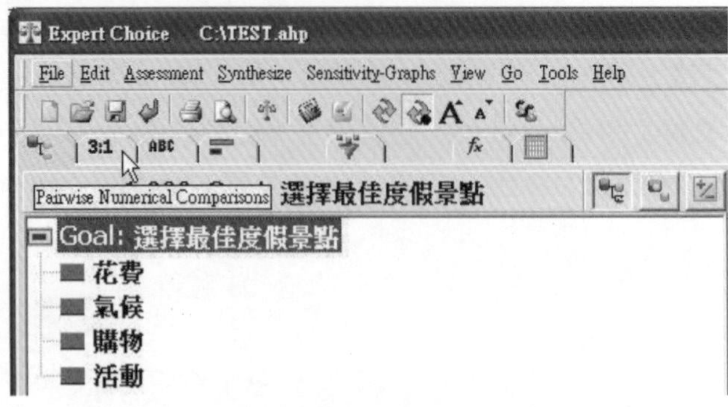

圖 4-40　點選成對數值比較按鈕

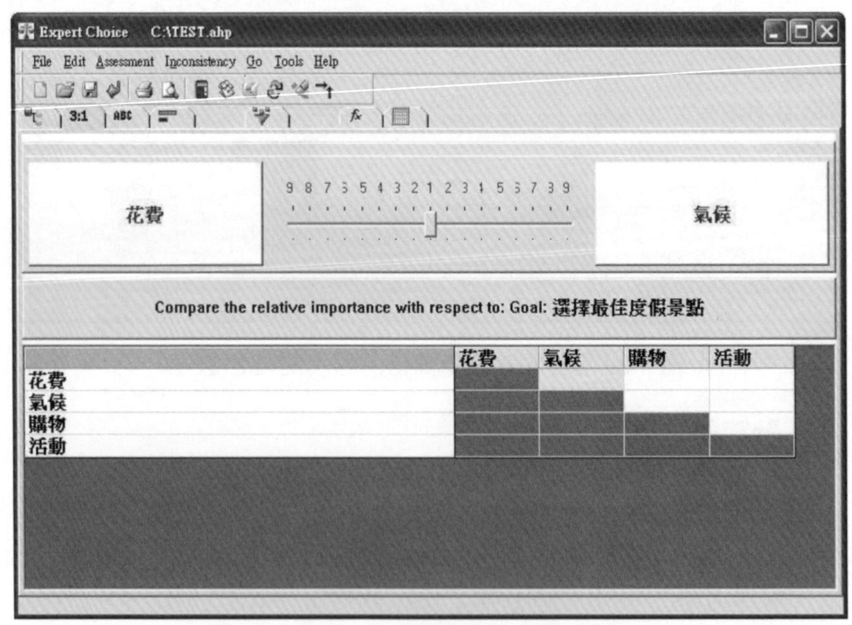

圖 4-41　數值模式視窗

在圖 4-41 當中，讀者可以向左或向右拖曳數值規模指標（ ），以比較兩個子目標（例如：花費vs.氣候）在選擇最佳度假景點上的重要評比。將滑鼠游標移到花費×氣候的細格內並單擊一次，細格底部顯示淺黃色之後（見圖4-42），即可拖曳數值規模指標到適當位置（例如：向左拖曳到數值 3），此時淺黃色細格亦同時顯示數值 3.0，如圖 4-43 所示，讀者依循上述步驟，完成所有的子目標比較，如圖 4-44 所示。

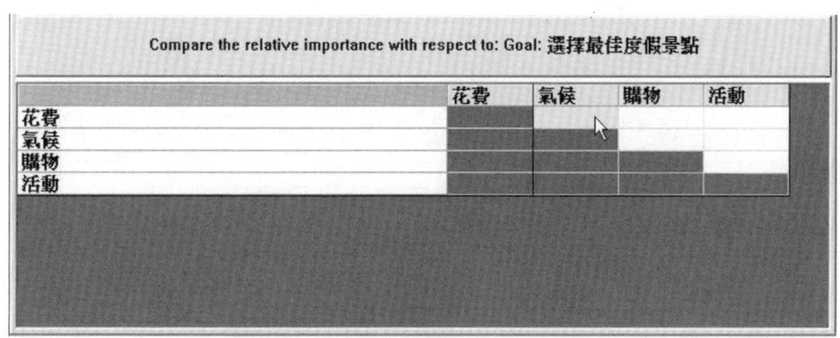

圖 4-42　細格顯示淺黃色

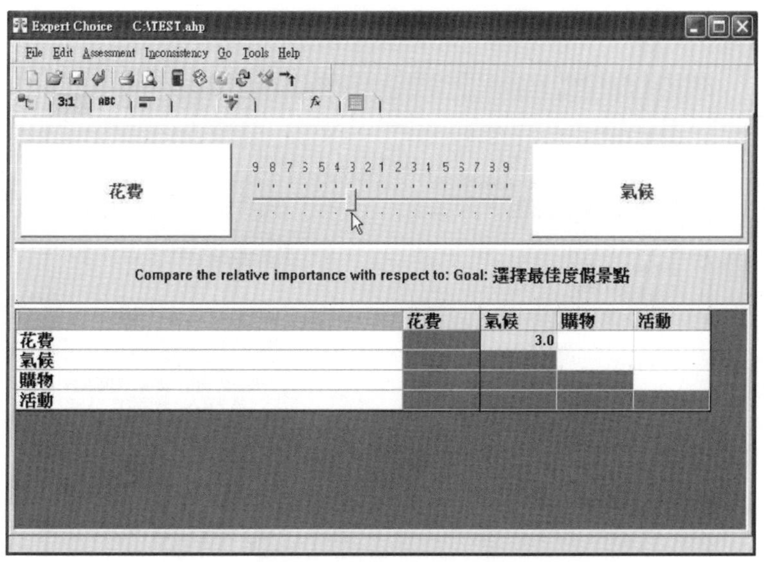

圖 4-43　拖曳數值規模指標到適當位置

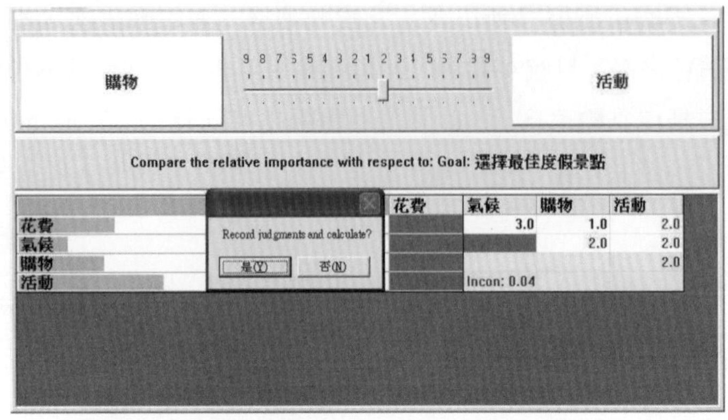

圖 4-44　完成所有的子目標比較

圖 4-44 中，點選是(Y)之後，會顯示模式概覽（見圖 4-45），在選擇方案方格（右上方）中，顯示三個方案的優先順序（東京＞巴黎＞紐約）；在樹狀概覽（左側方框）中，顯示四個子目標的優先順序（活動＞花費＞購物＞氣候）。

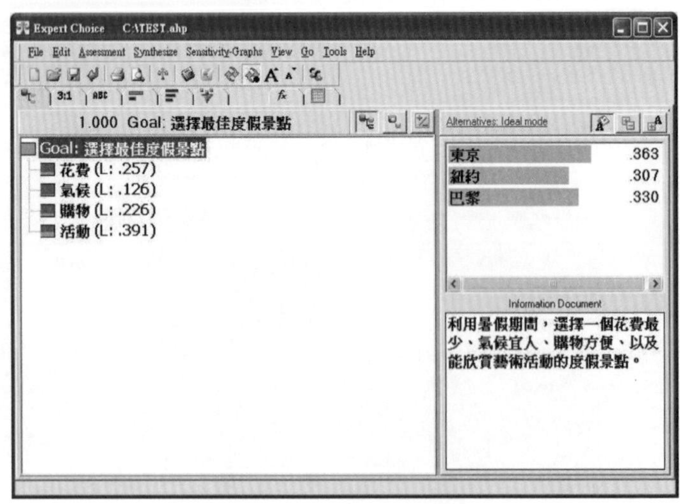

圖 4-45　模式概覽

以圖形模式而言（見圖4-46），讀者需點選成對圖形比較（Pairwise Graphical Comparisons）按鈕 之後，將顯示圖形模式視窗，如圖 4-47 所示。

圖 4-46　點選成對圖形比較按鈕

在圖 4-47 中，顯示在選擇最佳度假景點上，花費和氣候兩個子目標所占的圖形比例。

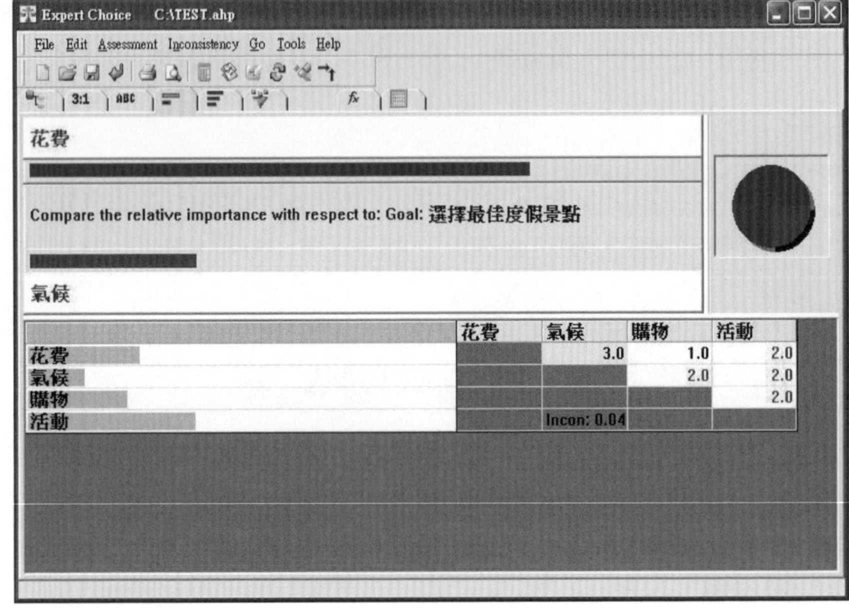

圖 4-47　圖形模式視窗

讀者在計算優先順序（例如：選擇方案、子目標）上，可以選擇任何一種模式（例如：數值比較模式、文字比較模式、圖形比較模式），再點選優先順序按鈕（見圖 4-48）或是 Assessment（評價）→ Calculate（計算）（見圖 4-49），以計算優先順序。

圖 4-48　優先順序按鈕

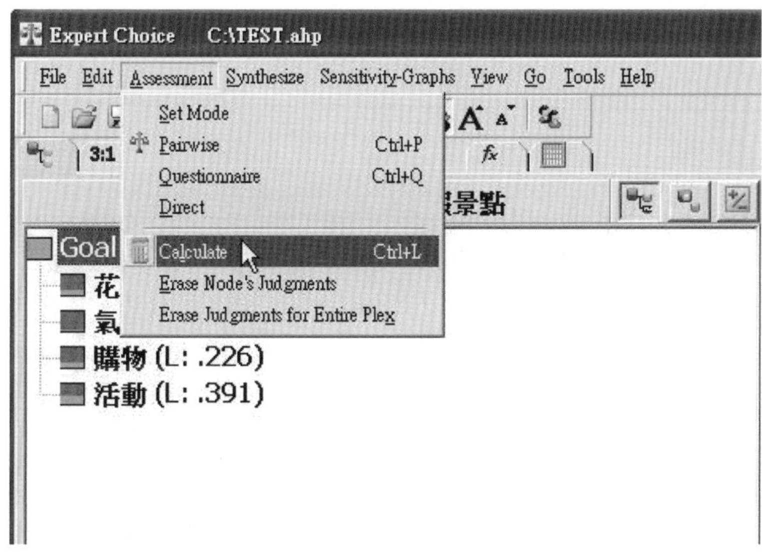

圖 4-49　點選工具列下的 Calculate（計算）

關於計算優先順序，以圖 4-48 為例，讀者選擇點選優先順序按鈕 之後，會顯示在「選擇最佳度假景點」時，四個子目標的優先順序（活動＞花費＞購物＞氣候），如圖 4-50 所示。單擊 Continue（繼續）鈕之後，會回歸到圖 4-48 的視窗。

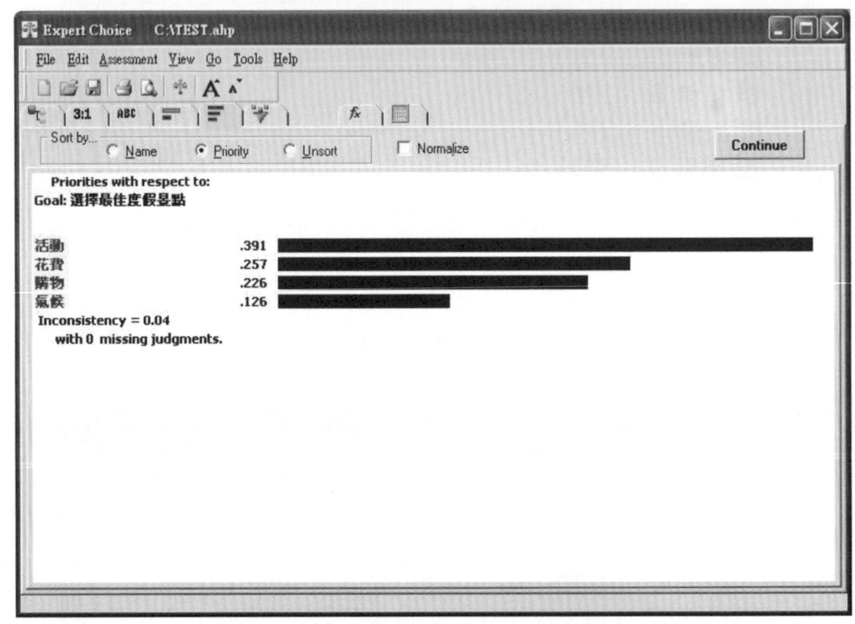

圖 4-50　四個子目標的優先順序

讀者亦可以選擇子目標之一（例如：花費），單擊優先順序按鈕 ，會顯示選擇方案的優先順序（東京＞紐約＞巴黎），如圖 4-51 所示。其他各子目標之優先順序，依此類推。

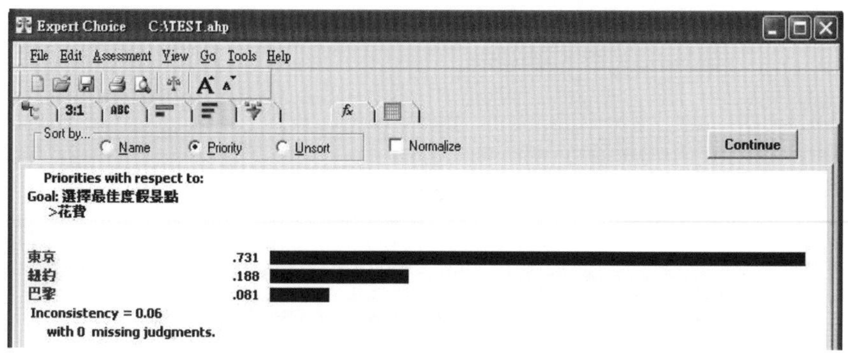

圖 4-51　選擇方案的優先順序（東京＞紐約＞巴黎）

九、綜合結果

當完成所有判斷和計算所有優先順序之後（見圖 4-45），讀者可以執行綜合結果，步驟如下：Synthesize（綜合）→ With Respect to Goal（關於目標），如圖 4-52 所示，亦可點選綜合結果（Synthesis Results）按鈕。點選 With Respect to Goal（關於目標）之後，會顯示選擇最佳度假景點的綜合結果，如圖 4-53 所示。

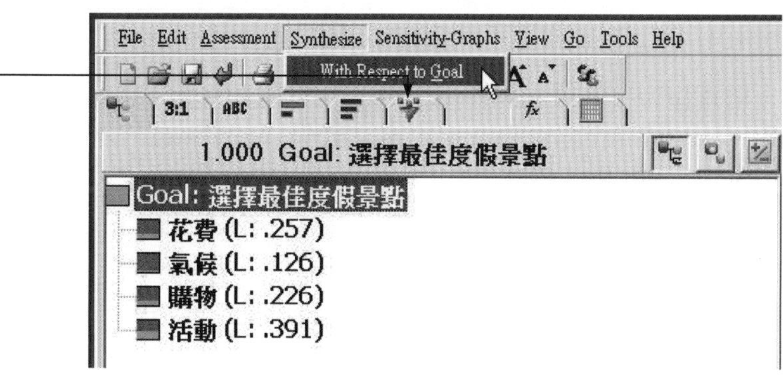

圖 4-52　執行綜合結果

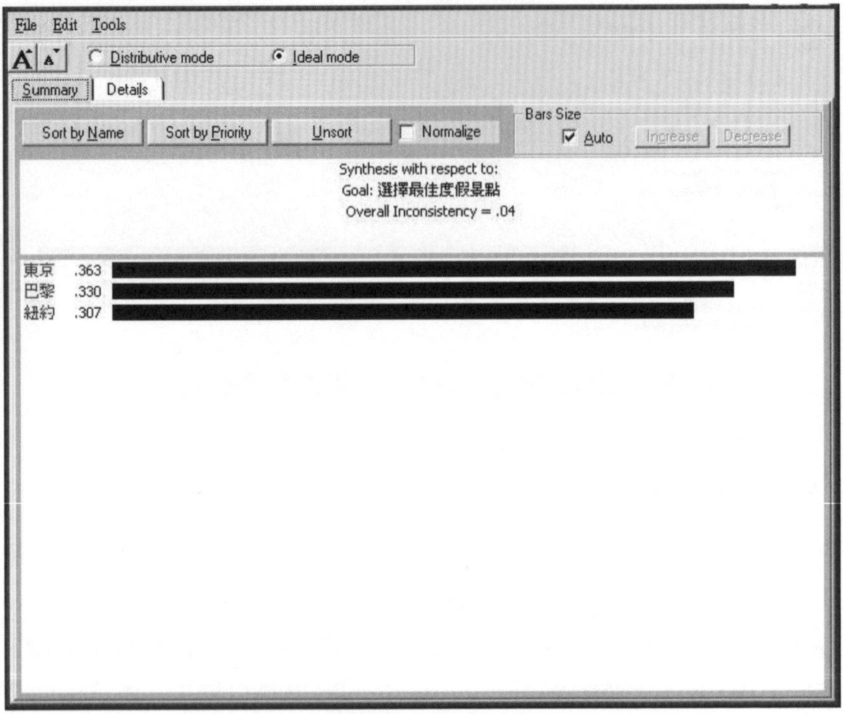

File Edit Tools

Distributive mode　Ideal mode

Summary　Details

Sort by Name　Sort by Priority　Unsort　Normalize　Bars Size　Auto　Increase　Decrease

Synthesis with respect to:
Goal: 選擇最佳度假景點
Overall Inconsistency = .04

東京	.363
巴黎	.330
紐約	.307

圖 4-53　選擇最佳度假景點的綜合結果

在圖 4-53 中，點選 Details （細節）標籤之後，會詳細顯示四個子目標和三個選擇方案的優先順序及其數值，如圖 4-54 所示。

Expert Choice C:\TEST.ahp

File Edit Tools

Distributive mode ◉ Ideal mode

Summary | Details

☐ Show Totals ☐ Outline ☐ By Alternatives

Level 1	Alts	Prty
花費 (L: .257)	東京	.158
	紐約	.041
	巴黎	.018
氣候 (L: .126)	東京	.078
	紐約	.030
	巴黎	.017
購物 (L: .226)	東京	.088
	紐約	.139
	巴黎	.055
活動 (L: .391)	東京	.040
	紐約	.097
	巴黎	.240

圖 4-54　詳細顯示子目標和選擇方案的優先順序

讀者宜勾選「Ideal mode」（理想模式），其係為預設模式，再勾選「Show Totals」（展示全部），顯示結果如圖 4-55 所示。亦可勾選「Outline」（綱要）、「By Alternatives」（選擇方案），以瞭解優先順序的分析結果。

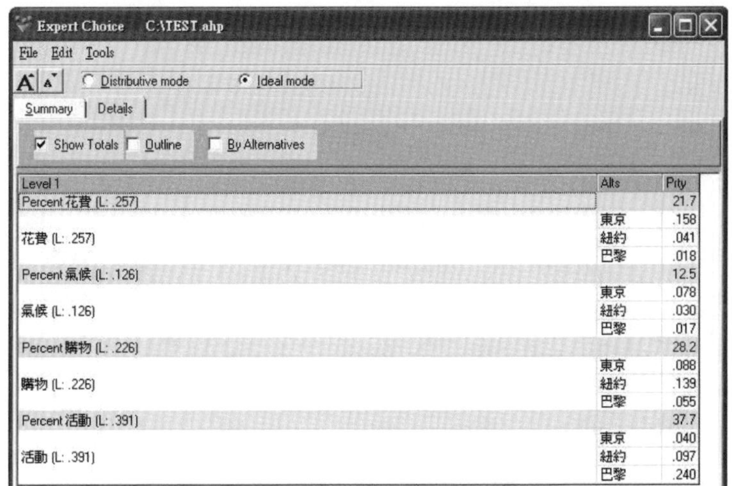

Expert Choice C:\TEST.ahp

File Edit Tools

Distributive mode ◉ Ideal mode

Summary | Details

☑ Show Totals ☐ Outline ☐ By Alternatives

Level 1	Alts	Prty
Percent 花費 (L: .257)		21.7
花費 (L: .257)	東京	.158
	紐約	.041
	巴黎	.018
Percent 氣候 (L: .126)		12.5
氣候 (L: .126)	東京	.078
	紐約	.030
	巴黎	.017
Percent 購物 (L: .226)		28.2
購物 (L: .226)	東京	.088
	紐約	.139
	巴黎	.055
Percent 活動 (L: .391)		37.7
活動 (L: .391)	東京	.040
	紐約	.097
	巴黎	.240

圖 4-55　勾選「Show Totals」（展示全部）

十、敏感度分析

當子目標的優先順序增加或減少時，圖形型式敏感度分析（sensitivity analysis）能顯示選擇方案的優先順序之改變。在模式概覽之下，其操作步驟如下：Sensitivity-Graphs（執行）→Performance（執行）（見圖 4-56）。執行後，顯示敏感度分析（見圖 4-57）。

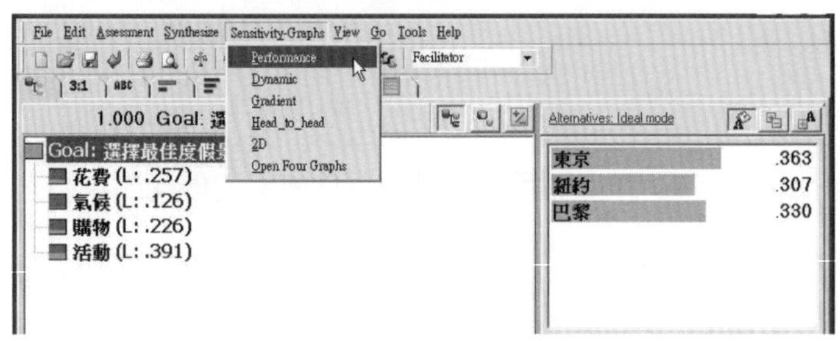

圖 4-56　執行敏感度分析

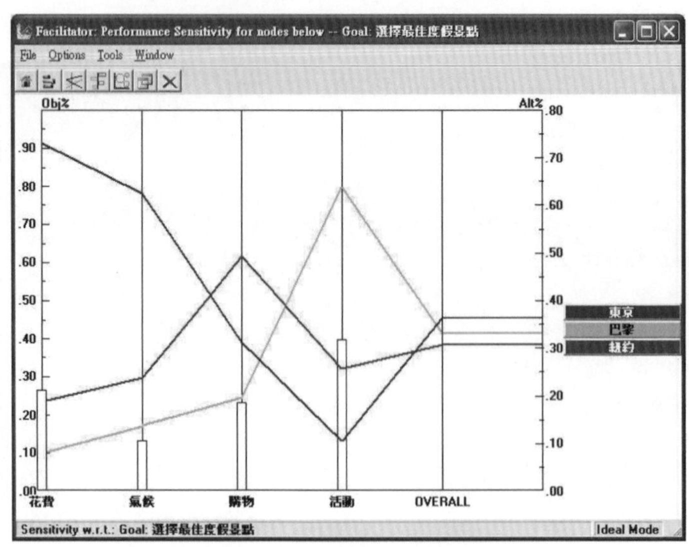

圖 4-57　敏感度分析圖形

在圖 4-57 中，讀者可以選擇 Window （視窗）之下的六種敏感度圖形型式（見圖 4-58），以瞭解優先順序之改變。以選擇 Dynamic （動態）型式為例，其敏感度分析圖形顯示，如圖 4-59 所示。

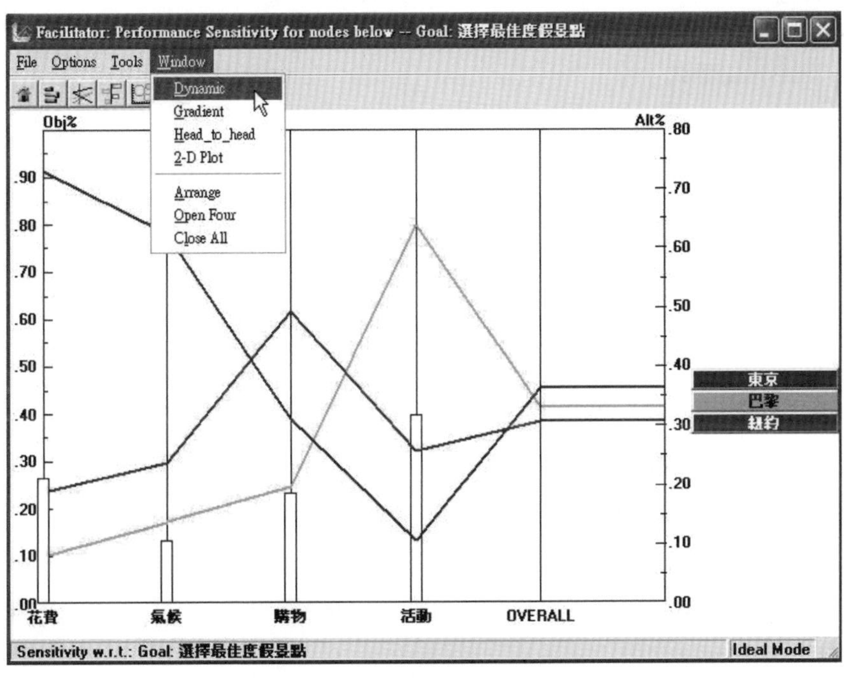

圖 4-58　選擇敏感度圖形型式

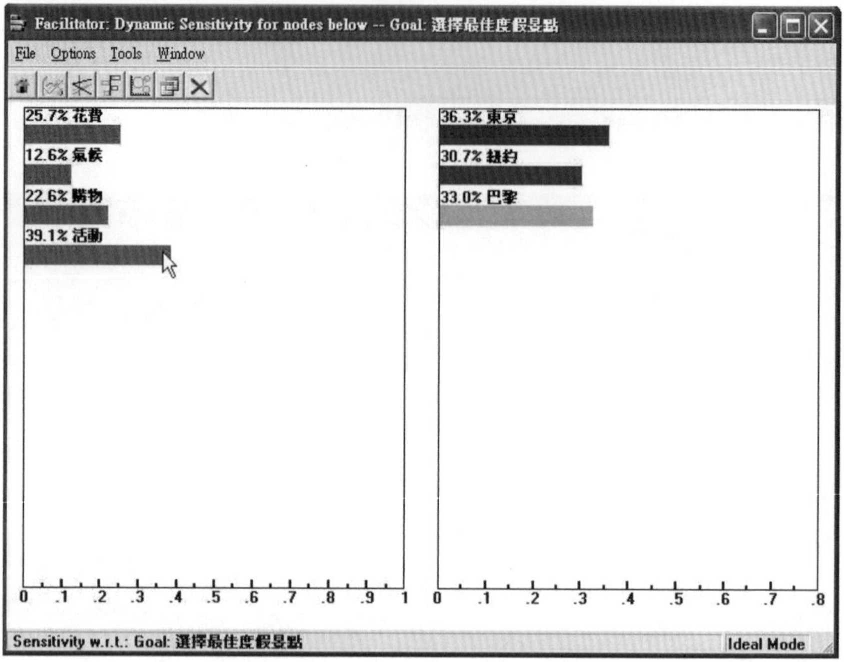

圖 4-59　動態型式敏感度分析圖形

藉由調整子目標所占比例之長條圖（　　　　），以觀察右側選擇方案的變動情形。

第三節　Expert Choice 應用

壹、網路教學平臺功能設計[3]

一、研究架構

本研究之設計課程網路教學平臺的功能設計模式，以功能指標及層級體系來看，在總目標「設計課程網路教學平臺的功能設計模式」之下，分為「選單功能」及「學習工具」二部分。第一部分「選單功能」之體系分為二層次，第一層次是「主要選單」，包括課程資訊、教學內容、影音多媒體、案例／作品、互動討論、指導及協助、個人學習工具及作業／測驗等八項；第二層次為各主要選單之「選單項目」；選單項目共有課程介紹、最新消息、課程公告、教學大綱、課程內容、訊息資源、影音型式教材、資料庫、相關案例、作品欣賞、網路討論版、線上虛擬教室、求助（Help）、問題與解答（Q & A）、線上筆記本、學習歷程記錄、行事曆、作業及測驗等十九項。第二部分「學習工具」之體系亦分為二層次：第一層次包含「學習輔助工具」及「互動交流工具」，第二層次則包括筆記本、迴紋針、圖庫、搜尋引擎、概念構圖、提供協助、討論版、虛擬教室、電子白板、行事曆

3 本文修訂自嚴貞、許正妹（2007）。設計課程網路教學平臺功能設計之探討：層級分析法之應用。**科技學刊**，**16**(1)，61-80。

及作品展示等十一項。

二、研究流程

根據研究動機與研究目的，蒐集國內外有關網路教學平臺之文獻，在初擬網路教學平臺功能設計之指標與層級體系之後，接著進行預試（pilot study）以作為修改之依據，據以編製AHP之「功能相對重要性比較」調查問卷及「功能重要性權重」調查問卷，再根據問卷調查結果，進行資料整理與統計分析，得出各層級之重要性權重及相對權重，最後提出適當之建議。

三、問卷調查

㈠受測對象

問卷調查的第二類受測對象是教師，由十二位具有網頁設計能力、多年教學經驗及電腦或網路等專業領域的教師，參與AHP問卷調查，對網路教學平臺的「功能相對重要性比較」提供意見。

㈡研究工具

教師問卷調查所使用的工具，係為設計課程網路教學平臺功能設計之「設計課程網路教學平臺功能設計之 AHP 相對重要性比較」問卷。問卷之內容分為三部分：⑴基本資料；⑵選單項目的相對重要性；⑶學習工具的相對重要性。問卷採用九點重要性強度比較，以瞭解教師對於平臺功能的相對重要性看法。教師問卷之填答說明、範例及內容，如本章附錄一所示（見 137 至 143 頁）。

㈢實施程序

本研究之「相對重要性比較」調查問卷，採取立意抽樣方式，由設計科系教師填答問卷。問卷回收後，基本資料部分以 SPSS 軟體進行分析，其他相對重要性看法則以 Expert Choice 2000 軟體進行資料分析。

本研究對於學生及教師採用不同技術進行問卷調查及分析，乃因專家人數較少，適合 Expert Choice 2000 軟體以「幾何平均數」來分析資料之相對重要性的特性，如此，可避免變異數大影響結果的問題。而學生之樣本數較大，一來無變異數大小的問題，二來超過 Expert Choice 2000 軟體計算人數為二十五人之限制，故使用 SPSS 統計軟體進行資料分析。

四、結果分析

㈠教師問卷一致性分析

本研究使用 Expert Choice 2000 軟體對教師之「選單功能相對重要性比較」資料進行評估。首先建立參與專家之團體成員模式，再依序輸入教師填答之問卷資料。在 Expert Choice 的運算分析中，題目之不一致判斷值（inconsistency ratio, IR）必須小於 0.1，才符合邏輯一致性要求。通過邏輯一致性檢定後再進行權重分配、各層級權重分配以及排序。就第一層指標（主要選單）來看，不一致判斷 IR 值為 0.00841（見圖 4-60），小於 0.1，表示判斷結果符合層級一致性。第二層指標（選單項目）是根據第一層指標（主要選單）作分類，共有八組選單項目。八組選單項目的不一致判斷 IR 值各為 0.02、0.0、0.0、0.0、0.0、0.0、0.01、0.0（見圖 4-61），皆小於 0.1，表示判斷結果皆符合層級一致性。

㈡教師之 AHP「選單功能相對重要性比較」調查問卷

1. 第一層指標（主要選單）之重要性權重

在第一層的各主要選單中，以教學內容的重要性最高（占17.7%），其次依序為提供指導及協助（占16.4%）、提供案例／作品（占13.1%）、提供互動討論（占12.6%）、提供繳交作業／測驗（占11.2%）、提供影音多媒體環境（占10.8%）、提供個人學習工具（占9.2%），而提供課程資訊最不重要（占9.0%）。第一層指標之八個主要選單的權重分配長條圖，如圖4-60所示。

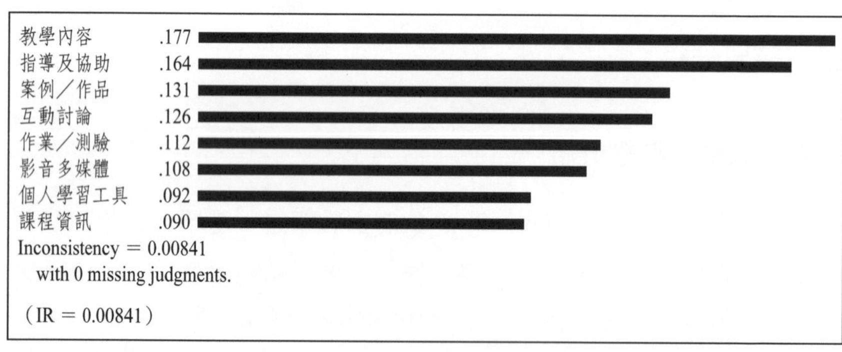

圖4-60　教師對第一層指標（主要選單）之權重分配長條圖

2. 第二層指標（選單項目）之重要性權重

第二層指標的重要性權重，就課程資訊來看，以教學大綱的重要性最高（占35.0%），其次依序為課程介紹（占24.8%）、課程公告（占20.4%）、最新消息（占19.8%）。就教學內容來看，課程內容

（占 65.0 %）的重要性高於訊息資源（占 35.0 %）。就影音多媒體來看，資料庫（占 54.6 %）的重要性高於影音型式教材（占 45.4 %）。就案例／作品來看，相關案例（占 52.3 %）的重要性高於作品欣賞（占 47.7 %）。就互動討論來看，網路討論版（占 51.4 %）的重要性高於線上虛擬教室（占 48.6 %）。就指導及協助來看，問題與解答（Q & A）的重要性（占 56.0 %）高於求助（Help）（占 44.0 %）。就個人學習工具來看，學習歷程記錄（占 39.7 %）的重要性高於線上筆記本（占 32.0 %）及行事曆（占 28.3 %）。就作業／測驗來看，測驗（占 52.3 %）的重要性高於作業（占 47.7 %）。第二層指標（選單項目）之八個主要選單的權重分配長條圖，如圖 4-61 所示。

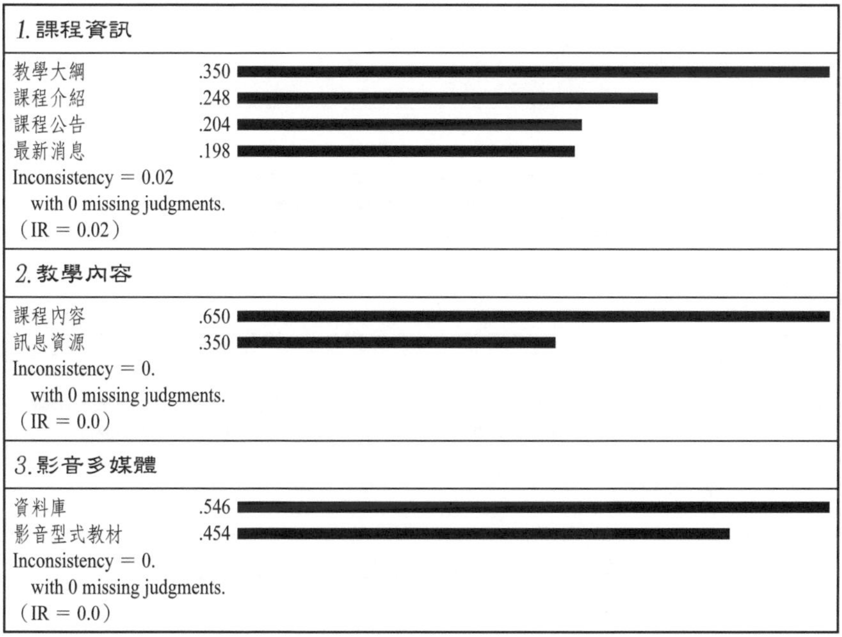

1. 課程資訊	
教學大綱	.350
課程介紹	.248
課程公告	.204
最新消息	.198
Inconsistency = 0.02 with 0 missing judgments. （IR = 0.02）	
2. 教學內容	
課程內容	.650
訊息資源	.350
Inconsistency = 0. with 0 missing judgments. （IR = 0.0）	
3. 影音多媒體	
資料庫	.546
影音型式教材	.454
Inconsistency = 0. with 0 missing judgments. （IR = 0.0）	

（接下頁）

圖 4-61　教師對第二層指標（選單項目）之權重分配長條圖

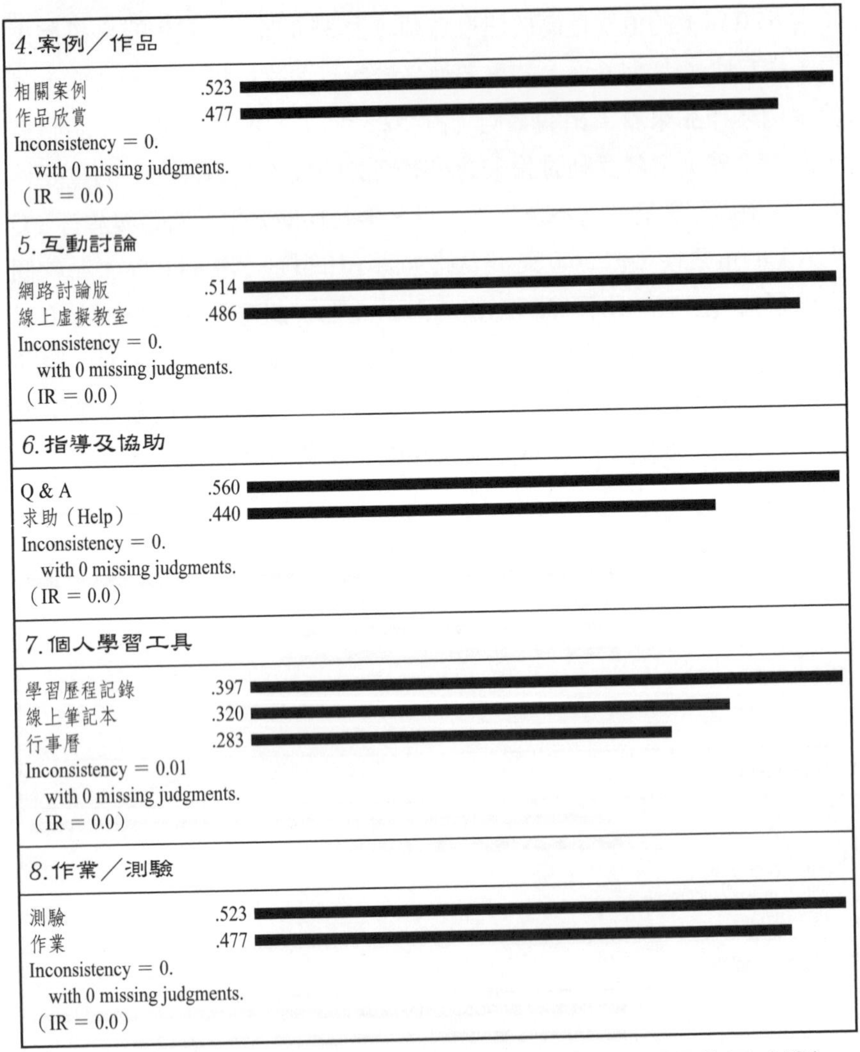

4. 案例／作品

相關案例 .523
作品欣賞 .477
Inconsistency = 0.
with 0 missing judgments.
（IR = 0.0）

5. 互動討論

網路討論版 .514
線上虛擬教室 .486
Inconsistency = 0.
with 0 missing judgments.
（IR = 0.0）

6. 指導及協助

Q & A .560
求助（Help） .440
Inconsistency = 0.
with 0 missing judgments.
（IR = 0.0）

7. 個人學習工具

學習歷程記錄 .397
線上筆記本 .320
行事曆 .283
Inconsistency = 0.01
with 0 missing judgments.
（IR = 0.0）

8. 作業／測驗

測驗 .523
作業 .477
Inconsistency = 0.
with 0 missing judgments.
（IR = 0.0）

圖 4-61　教師對第二層指標（選單項目）之權重分配長條圖（續）

附錄一　「設計課程網路教學平臺功能設計之 AHP 相對重要性比較」問卷內容（教師用）

一、問卷填答說明及範例

本問卷之填答說明及範例如下所示：

● **「選單項目相對重要性比較」填答說明：**

請以每一列之左、右側選單功能比較。以中間 1 為基準線，勾選左側數字表示左側功能較重要，勾選右側數字表示右側功能較重要，數字表示相對重要倍數，左右側功能同等重要則勾選中間的 1。

● **「選單項目相對重要性比較」填答範例：**

1. 以下表題號 1 來說，若您認為「左側教學內容」比「右側課程資訊）」相對重要三倍，則請勾選「左邊」的 3。
2. 以下表題號 2 來說，若您認為「右側影音多媒體」比「左側作業／測驗」相對重要五倍，則請勾選同「右邊」的 5。
3. 以下表題號 3 來說，若您認為「左側互動討論」與「右側案例／作品」同等重要，則請勾選「中間」的 1。

題號	選單項目	9	8	7	6	5	4	3	2	1	2	3	4	5	6	7	8	9	選單項目
1	教學內容							√											課程資訊
2	作業／測驗													√					影音多媒體
3	互動討論									√									案例／作品

二、問卷內容

㈠平臺的「主要選單」之相對重要性比較

以下有八類網路教學平臺主要選單，說明如下：

1. 課程資訊：指提供課程相關之資訊，包括授課大綱及教師對課程的規劃。
2. 教學內容：指提供課程教材以及相關的網路資源。
3. 影音多媒體：指透過電腦，以多樣化的媒體型式、視覺化的呈現方式來傳達學習內容、協助思考。
4. 案例／作品：指提供其他目的、問題或現象相似的問題解決案例，或提供作品賞析。
5. 互動討論：指提供師生之間可針對課程相關議題進行討論，例如網路討論版、線上虛擬教室。
6. 指導及協助：指能提供常見問題與解答（Q & A）或讓學生有向系統管理者求助（Help）的管道。

7. 個人學習工具：指有助於學習之工具，例如線上筆記本（可以用線上方式作筆記）、學習歷程記錄（記錄學生進出平臺的時間、次數、張貼討論版的篇數等學習進度）、行事曆（可由學生或老師登錄事件）。

8. 作業／測驗：記錄教師指定之作業、學生繳交狀況及測驗得分等。

【題目說明】：請比較以上八類教學平臺主要選單之相對重要性，在□內打「√」（單選）

重要倍數 ←（左側功能較重要） 同等重要 （右側功能較重要）→ 重要倍數

選單項目	9	8	7	6	5	4	3	2	1	2	3	4	5	6	7	8	9	選單項目
課程資訊																		教學內容
課程資訊																		影音多媒體
課程資訊																		案例／作品
課程資訊																		互動討論
課程資訊																		指導及協助
課程資訊																		個人學習工具
課程資訊																		作業／測驗
教學內容																		影音多媒體
教學內容																		案例／作品
教學內容																		互動討論
教學內容																		指導及協助

教學內容																		個人學習工具
教學內容																		作業／測驗
影音多媒體																		案例／作品
影音多媒體																		互動討論
影音多媒體																		指導及協助
影音多媒體																		個人學習工具
影音多媒體																		作業／測驗
案例／作品																		互動討論
案例／作品																		指導及協助
案例／作品																		個人學習工具
案例／作品																		作業／測驗
互動討論																		指導及協助
互動討論																		個人學習工具
互動討論																		作業／測驗
指導及協助																		個人學習工具
指導及協助																		作業／測驗
個人學習工具																		作業／測驗
選單項目	9	8	7	6	5	4	3	2	1	2	3	4	5	6	7	8	9	選單項目

㈡平臺的「選單項目」之相對重要性比較

以上主要選單各包含不同的選單項目，如下：

1. 課程資訊：⑴課程介紹　⑵最新消息　⑶課程公告　⑷教學大綱
2. 教學內容：⑴課程內容　⑵訊息資源

3. 影音多媒體：(1)影音型式教材　(2)資料庫
4. 案例／作品：(1)相關案例　(2)作品欣賞
5. 互動討論：(1)網路討論版　(2)線上虛擬教室
6. 指導及協助：(1)求助（Help）　(2)問題與解答（Q & A）
7. 個人學習工具：(1)線上筆記本　(2)學習歷程記錄　(3)行事曆
8. 作業／測驗：(1)作業　(2)測驗

【題目說明】：請比較以上平臺功能之選單項目的相對重要性，在□內打「√」（單選）

重要倍數　（左側功能較重要）←　同等重要　→（右側功能較重要）　重要倍數

選單項目	9	8	7	6	5	4	3	2	1	2	3	4	5	6	7	8	9	選單項目
課程介紹																		最新消息
課程介紹																		課程公告
課程介紹																		教學大綱
最新消息																		課程公告
最新消息																		教學大綱
課程公告																		教學大綱
課程內容																		訊息資源
影音型式教材																		資料庫
相關案例																		作品欣賞
網路討論版																		線上虛擬教室
求助（Help）																		問題與解答

選單項目	9	8	7	6	5	4	3	2	1	2	3	4	5	6	7	8	9	選單項目
線上筆記本																		學習歷程記錄
線上筆記本																		行事曆
學習歷程記錄																		行事曆
作業																		測驗

(三)「學習輔助工具」之相對重要性比較

【題目說明】：請您比較以下學習輔助工具之相對重要性，在適當的□內打「√」（單選）

重要倍數　（左側功能較重要）←　同等重要　→（右側功能較重要）　重要倍數

平臺功能	9	8	7	6	5	4	3	2	1	2	3	4	5	6	7	8	9	平臺功能
筆記本																		迴紋針
筆記本																		圖庫
筆記本																		搜尋引擎
筆記本																		概念構圖
筆記本																		提供協助
迴紋針																		圖庫
迴紋針																		搜尋引擎
迴紋針																		概念構圖
迴紋針																		提供協助
圖庫																		搜尋引擎

平臺功能	9	8	7	6	5	4	3	2	1	2	3	4	5	6	7	8	9	平臺功能
圖庫																		概念構圖
圖庫																		提供協助
搜尋引擎																		概念構圖
搜尋引擎																		提供協助
概念構圖																		提供協助

(四)「互動交流工具」之相對重要性比較

【題目說明】：請您比較以下互動交流工具之相對重要性，在適當的□內打「√」（單選）

重要倍數　（左側功能較重要）←　同等重要　→（右側功能較重要）　重要倍數

平臺功能	9	8	7	6	5	4	3	2	1	2	3	4	5	6	7	8	9	平臺功能
討論版																		虛擬教室
討論版																		電子白板
討論版																		行事曆
討論版																		作品展示
虛擬教室																		電子白板
虛擬教室																		行事曆
虛擬教室																		作品展示
電子白板																		行事曆
電子白板																		作品展示
行事曆																		作品展示

研究方法與軟體應用
——概念及實例

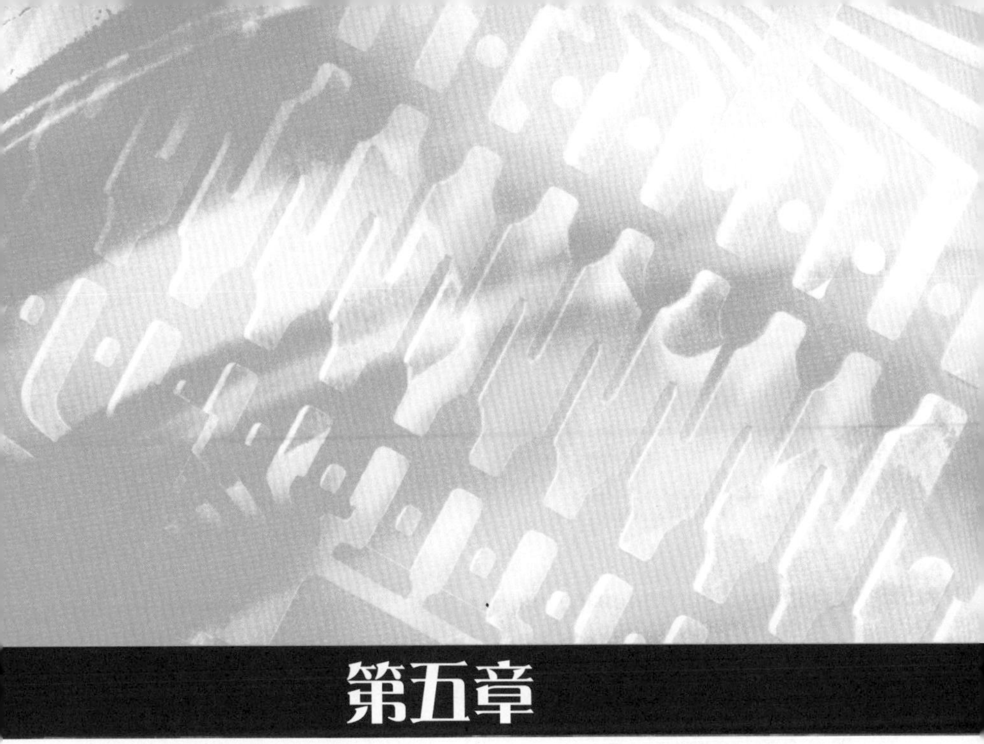

第五章

概念構圖與 Inspiration

第一節　概念構圖[1]

壹、概念圖的意義

概念圖（concept map）係由美國康乃爾大學教授 Joseph D. Novak 在 1970 年左右所提出，其源自於 Joseph D. Novak 所領導的研究小組，為了瞭解學生在十二年的學校生活中，知識結構改變情形的一項研究（Mintzes, Wandersee, & Novak, 2001）。在長達十二年的研究中，為了分析大量晤談文稿，因此發展出了概念圖的技術（Novak & Musonda, 1991）。概念圖係由命題（proposition）所組成，每一個命題包括二個概念節點（concept node）及概念之間的連結語（relation link）。概念在概念圖中以階層的方式呈現，一般性、概括性的概念排在上層，較特殊、具體的概念則排在下層，而最下層往往是最具體的範例。除此之外，概念叢集（cluster）與概念叢集之間可以透過「橫向連結」（crosslink）加以連結，不同概念叢集之間的連結，係代表概念上的創新或觀念的新詮釋（Novak, 1976; Novak & Gowin, 1984）。一般人可能會將概念圖與樹狀組織圖混淆，其實二者在結構及意義上是完全不同的：樹狀組織結構包含的訊息較少，僅將相同類目歸類，在概念之間並無太大的關聯性，也沒有階層性、先後次序或關係連結，亦未包含

---

[1] 本文修訂自嚴貞、許正妹（2006）。電腦化概念構圖應用在設計教學之研究。**科技學刊**，**15**(3)，227-240。

任何學習活動在內（蕭嘉琳，2001）。誠如 Jonassen（1996）所言，概念圖是一種有利的心智工具（mindtools），有助於學習者連結教材知識結構。綜上所述，概念圖有方向性、階層性及主從次序關係，是由學習者累積知識而來；學生可藉由繪圖的學習方式，重新組織與表徵知識的架構，達到有意義學習及有效的知識遷移。圖 5-1 是「有意義學習」之概念圖範例，以概念構圖軟體 Inspiration[2] 改編繪製。圖 5-2 則是「概念圖」範例，以 IHMC CmapTools[3] 軟體繪製而成（Wikipedia, 2008d）。

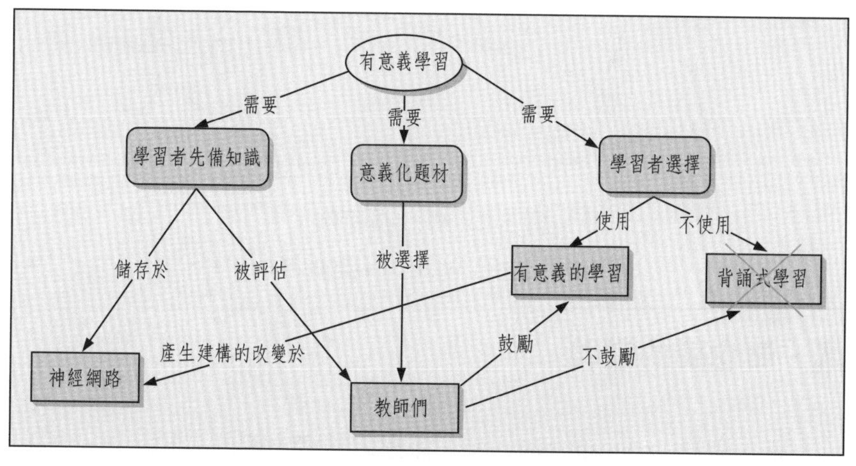

圖 5-1　有意義學習概念圖範例

資料來源：引自 Novak（1998, p. 53）。

---

2 Inspiration 試用軟體（Inspiration 9）下載網址：http://www.inspiration.com/freetrial

3 IHMC CmapTools 網址：http://cmap.ihmc.us/download/dlp_CmapTools.php? myPlat=Win)

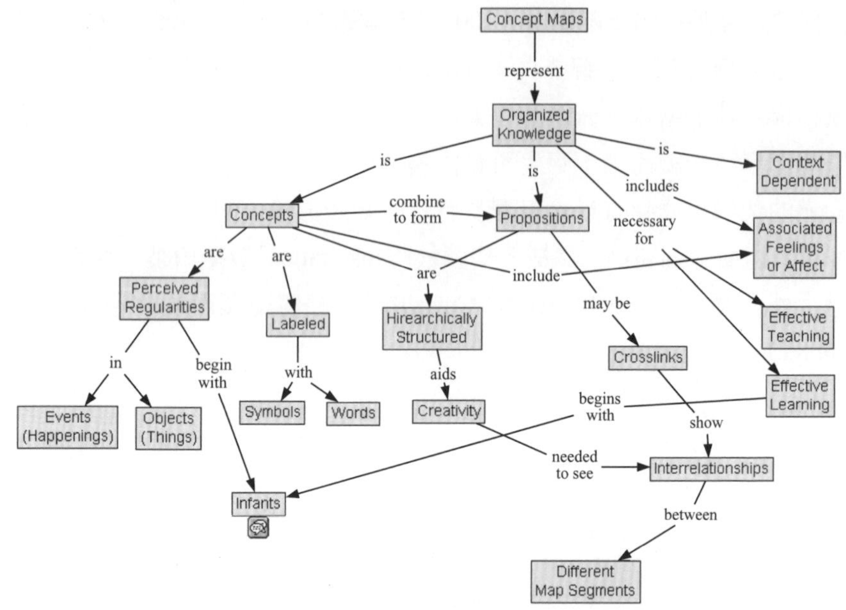

圖 5-2　概念圖範例

資料來源：Wikipedia (2008d).

貳、概念圖的意義

概念構圖（concept mapping）係指建構概念圖的過程，是一種利用繪製概念圖來表示知識主題的結構，顯示各概念之間如何被連結，以幫助學習者容易認知主題知識內容的技術（Novak & Gowin, 1984; Novak & Musonda, 1991）。在構圖過程之中，學習者必須不斷反思自己對某個主題的知識架構是否適當，才能將原本抽象與零碎的知識整合起來，以建立概念之間的關係並賦予意義。當學習者建立起知識主題的概念圖之後，他（她）所形成的知識架構將有助於他（她）對知識的記憶及提取（黃台珠，1994；Novak, 1998; Roth,1994; Roth & Roychoudhury, 1992, 1994）；當學習者擁有建構概念圖的能力及經驗時，他（她）已經開始在學習如何去學（learning how to learn），亦即具有後設認知（meta-cognition）的能力（吳偉碩，2001）。

參、電腦化概念構圖

Jonassen（1996）則認為，學習者將電腦科技當作認知學習的工具，可以提升解決問題的能力並擴展思考力，進而能提升學習者在知識建構與認知的能力。Papert 更明確指出，好的學習方式最重要係在於學習工具的運用，能提供並運用適當的學習工具，將有助於學習者去建構與操弄知識（李鐏龍、賴慈芸、周文萍譯，1997）。目前的電腦化概念構圖系統分為單機個人概念構圖系統及網路合作概念構圖二種，單機個人概念構圖系統例如 Inspiration、Thinkingmaps 及 Decision Explorer，其主要目的在於協助作決策，並提供許多分析圖形的功能；網路合作概念構圖系統例如 WebMap 及 KSI Mapper，系統允許合作成員共同構圖，使多個使用者能即時的共同建構概念圖（邱瓊慧、許智超、吳偉碩、莊巧華，2002）。綜上所述，以科技做為學習工具，利用視覺化思考模式，並結合網際網路及多（超）媒體特色，對於教學及學習都有極大幫助。

電腦化概念構圖軟體係依據語意網路的知識表徵原理所設計，特色在於強調視覺化學習，提供了動態的繪圖環境，使用者可以整合圖形、文字、聲音和影片等多媒體，亦可連結外部檔案或利用超連結，以連結網際網路資源繪製概念圖。此外，還提供多種儲存格式（例如：gif、html 及 Inspiration 7 原始檔.isf），讓使用者不但可以繪圖方式簡易建構和組織想法，更可以隨時、隨意修改構圖，完善表達概念或計畫。使用電腦化概念構圖軟體之意義在於利用圖解的方式釐清概念及概念之間的相互關係，而不著重於繪圖的技巧。因此，使用者應注意繪圖時，使用箭頭及連接語來表示概念之間的關係。

第二節　Inspiration 操作[4]

壹、Inspiration 簡述

Anderson-Inman和Ditson（1999）指出，傳統式概念構圖（concept mapping）係利用鉛筆、原子筆以及紙類等媒材加以繪製，其缺點在於不易修改，即使是局部修改，亦需要重新繪製構圖。為克服不易修改的缺點，電腦化概念構圖軟體（例如：Inspiration）乃應運而生。電腦化概念構圖軟體係一種有助於視覺效果的學習工具，藉由圖解及輪廓概念的整合，可以建立一個概念圖。透過軟體所設計之概念圖，可以幫助學生瞭解觀念、知識，或發現其間的相互關係。其使用之意義著重在利用圖解的方式，輔助學生釐清觀念，以及觀念組成因素之間的相互關係，而不是著重在繪圖技巧（Inspiration, 2001）。結合軟體於教學上之電腦化概念構圖（computer-based concept mapping）愈來愈受到重視，相關研究例如Feghali在其調查研究〈電腦程式課程中使用電腦化概念構圖〉中發現，學生建立概念圖會有較好的學科測驗成績（引自 Jonassen, 2000）。

4 本文修訂自張奕華（2007）。**學校科技領導及管理：理論及實務**。台北：高等教育。

貳、Inspiration 操作

一、建立主要概念

建立概念圖時必須要有一個主要的概念或想法，使之成為此概念圖的起點。以建立一個「概念圖」為例，此概念圖起始於「概念圖」這一個名詞。將框內（Symbol）的 main idea 改成中文的「概念圖」即可，如圖 5-3 所示。

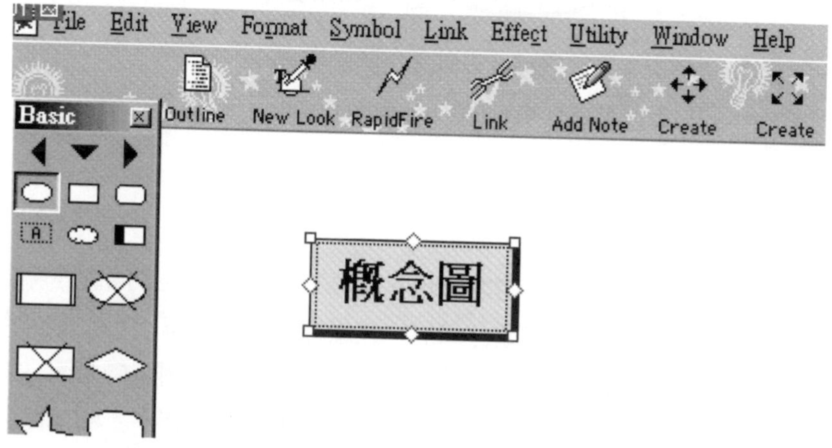

圖 5-3　概念圖的建立

資料來源：引自 Inspiration（2001）。

二、建立次要概念

其次，想想與此主要概念相關的次概念（主題）有哪些，以上述的例子而言，相關名詞、連結關係詞、學習工具以及相互關係這四個名詞，都是與建立一概念圖有關的主題。使用滑鼠敲擊上述的起始概念名詞的方框之後，敲擊一下最上方功能列左方之Create（New Symbol Create）功能鍵，即可建立另一個Symbol；在此框內將次概念（主題）鍵入[5]，依此步驟將以上四名詞各鍵入於 Symbol 內，如圖 5-4 所示。

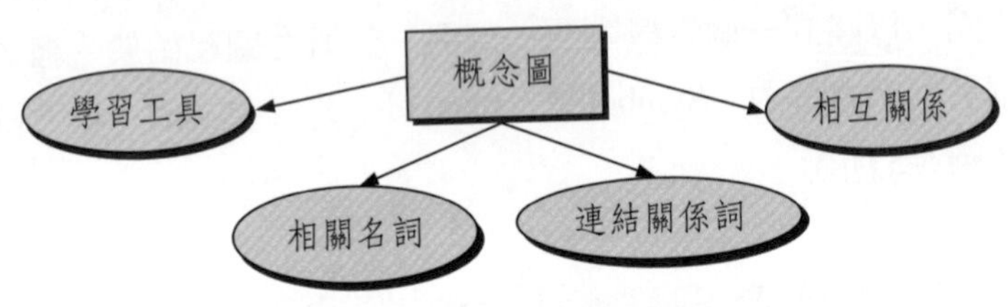

圖 5-4　概念之間的連結

資料來源：引自 Inspiration（2001）。

三、建立概念之關係

復次，必須表達概念之間的相互關係，在兩個名詞之間的連線上敲擊一下，即可形成一個虛線框形，在虛線框形內敲擊一下，即可鍵入二個概念之間的關係詞（見圖 5-5）。以圖 5-4 為例，概念圖「是一」個學習工具，其「包含」主題觀念與關係詞，其亦「表明」概念之間的相互關係。上述之「是一」、「包含」以及「表明」即是關係詞。這些關係詞是連結概念與概念之關係的重要元素。

5 可至工具列的Format→Size改變字體大小；至Effect改變字體顏色及Symbol框線、Symbol背景顏色；亦可在「Basic」工具欄內選擇其他Symbol的框形。

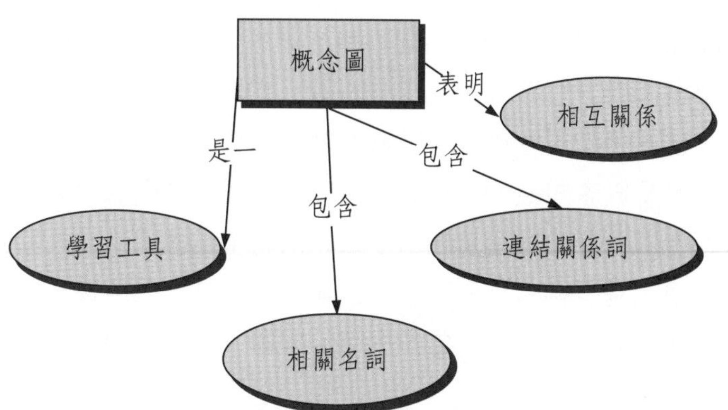

圖 5-5　概念間相互關係之表示

資料來源：引自 Inspiration（2001）。

四、調整概念圖位置

最後，將這些名詞概念放置有序以便能看清楚其間的相互關係。敲擊一下所要移動的框，拖曳至理想位置，則連線上方的關係詞也會隨之移動，如圖 5-6 所示。Inspiration 網站中之 Inspirational Quick Start Tutorial[6]，提供更多細節。

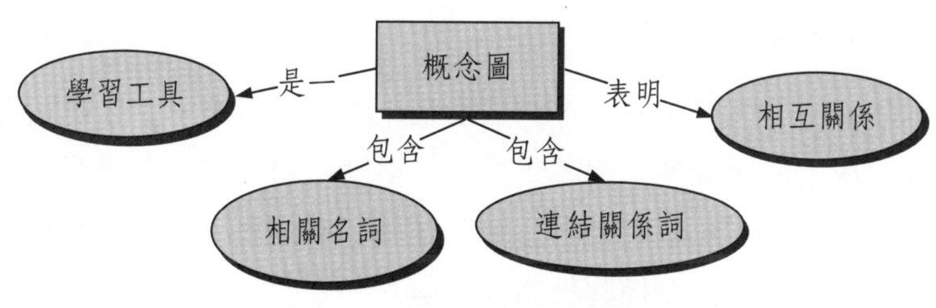

圖 5-6　概念圖的位置調整

資料來源：引自 Inspiration（2001）。

[6] Inspirational Quick Start Tutorial 之網址如下：http://www.inspiration.com/sitemap/index.cfm

Inspiration軟體提供學習者建立概念圖的便利性，這些概念圖的建立呈現學習者對於知識概念架構的表徵，能讓學習者分析與比較習得的內容，進而讓學習者整合新知識與既有的舊知識，其亦為學習者表徵內在思考及概念知識最有效的一種工具。教師應用概念圖於教學中以及讓學生以概念圖表達其想法，可以幫助學生達成具備九年一貫課程中所揭櫫之基本能力——「表達、溝通與分享、運用科技與資訊、主動探索與研究，以及獨立思考與解決問題」（國民中小學九年一貫課程與教學網站，2001）。

第三節　Inspiration 應用[7]

壹、研究設計與實施

一、研究方法

本研究分二部分，第一部分採用量化方式，根據學生之電腦化概念構圖之學習成效問卷，瞭解學生對於電腦化概念構圖之學習態度及成效。第二部分採用質性分析，選擇三位學生之電腦化概念構圖檔案，分析其使用電腦化概念構圖軟體來表徵其心中對「設計」的意義之學習成就。

---

7 本文修訂自嚴貞、許正妹（2006）。電腦化概念構圖應用在設計教學之研究。**科技學刊**，**15**(3)，227-240。

㈠「電腦化概念構圖支援學習環境之成效」調查問卷

1. 研究內容

張春興（1997）指出在某個領域中的學習達到某一成功的水準或程度即學習成效，包含了學習成就與學習態度。沈中偉（2004）亦提出影響學習成效的因素，包括資訊科技或教學媒體，以及教師的教學設計、教學方法和策略，學生的學習動機、學習策略等。基於上述論見，本研究係探討設計科系學生在電腦化概念構圖之學習態度與成效，將問卷內容分為四部分：概念構圖教學方式、概念構圖學習效果，以及電腦化概念構圖融入設計教學和對於使用概念構圖的意見。

2. 研究樣本

本研究採用問卷調查法，採取立意抽樣方式，施測抽樣對象以北部某技術學院修習設計概論課程，並且選修概念構圖的教學訓練的大一視覺傳達科系學生為範圍。首先選取一班設計科系共計五十三名學生進行概念構圖的教學訓練，再隨機抽取其中四十二名學生為施測對象進行調查，回收四十一份，可用問卷四十一份，回收率為 97.6 %。受測樣本在 2003 年時接受約一個月的電腦化概念構圖軟體 Inspiration 教學，同時並修習設計概論課程；在設計概論課程結束後，本研究透過問卷方式以瞭解受測樣本對電腦化概念構圖的意見，以及使用概念構圖設計教學的學習成效。

3. 研究工具

本研究所使用的工具為「電腦化概念構圖支援學習環境之成效調查問卷」，該問卷是研究者根據「以概念構圖輔助學習教學網站設計準則暨問卷」（邱慧玲，2002）及「以超媒體輔助之概念圖教材學習滿意度量表」（邱垂昌、黃華山、謝佳惠，2004）修正而來。該問卷題目共計有二十二題，分為「概念構圖教學方式」、「概念構圖學習效果」及「電腦化概念構圖融入設計教學」三個層面，採用 Likert 五點量表，其選項分為「非常同意」、「同意」、「普通」、「不同意」、「非常不同意」等五個選項。本問卷依據受試者的感受加以填答，計分時，非常同意 5 分、同意 4 分、普通 3 分、不同意 2 分、非常不同意 1 分。

本研究之「電腦化概念構圖支援學習環境之成效調查問卷」經過統計分析，在整體的信度上，內部一致性分析 Cronbach's alpha 達 .894，折半信度亦達 .858 及 .825；各面向之信度依「概念構圖教學方式」、「概念構圖學習效果」、「電腦化概念構圖融入設計教學」分別為 .825、 .825、 .722。可見此電腦化概念構圖之學習成效問卷具備可靠性而且測量結果具一致性。

4.實施程序

在本研究中，首先讓學生瞭解概念構圖的意義，之後進行概念構圖軟體教學及練習，最後由學生對其先前學過的教學課程（亦即「設計概論」課程），使用概念構圖來表徵其心中對知識主題（亦即「設計」）的意義。本研究所使用的「電腦化概念構圖支援學習環境之成效調查問卷」，在正式施測時，以團體現場方式實施。問卷回收後將資料輸入電腦，以統計軟體SPSS 12.0 進行資料分析。資料分析所採用的統計方法包括次數分配及百分比、信度分析、平均數與標準差、t考驗（比較二組平均數之差異性）及積差相關（分析各層面之相關性）；另外，本研究分析學生對於應用電腦化概念構圖軟體在設計科系教學上的開放性意見。

㈡電腦化概念構圖學習成果之評分標準

概念構圖的意義是要藉由繪圖的學習方式，將過去原本抽象與零碎的知識，藉由連結的方式以整合及組織所學，建構出自己的認知架構。因此，繪製概念構圖的重點在於利用圖解的方式，使用箭頭及連接語來釐清概念，較不重視圖像繪製的美觀與否。

Novak 和 Gowin 提出概念圖的評分項目，包括關係、階層、交叉連結及舉例，評分說明如表 5-1 所示。葉連祺（2002）提出概念構圖在內容、型式和關係三個層面上之變化，說明如圖 5-7 所示。本研究使用電腦化概念構圖不同於傳統紙筆概念構圖並且用於設計教學；因此，在概念構圖之內容分析項目，除了根據以上評定原則，亦包括電腦化概念構圖軟體功能之運用並參考設計科系學生相關特質（包括設計科系學生人格特質、圖形能力及創造力等）。

表 5-1　Novak 和 Gowin 的評分系統

成分	說明
關係	關於主題的兩個概念間是否存在關係？是否使用連結線和連結語標明關係？
階層	概念圖是否呈現層次結構？層次結構中，下一層中的概念是否比上一層概念更具體？
交叉連結	概念圖是否說明了不同部分概念之間的有意義的連繫？
舉例	指出作爲概念的實例的事物

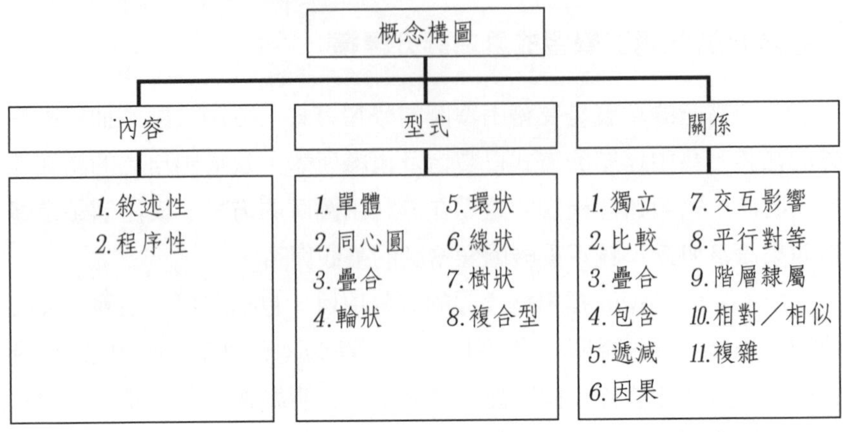

圖 5-7　概念構圖在內容、型式和關係三個層面上之變化

二、研究範圍與限制

㈠受測樣本

本研究採用問卷調查法並以學習過設計課程的學生為對象，在實施之前須先對施測對象進行一連串概念構圖的教學訓練。首先讓學生瞭解概念構圖的意義，之後進行電腦化概念構圖軟體的教學及練習，最後由學生使用概念構圖來表徵其心中對設計的意義。由於時間之限制，本研究選取一班設計科系共計五十三名學生進行概念構圖的教學訓練，時間約為一個月，再隨機抽取其中四十二名學生為施測對象進行調查。

㈡概念構圖教學軟體

本研究由於時間之限制，選取 Inspiration 軟體作為概念構圖教學軟體，此乃因目前國內並無中文化之概念構圖軟體，而該軟體是美國在教學上常用的概念構圖軟體之一，其提供許多媒體庫，堪稱功能周全的概念構圖軟體；再者，研究者留學美國期間曾學習過該軟體並進行研究，故以此軟體作為本研究之教學軟體，希望能結合西方軟體的特色及優點，再根據本國學生的意見加以改進，用於設計科系輔助教學；唯以單一軟體作為本研究之試用軟體，可能影響到研究結果之客觀性。

㈢電腦化概念構圖的課程內容

本研究以設計概論課程之學習內容——「設計」做主題，欲藉由本研究瞭解使用電腦化概念構圖於設計教學是否能提升學習興趣及成效。

貳、研究結果與分析

一、有效樣本之基本資料分析

本研究之受測樣本為大一設計科系學生，相關之基本資料分析如表 5-2 所示。

表 5-2　樣本基本資料統計

項目	基本資料	人數	百分比
性別	男	12	29.3 %
	女	29	70.7 %
入學前是否就讀設計相關科系	是	36	87.8 %
	否	5	12.2 %
是否具有其他繪圖軟體的經驗	是	36	87.8 %
	否	5	12.2 %

二、電腦化概念構圖支援學習環境之成效

根據學生對電腦化概念構圖之學習態度分析，就各層面來看，以「電腦化概念構圖融入設計教學」的整體平均數最高（Mean=3.74，SD=.43），其次是「概念構圖教學方式」（Mean=3.68，SD=.44）及「概念構圖學習效果」（Mean=3.56，SD=.47），可以看出大多數學生認為概念構圖是一種良好的教學方式，而且作為學習工具能夠達到學習效果，換言之，電腦化概念構圖實施於設計教學極具可行性。三個層面和各題目之平均數和標準差如表 5-3 至表 5-5 所示。

表 5-3　「概念構圖教學方式」層面中各項目的平均數與標準差

	概念構圖教學方式	Mean	SD
1	藉由這種構圖的方式，有助於澄清我對「設計」的意義	3.68	0.471
2	藉由這種構圖的方式，有助於澄清我對「設計」與其他概念間的關係	3.78	0.652
3	概念圖的教學方式，讓我更樂於學習	3.29	0.680
4	概念圖的教學方式，讓課程內容更生動活潑	3.37	0.733
5	概念圖的教學方式，讓課程內容更容易理解	3.83	0.704
6	藉由這種構圖的方式，有助於我組織學科知識	3.85	0.615
7	藉由這種構圖的方式，有助於我複習過去的知識（在連結的每個過程中，讓我把過去有學過的重點消化一遍，對課文印象更深刻）	3.73	0.708
8	這種構圖的方式，可以讓我看到未學會的部分（畫不出來時）	3.88	0.648
整體		3.68	0.44

表 5-4　「概念構圖學習效果」層面中各項目的平均數與標準差

概念構圖學習效果		Mean	SD
1	這種構圖方式，讓我可以減輕記憶知識的負擔（不必死記知識）	3.85	0.691
2	藉由這種構圖的方式，有助於我理解（在繪圖的過程，需要一直咀嚼課程內容，還要思考重點間的關聯）	3.76	0.663
3	藉由這種構圖的方式，有助於我對課程的熟悉（畫過以後，重點都找到，並且記住了；讓我對課程的印象加深）	3.68	0.616
4	藉由這種構圖的方式可以增進我的學習成就	3.49	0.746
5	概念圖可以增加我的學習動機	3.29	0.680
6	我對概念圖設計的教材整體呈現感到滿意	3.41	0.591
7	此種電腦化的構圖方式，讓我上課時較不會想打瞌睡	3.13	0.853
8	此種電腦化的構圖方式與紙本繪圖相較，讓我可以恣意更改，較有彈性	3.83	0.781
整體		3.56	0.47

表 5-5　「電腦化概念構圖融入設計教學」層面中各項目的平均數與標準差

電腦化概念構圖融入設計教學		Mean	SD
1	概念圖可以改變我的學習方式	3.39	0.666
2	此種電腦化的構圖方式與紙本繪圖相較，可以透過多媒體的呈現而更完美	3.88	0.557
3	此種電腦化的構圖方式與紙本繪圖相較，提供許多圖片影像或讓我自行增加圖像，可以激發我的學習興趣	3.85	0.770
4	此種電腦化的構圖方式，可以讓學習效果更好	3.83	0.704
5	此種電腦化的構圖方式可建立個人化的資料庫，隨時可修改使用	4.00	0.592
6	我對概念構圖的教學方式感到滿意	3.45	0.639
整體		3.74	0.43

三、t 檢定（比較二組平均數之差異性）

本研究共有三個二組平均數（性別、入學前是否就讀設計相關科系、是否具有其他繪圖軟體的經驗），使用獨立樣本 t 檢定，比較二組平均數對於三個層面是否有差異。研究結果顯示均無差異，分析其原因可能是研究樣本中男生人數較少（男生 29 %、女生 71 %），無法顯示男生的看法；而且研究樣本於入學前大多就讀設計相關科系並具有其他繪圖軟體的經驗（約占 88 %），因此看法趨於一致。從另一方面而言，無論是否具有設計背景或繪圖能力的學生，大多數認為概念構圖是一種良好的教學方式，而且能夠達到學習效果；換言之，電腦化概念構圖融入設計教學具有極高的價值及可行性。

四、積差相關（分析各層面之相關性）

根據問卷各層面間相關分析結果（如表 5-6 所示）所示，三個層面彼此間均具相關性，亦即「概念構圖教學方式」與「概念構圖學習效果」之間（p= .000）、「概念構圖教學方式」與「電腦化概念構圖融入設計教學」之間（p= .003），以及「概念構圖學習效果」與「電腦化概念構圖融入設計教學」之間（p= .000），均達到統計上之顯著水準。換言之，學生對於電腦化概念構圖融入設計教學的學習態度愈好，愈能達到學習效果，而電腦化概念構圖融入設計教學的可行性就愈高。

此外，根據收斂效度（convergent）的概念，當使用兩種不同衡量方式去衡量同一構念內容時，其相關程度都很高，即代表具有收斂效度（吳萬益、林清河，2000）。本研究之「電腦化概念構圖支援學習環境之成效」問卷分為「概念構圖教學方式」、「概念構圖學習效果」，以及「電腦化概念構圖融入設計教學」三個構念相同的層面，

表 5-6 層面之間的相關分析

		概念構圖教學方式	概念構圖學習效果	電腦化概念構圖融入設計教學
概念構圖教學方式	Pearson 相關	1	.555**	.467**
	顯著性（雙尾）		.000	.003
概念構圖學習效果	Pearson 相關		1	.674**
	顯著性（雙尾）			.000
電腦化概念構圖融入設計教學	Pearson 相關			1
	顯著性（雙尾）			

$^{**}p < .01$

根據上述相關分析結果，三個層面之間達顯著相關，表示此「電腦化概念構圖支援學習環境之成效」問卷具有良好的收斂效度。

五、電腦化概念構圖學習成果之質性分析

本研究為了進一步瞭解學生學習成果，乃根據概念構圖架構（見圖 5-7），抽取三位不同內容、型式學生的電腦化概念構圖進行質性分析，三份概念構圖及評分說明如表 5-7 至表 5-9 所示。

表 5-7　學生一之電腦化概念構圖及評分說明

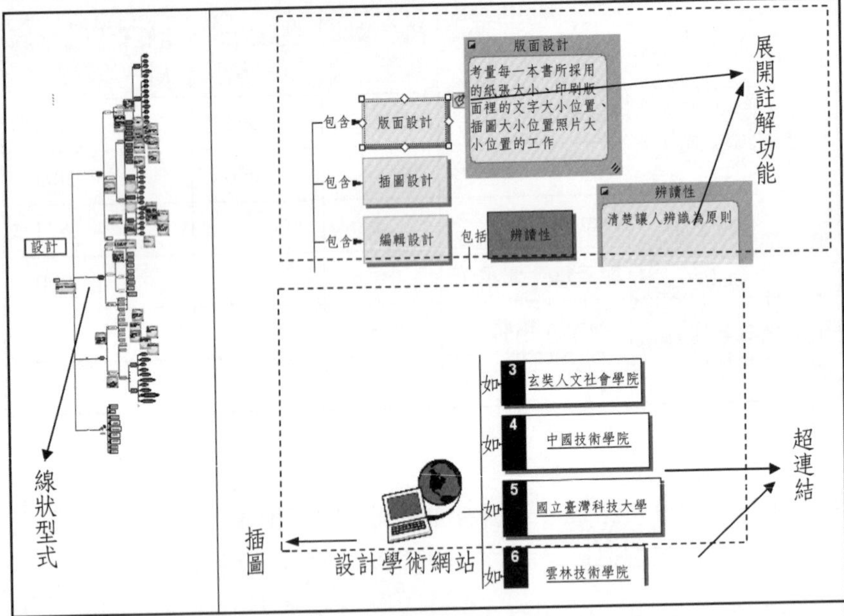

評分說明：

在概念構圖的評分標準上，內容方面屬敘述性，以線狀型式展開概念圖，概念間融合了遞變、因果、包含、平行、對等及階層隸屬等關係。繪製上使用不同顏色來區分階層，善用軟體的功能例如註解功能、超連結及插圖。概念數目多，內容正確而完整，層次清楚，具備階層性、關係詞。在構圖上未呈現交叉連結且相同連結語一再重複出現，可以看出生手繪圖之特徵。整體說來符合概念構圖之指標意涵。

根據設計學生的特質來看，此概念構圖之內容完整，學生以擴散性圖形思考能力及找資料的方式來尋求靈感。在結構上，懂得有條不紊作聯想；勇於嘗試新的軟體的功能，是一種創意的表現。整體而言，整齊有條理的介面設計，具備美感、觀察力及想像力，可以發現設計學生之特質。

表 5-8　學生二之電腦化概念構圖及評分說明

<table>
<tr><td>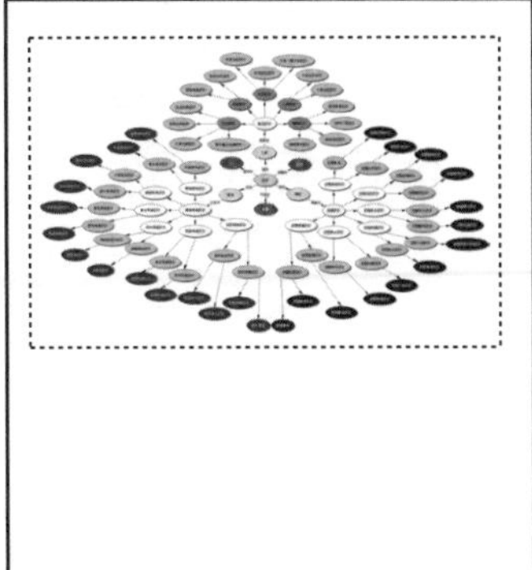</td><td>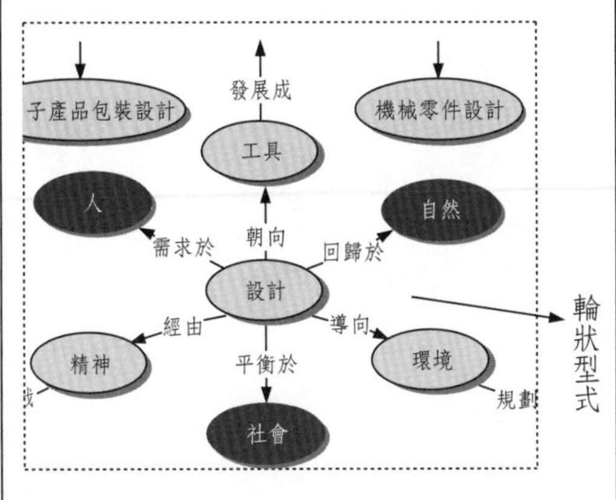
</td></tr>
<tr><td colspan="2">評分說明：
在概念構圖的評分標準上，此概念構圖在內容方面屬程序性，以輪狀型式展開概念圖，概念間融合了包含、遞變、因果及階層隸屬等關係。繪製上亦是使用不同顏色來呈現隸屬關係，內容正確，層次清楚；唯缺乏連接詞，亦未善加發揮軟體的功能。整體說來仍達到概念表徵的作用。根據設計學生的特質來看，此概念構圖中可以明顯發現擴散性圖形思考的模式並明確的使用顏色作不同概念的區分。具備設計學生層次分明、有條不紊分析的能力。</td></tr>
</table>

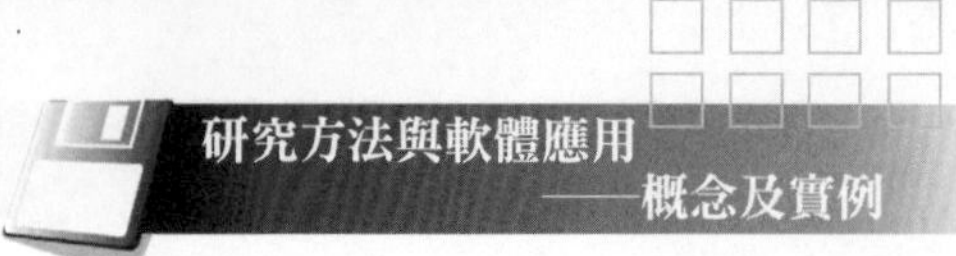

表 5-9　學生三之電腦化概念構圖及評分說明

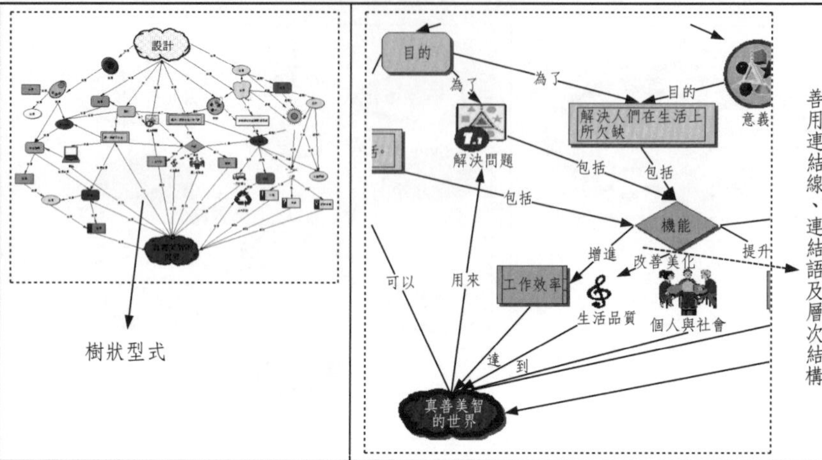

評分說明：

在概念構圖的評分標準上，此概念構圖在內容方面屬敘述性，以樹狀型式展開概念圖，概念間融合了遞變、因果、包含及階層隸屬等關係。繪製上使用顏色來區分不同概念並藉由插圖增加豐富感。在繪製概念構圖的技術上較成熟，使用連結線和連結語標明關係。在層次結構上亦將具體概念置於下層，並且在概念圖上說明了不同部分概念間的有意義的聯繫，唯一缺點是未以實例的事物作爲概念。整體而言，堪稱一高標準的概念構圖。根據設計學生的特質來看，學生雖是概念構圖的初學者，但具有自信，使用連結線和連結語標明不同概念間的相互關係，利用繪圖方式來建構知識。具備觀察力、想像力及創造力。從概念構圖看來，具有明晰的認知能力，應屬於場地獨立學習生所繪製。

綜合分析以上三位學生之概念構圖成果，整體而言，學生能透過概念圖，將新、舊知識統整，以階層性的架構、運用適當的連結語、利用超連結及整合圖形與文字來繪製概念圖，呈現「設計」的概念。其次，從運用軟體來看，無論是運用不同色彩來區分階層或加入圖片來增加學習興趣，皆能夠以科技作為學習工具，利用視覺化方式及多（超）媒體特色，增加概念構圖的豐富性，並且學生可以增加、刪除或修改構圖，對於教學及學習都有極大幫助。雖然在學生的構圖上，未能完全展現概念構圖的技巧及特色，例如未呈現交叉連結，仍處於多個分支概念獨立發展或相同連結語一再重複出現等；此乃因為概念構圖技巧訓練需要相當時間，而學生仍屬生手階段，因此顯示出思考歷程的侷限性。整體而言，三位學生之概念構圖皆能夠正確表徵概念，可見概念構圖在學生建構知識架構時，已經發揮概念釐清及將新、舊知識整合等學習成果；換言之，概念構圖在設計教學上確實具有學習輔助的效果。

六、提供電腦化概念構圖設計及軟體開發者改進之建議

從問卷中學生依據使用概念構圖的經驗及感受所提出的意見，以及應用電腦化概念構圖軟體在設計科系教學上的其他意見，均可提供電腦化概念構圖設計及軟體開發者改進之建議，意見之反應如表 5-10 至表 5-14 所示。其他應用電腦化概念構圖軟體在設計科系教學上的意見包括：(1)增加使用者可用滑鼠編輯圖像線條的功能，可有助於記憶；(2)乏味、不活潑、顏色太死板。

表 5-10　使用概念構圖之意見

題號	題目內容	選項
1	我覺得繪製概念圖最難的地方是：	□找概念　□找連接詞　□太費時 □對於文字運用有困難　□其他
2	承上題，基於上面的因素，我——使用概念構圖方式來學習	□仍願意　□不願意
3	我認為 Inspiration 軟體最大的優點是：	□很容易學　□很容易操作使用 □有提供圖片或符號之功能 □很容易更改錯誤　□其他
4	我認為 Inspiration 軟體最大的缺點是：	□未提供概念或連接詞 □未提供範例　□圖庫之種類及數量太少 □不易使用　□其他

表 5-11　「繪製概念圖最難的地方」之次數分析結果

題目選項	人數	百分比
找概念	20	48.8 %
找連接詞	20	48.8 %
太費時	15	36.6 %
對於文字運用有困難	5	12.2 %
分析：繪製概念圖最難的地方，大多數學生認為是「找概念」及「找連接詞」，其次是「太費時」、「對於文字運用有困難」。		

表 5-12　使用概念構圖方式來學習之意願

題目選項	人數	百分比
仍願意	36	87.8 %
不願意	5	12.2 %
分析：大多數學生（87.8 %）在面對繪製概念圖會有些困難的情況下，仍願意使用概念構圖方式來學習。		

表 5-13　「電腦化概念構圖軟體最大的優點」之次數分析結果

題目選項	人數	百分比
很容易學	17	41.5 %
很容易操作使用	20	48.8 %
有提供圖片或符號之功能	12	29.3 %
很容易更改錯誤	14	34.1 %
分析：電腦化概念構圖軟體最大的優點，大多數學生認為是「很容易操作使用」，其他依序是「很容易學」、「很容易更改錯誤」、「有提供圖片或符號之功能」。		

表 5-14　「電腦化概念構圖軟體最大的缺點」之次數分析結果

題目選項	人數	百分比
未提供概念或連接詞	16	39.0 %
未提供範例	10	24.4 %
圖庫之種類及數量太少	15	36.6 %
不易使用	3	7.3 %
其他	2	4.9 %
其他意見如下： (1)繪圖概念過多時不易移動操作畫面。 (2)大部分圖庫圖片都過於制式化且差不多，無加深印象的作用，反而易混淆。 (3)英文版本不易使用。 分析： 電腦化概念構圖軟體最大的缺點，大多數學生認為是「未提供概念或連接詞」，其次是「圖庫之種類及數量太少」、「未提供範例」、「不易使用」；其他意見包括操作畫面、圖庫及語言版本等。		

第六章

混合研究與 MAXQDA

第一節　混合研究

壹、混合研究趨勢

美國 Sage 圖書出版公司在 2007 年 1 月，發行了第一本旨在探究混合方法（mixed methods）的期刊——《混合方法研究期刊》（*Journal of Mixed Methods Research*[1]），對於整合取向的概念化與使用，開啟了在社會與行為科學領域研究的新紀元。在研究方法上使用質量混合取向的概念、方法與品質標準，學者已討論與爭辯約三十多年；從討論與爭辯中演化而來的是，致力於設計、分析與評鑑混合研究的文獻累積。由於混合方法論（mixed methodology）的領域仍在發展當中，在如此發展脈絡之下，《混合方法研究期刊》的發行，將成為混合方法學者（mixed methods scholars）之間建立橋梁的動力、爭辯與論述混合方法研究中重要議題的平臺、分享跨學科與跨哲學和方法論，以及世界上各種不同文化想法的論壇（Tashakkori & Creswell, 2007）。

貳、混合研究型式

在瞭解「混合研究」之前，宜先區分「混合方法是蒐集與分析質化及量化兩種資料類型」〔mixed methods as a collection and analysis of

1 *Journal of Mixed Methods Research* 的網址如下：http://mmr.sagepub.com

two types of data（qualitative and quantitative）〕和「混合方法是整合兩種取向到質化及量化研究上」〔mixed methods as the integration of two approaches to research（quantitative and qualitative）〕。表面來看，上述兩者可以互換。然而，嚴謹地區別上述兩者的差異時，可以發現前者著重於「方法」（methods），後者則著重於「方法論」（methodology）。在網際網路中的快速搜尋或是學術上的爭辯可以發現，在社會學科、行為學科和健康科學領域中被明顯歸類（labeled）為「混和」方式的研究，係因為它們以下列一個或多個的方式來使用質化或量化取向：(1)兩種型式的研究問題（使用質化和量化取向）；(2)發展研究問題的方式（參與的vs.事先計畫的）；(3)兩種型式的抽樣程序（機率抽樣與立意抽樣）；(4)兩種型式的資料蒐集程序（焦點團體與調查）；(5)兩種型式的資料（數字的與文字的）；(6)兩種型式的資料分析（統計的和主題的）；以及兩種型式的結論（內部觀點與外部觀點、客觀的和主觀的）（Tashakkori & Creswell, 2007）。

參、混合研究意義

Tashakkori 和 Creswell（2007）綜合方法論者與混合方法學者的見解，概括地將混合方法定義為「在單一研究中（或調查計畫專案）中，調查人員使用質化和量化取向（或方法）來蒐集與分析資料，整合發現和進行推論」（the investigator collects and analyzes data, integrates the findings, and draws inferences using both qualitative and quantitative approaches or methods in a single study），而上述定義的核心概念是整合（integration）。Bryman（2007）亦指出，真正的整合（genuinely integrate）所涉及的問題是：以混合方法進行的調查（或研究），其中的成分（或元素）是互為關聯還是完全獨立。亦即在分析研究發現與撰寫（writing up）研究發現的過程中，研究人員連結（link）質化與量化研究發現的程度。綜合以上定義可知，真正整合的混合研究，在於研究者能同時使用質化與量化方法，進行資料蒐集和資料分析，並在詮釋研究發現時，能充分連結質化與量化資料的關係。

第二節　MAXQDA 簡介

壹、MAXQDA[2] 歷史

MAXQDA 軟體係為一種先進（state-of-the-art）的文本分析工具，在 1989 年以 MAX 的名字發行第一版本，隨後在 1992 年發行 MAX.txt 版本、1994 年發行 winMAX 版本（第三版本）、1995 年發行英文版本、1996 年發行延伸功能的 winMAXpro 版本（第四版本）、1997 年發行 winMAX 1997 版本（第五版本）、2001 年發行 MAXQDA 版本（第六版本）、2003 年發行 MAXDictio、2004 年發行 MAXQDA2 版本、2005 年發行 MAXMaps、2005 年發行 MAXQDA 2007 版本和 MAXDictio（第二版本）（MAXQDA, 2007）。2010 年發行 MAXQDA 10 版本、2012 年發行 MAXQDA 11 版本、2013 年發行 MAXQDA Mac 版本（MAXQDA, 2013）。

2 MAXQDA 的試用軟體，請到以下網站下載：http://www.maxqda.com/downloads/demo

貳、MAXQDA 操作[3]

一、開啟 MAXQDA

MAXQDA 支援所有的 Windows 作業系統，讀者可以藉由雙擊個人電腦桌面上的程式圖示 ，以啟動 MAXQDA 程式（MAXQDA, 2007）。或是單擊 開始 → 所有程式 → MAXQDA 2007 ，以開啟 MAXQDA 軟體。雙擊程式圖示之後，MAXQDA 標誌會迅速出現，緊接著，讀者將會看到以下的起始畫面（MAXQDA, 2007），如圖 6-1 所示。

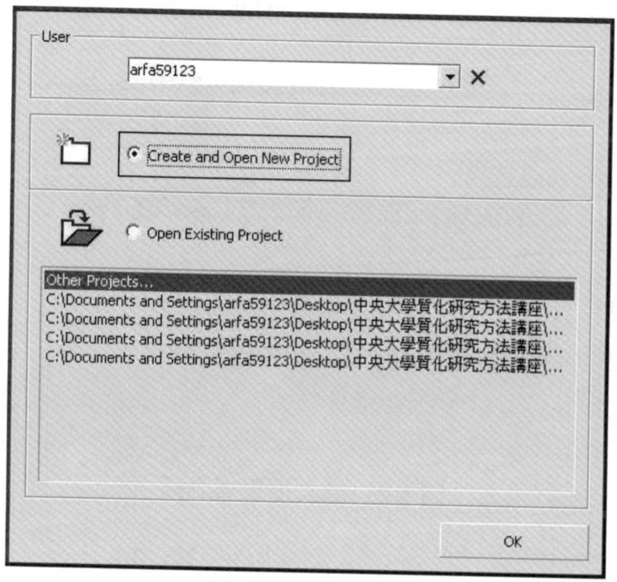

圖 6-1　MAXQDA 起始畫面

---

3 MAXQDA 操作步驟資料來源，請見以下網站：http://www.maxqda.com/service/tutorial

二、建立新專案[4]

在圖 6-2 中，MAXQDA將詢問你是否要「Create and Open New Project」（建立並開啟一個新專案）或「Open Existing Project」（開啟一個已存專案）。而「專案」代表什麼意思呢？在 MAXQDA 中，專案代表基本的單位，正如同 doc 檔案在 Word 中所代表的工作單位一樣。讀者可以在對話框中的空白處輸入你（妳）的使用者名稱（見圖 6-3），如果你（妳）的專案是由多人共同進行，則上述功能可以用來辨識哪一位使用者撰寫了該備忘錄（memo），或是建立了哪些編碼（codings）。而不同的註冊的使用者，將被儲存在MAXQDA中，且可藉由視窗上方的清單來選擇（MAXQDA, 2007）。

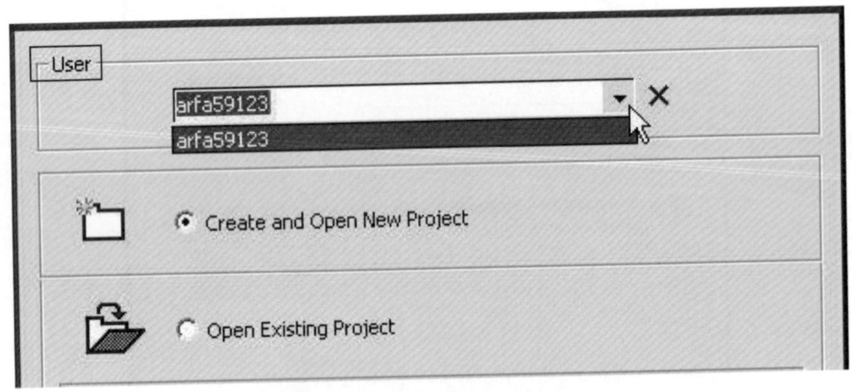

圖 6-2　輸入使用者名稱

---

4 專案包括了文本群組（text groups）、文本（texts）、譯碼（codes）、編碼（codings）、備忘錄（memos）、參數（attributes）、文本連結（text links）等。從技術上來說，專案是以一個單一檔案來管理，專案之副檔名為 mx3（MAXQDA, 2007）。

接下來，讀者可以選擇建立並開啟一個新專案（見圖 6-2），點擊 OK。緊接著 Windows 檔案瀏覽器將會出現一個視窗，以讓讀者輸入檔案名稱（例如：Practice Project），並在儲存欄位中，選擇欲儲存該專案（Practice Project）的資料夾位置（MAXQDA, 2007），如圖 6-3 所示。

圖 6-3　選擇欲儲存專案「Practice Project」的資料夾

單擊 儲存(S) 後，會顯示「Tips and tricks」（密技）的對話框（見圖 6-4），讀者可藉此密技瞭解MAXQDA的使用功能（MAXQDA, 2007）。

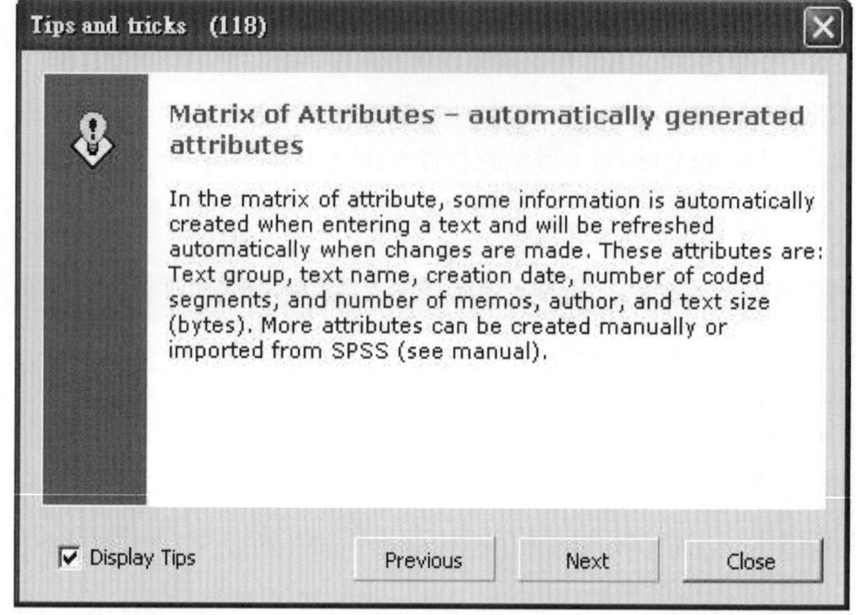

圖 6-4　顯示「Tips and tricks」（密技）的對話框

三、建立專案備份

在啟動MAXQDA程式的當下，MAXQDA將會開始自動儲存每一個步驟，讀者不需要像使用Word一般不斷地備份儲存，但建議每隔一段時間應使用 Backup Project （專案備份）功能（見圖 6-5），以保全你（妳）的專案。備份的檔名可保留原來專案的名稱，並加上日期（例如：Practice Project_08-05-08），如此，讀者可以使用該專案稍早階段的不同檔案（MAXQDA, 2007）。

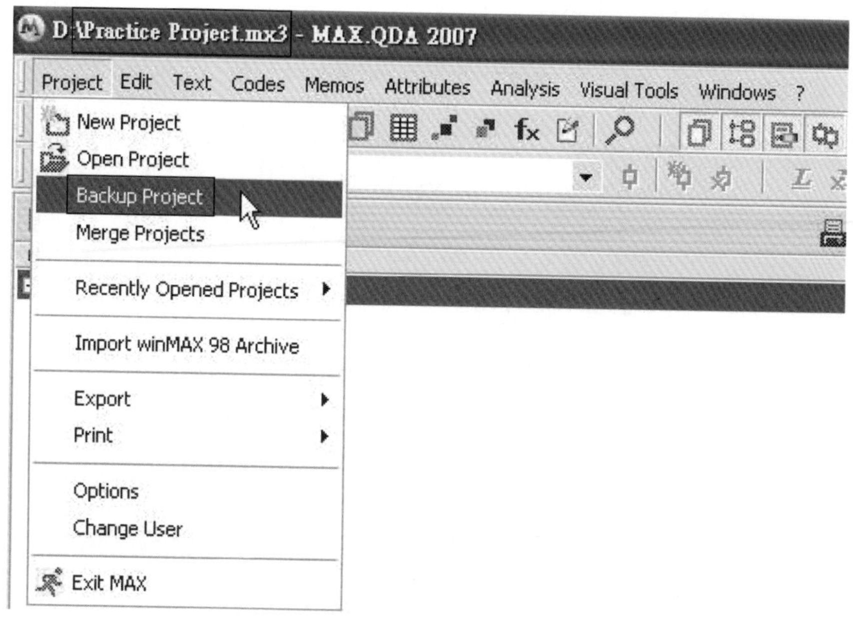

圖 6-5　使用 Backup Project（專案備份）功能

四、認識工具列

在圖 6-5 中，讀者將會發現 MAXQDA 的介面結構和 Windows 程式類似，如同 Microsoft Office 程式，當前使用中的專案名稱（Practice Project.mx3）會顯示在標題列（title bar）（MAXQDA, 2007）。

在選單列（menu）下方的是工具列（toolbar），工具列提供了常用的程式功能捷徑。在工具列右方，讀者可以找到代碼列（code bar），代碼列提供了不同的功能以進行編碼並編輯現階段的文件。三個工具列可以拖曳與移動，如同 Windows 程式一般，如圖 6-6 所示（MAXQDA, 2007）。

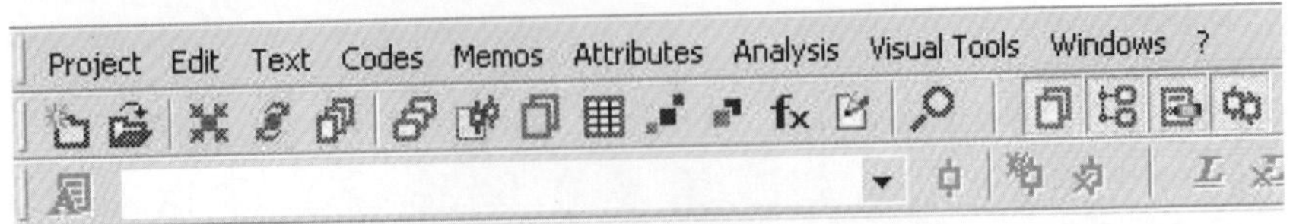

圖 6-6　MAXQDA 工具列

五、MAXQDA 主要視窗介紹

在工具列下方有四個 MAXQDA 的主要視窗，透過視窗選單或工具列（ 　），可以開啟或關閉（faded in or out）四個主要視窗（見圖 6-7）（MAXQDA, 2007）。

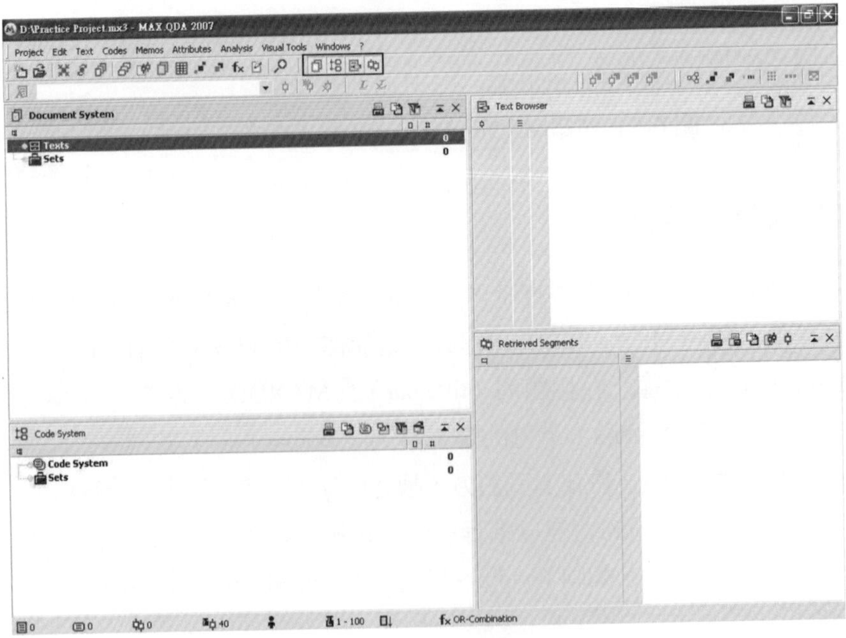

圖 6-7　MAXQDA 四個主要視窗

除此之外，讀者可以將滑鼠移至邊角，藉由拖曳（ ）視窗邊角（見圖 6-8），以按比例排列視窗。拖曳後的視窗（讀者可以比較圖 6-7 和圖 6-9），如圖 6-9 所示（MAXQDA, 2007）。

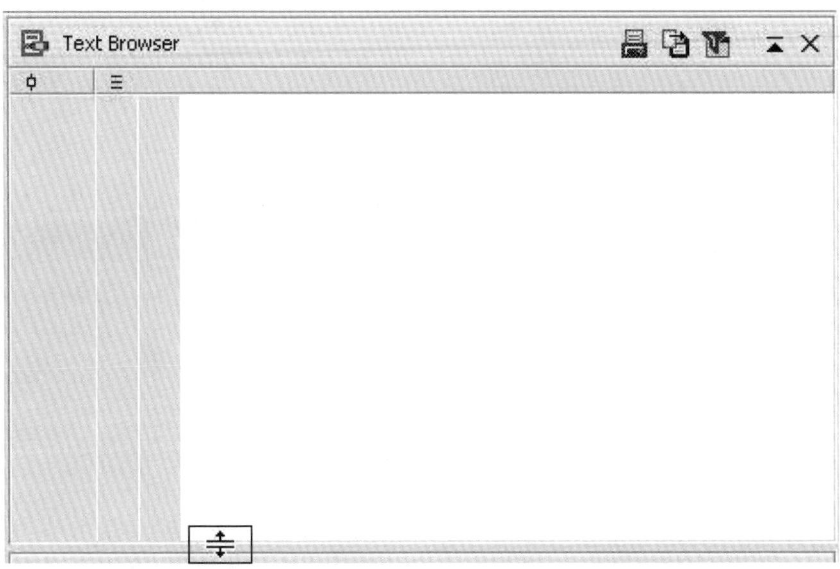

圖 6-8　拖曳視窗邊角，以按比例排列視窗

六、MAXQDA 視窗功能

MAXQDA 主要視窗有四個，第一個是位於左上方的為「Document System」（文件系統）視窗（見圖 6-10），主要功能是建立專案中所有文本的概覽。全部的文本材料都可以聚集在此，並可分類到多個文本群組（MAXQDA, 2007）。

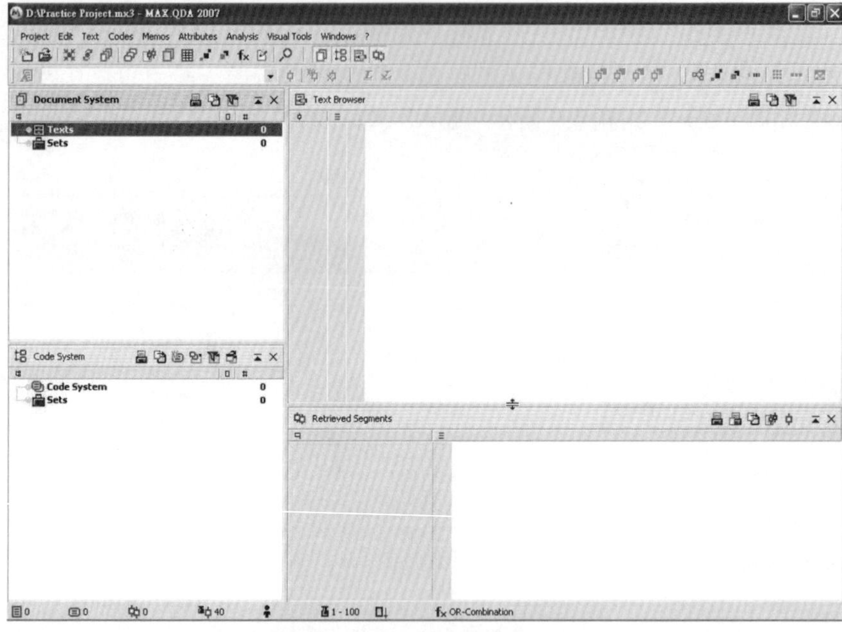

圖 6-9　拖曳後的視窗比例

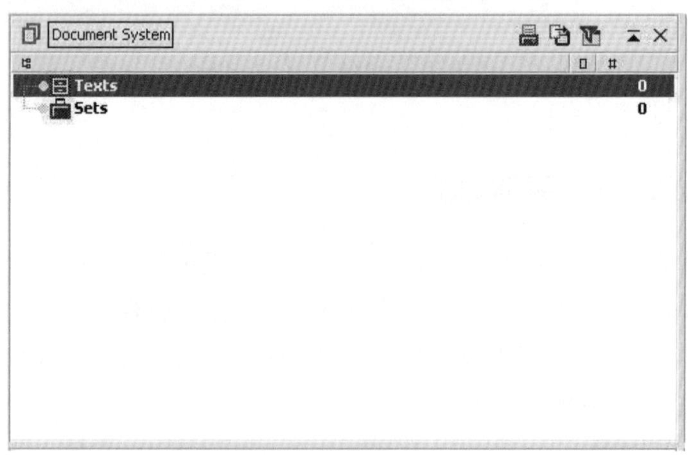

圖 6-10　「Document System」（文件系統）視窗

第二個是位於左下方的「Code System」（譯碼系統）視窗（見圖 6-11），其包含已建立的譯碼與子譯碼（sub codes）的分類系統，以及執行編碼（administered codings）和譯碼顏色（MAXQDA, 2007）。

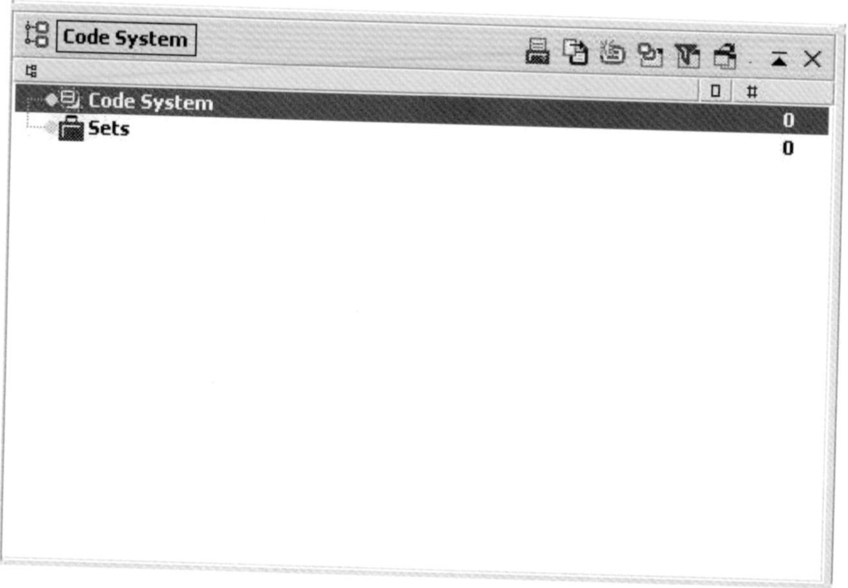

圖 6-11　「Code System」（譯碼系統）視窗

第三個是位於右上方的「Text Browser」（文本瀏覽器）視窗（見圖 6-12），從文件系統匯入的文本會顯示在文本瀏覽器視窗，並可加以編輯，亦即讀者可以在此視窗內標示文本段落（text segments）、附加譯碼或是建立備忘錄（MAXQDA, 2007）。

第四個是位於右下方的「Retrieved Segments」（檢索段落）視窗，讀者可觀看特定選取的譯碼文本段落（coded text segments）（亦即文本檢索），如圖 6-13 所示（MAXQDA, 2007）。

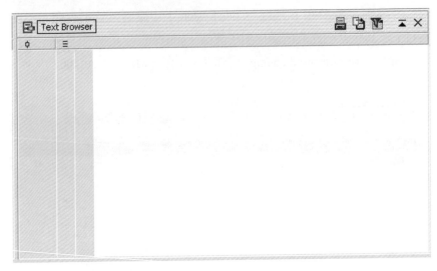

圖 6-12　「Text Browser」（文本瀏覽器）視窗

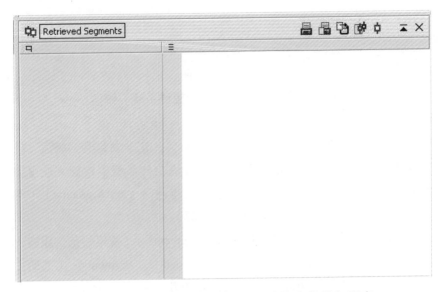

圖 6-13　「Retrieved Segments」（檢索段落）視窗

參、匯入文本到文件系統

使用MAXQDA，可以輸入新文本、複製文本到視窗剪貼簿，或是將文本以檔案型式匯入。在多數情況之下，讀者想要匯入的是現存的文本檔案。特別要注意的是，檔案格式必須存為文字檔〔Rich Text Format（*.rtf）〕，MAXQDA 才可匯入文本。文本可以包含所有類型的物件，例如：Word圖表、照片、圖片等。若讀者想要匯入一般的Word檔案（.doc），必須先將其轉換成rtf格式，這只需在Word中儲存檔案時，選擇 Rich Text Format（*.rtf）即可。更重要的是，當匯入文本檔案至MAXQDA時，必須確認該文本檔案並未處於開啟狀態（MAXQDA, 2007）。

將文本匯入到MAXQDA的步驟如下：以滑鼠右鍵單擊 Texts （文本）→ Import Text(s) （匯入文本），如圖 6-14 所示。

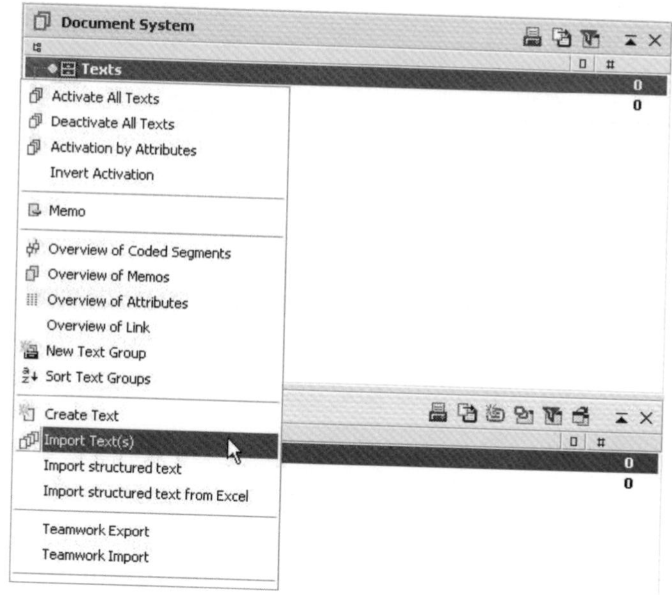

圖 6-14　將文本匯入到 MAXQDA

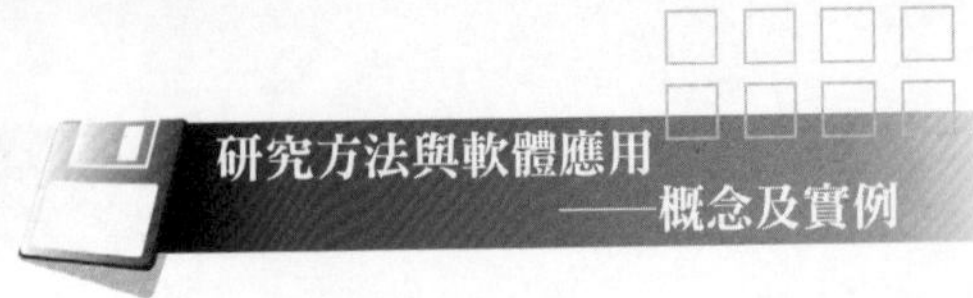

在圖 6-14 中，點選 Import Text(s)（匯入文本）之後，將顯示「Import Text File(s)」（匯入文本檔案）的對話框，如圖 6-15 所示。單擊圖 6-15 中的開啟之後，文本檔案（設計教師）將顯示在文件系統內，如圖 6-16 所示。

圖 6-15　匯入文本檔案對話框

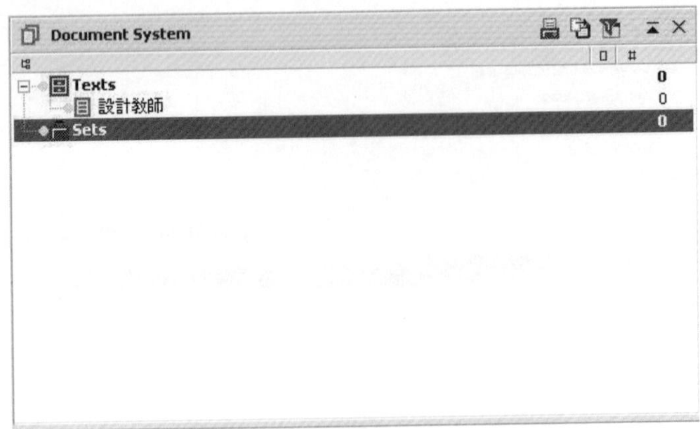

圖 6-16　文本檔案匯入文件系統中

肆、建立文本群組

欲建立新的文本群組（text group），讀者需在文件系統視窗內的 Texts（文本）上，單擊滑鼠右鍵，選擇 New Text Group（新文本群組）（見圖 6-17）。MAXQDA 的預設名稱為 Group 1，接著是 Group 2、Group 3 等（見圖 6-18）。讀者可以使用該預設名稱或是選擇一個更具意義的名稱（MAXQDA, 2007）。

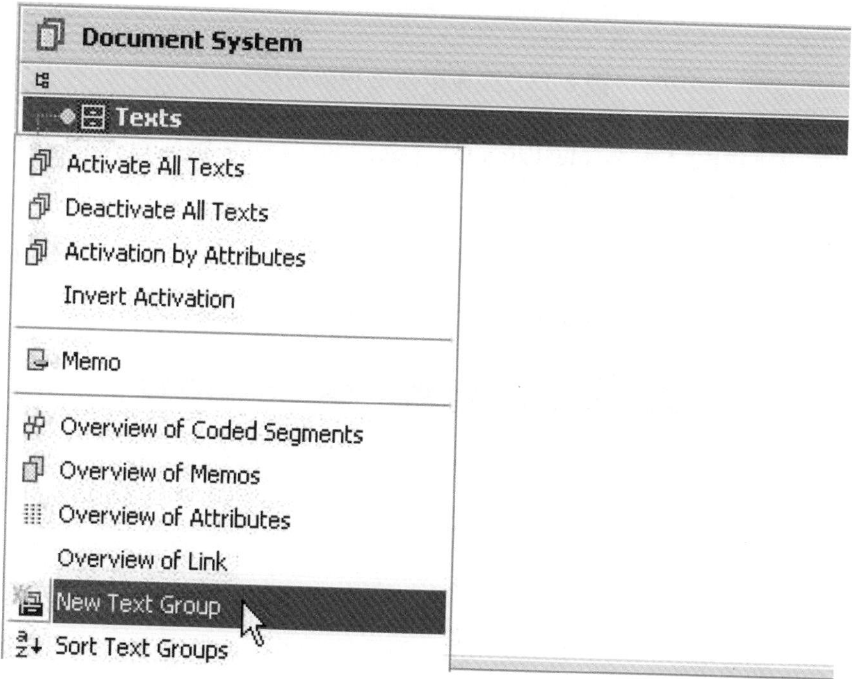

圖 6-17　選擇 New Text Group（新文本群組）

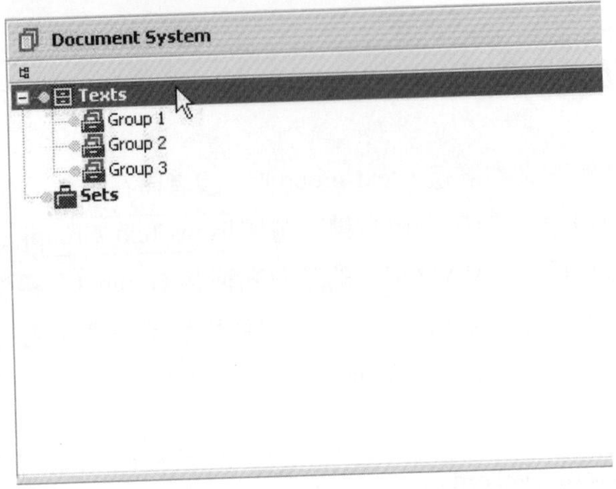

圖 6-18　文本群組的預設名稱

若要對文本群組（text groups）重新命名，在文本群組 Group 1 上單擊滑鼠右鍵，並選擇 Rename Text Group（重新命名文本群組）選項，即可重新命名，如圖 6-19 所示（MAXQDA, 2007）。

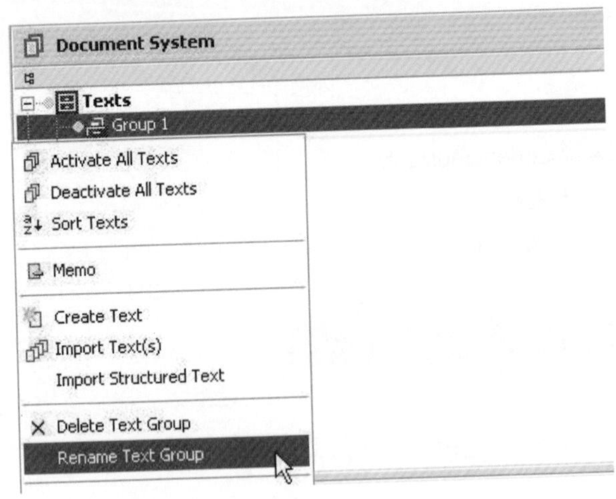

圖 6-19　重新命名文本群組

伍、開啟文本進行編輯

編輯文本之前，必須先將文本載入「Text Browser」（文本瀏覽器）視窗，方式有二：第一，雙擊文件系統視窗內的文本名稱（見圖 6-20），或是在文本名稱上單擊滑鼠右鍵，並選擇選單中的 Open Text（開啟文本）選項，如圖 6-21 所示（MAXQDA, 2007）。

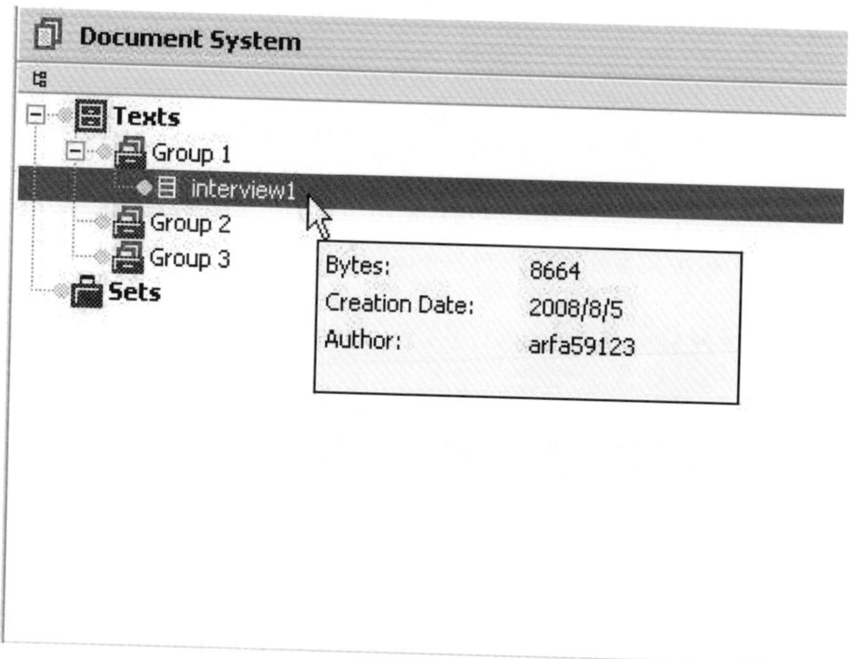

圖 6-20　雙擊文本名稱

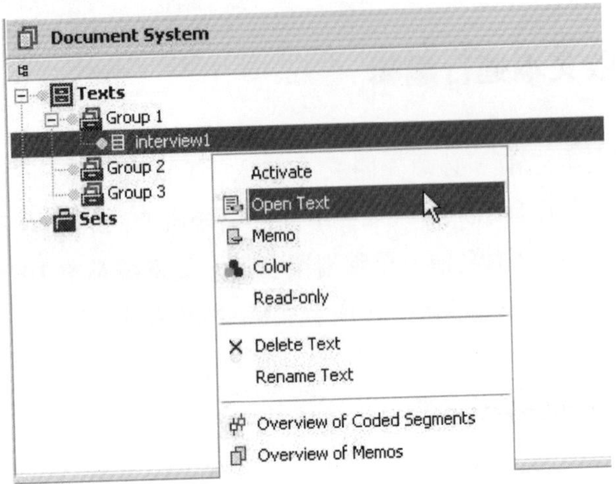

圖 6-21　選擇 Open Text（開啟文本）

開啟後的文本，會在文件系統視窗內顯示水平的鉛筆圖示，如圖 6-22 所示，文本亦會載入到文本瀏覽器視窗（見圖 6-23）。

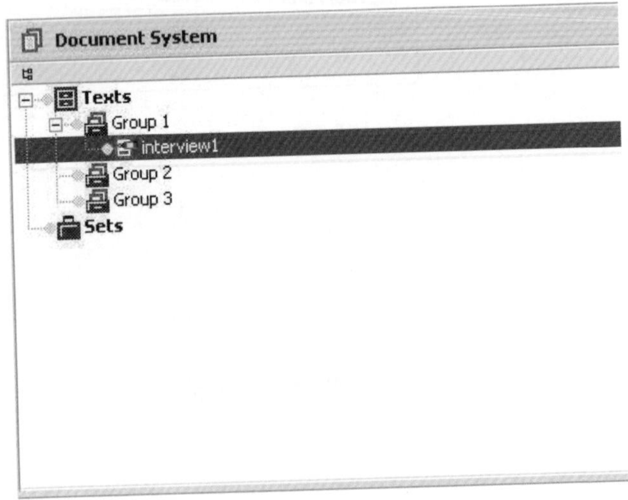

圖 6-22　開啟後的文本顯現鉛筆圖示

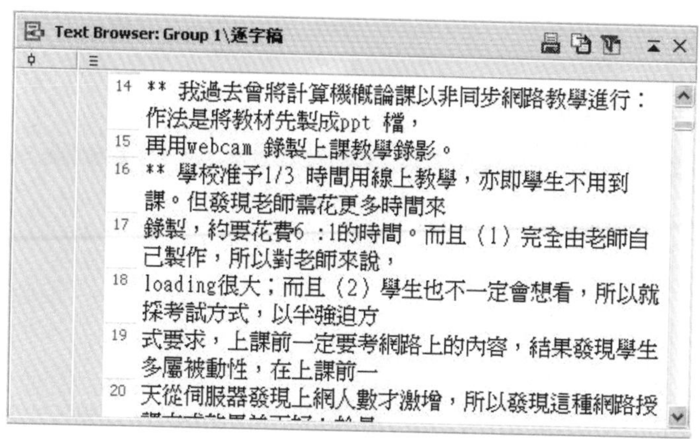

圖 6-23　文本群組與文本名稱

在圖 6-23 中，在「Text Browser」（文本瀏覽器）視窗上方標題列，會顯示文本群組與目前的文本名稱（Text Browser: Group 1\逐字稿）。文本瀏覽器視窗內的文本前方，會顯示文本總計段落的欄位（例如：14）（MAXQDA, 2007）。

在圖 6-23 的總計段落欄位（paragraph numbering column）前方，可以看到一個灰白色的欄位（　），目前是空白的。稍後該欄位將顯示文本備忘錄。另一個空白的灰色欄位，稍後將會顯示編碼（codings），灰白色欄位可以用滑鼠左鍵進行拖曳（MAXQDA, 2007）。

陸、插入文本到文本群組

讀者依照圖6-18的步驟，將可以建立一個文本群組，接著，可以插入文本到該文本群組中，步驟如下：⑴在文本群組（例如：網路教學平台）上單擊滑鼠右鍵；⑵從選單中選擇Import Text(s)（匯入文本），例如匯入「陳老師逐字稿」文本（見圖 6-24）（MAXQDA, 2007）。

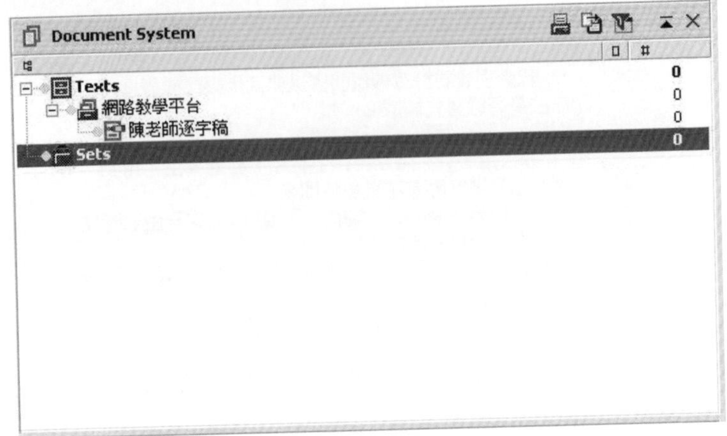

圖 6-24　建立文本群組與匯入文本

匯入文本完成之後，用滑鼠左鍵雙擊兩次文本（陳老師逐字稿）即可開啟，文本將顯示在文本瀏覽器視窗內，可進行編輯（見圖 6-25）（MAXQDA, 2007）。

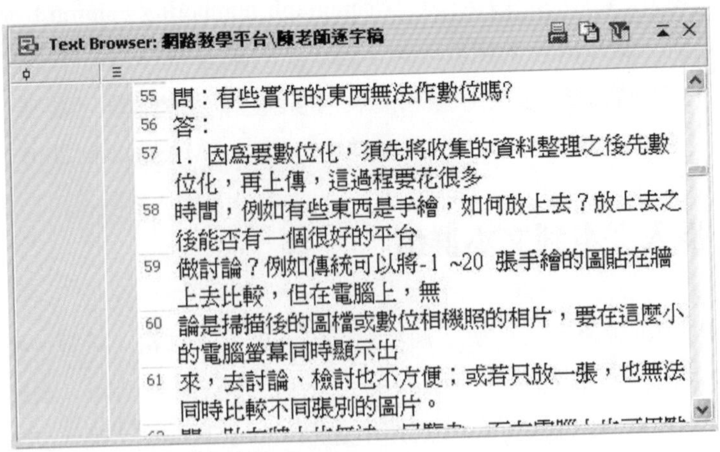

圖 6-25　文本顯示在瀏覽器視窗內

讀者若欲針對圖 6-25 的文本進行編輯，在選擇編碼工具列中選擇編輯模式（Edit Mode on/off）符號，亦即有字母 A 的圖示（ ）（見圖 6-26），接下來即可進行更動、編輯或增加文本，例如新增、刪除文本，或是更正錯誤並標記文本段落（見圖 6-27）。當 Edit Mode 開啟時，利用剪貼簿功能（單擊滑鼠右鍵之複製與貼上），即可匯入其他文本或文本段落（例如：PDF、簡報內容、Internet 網頁內容等）（MAXQDA, 2007）。

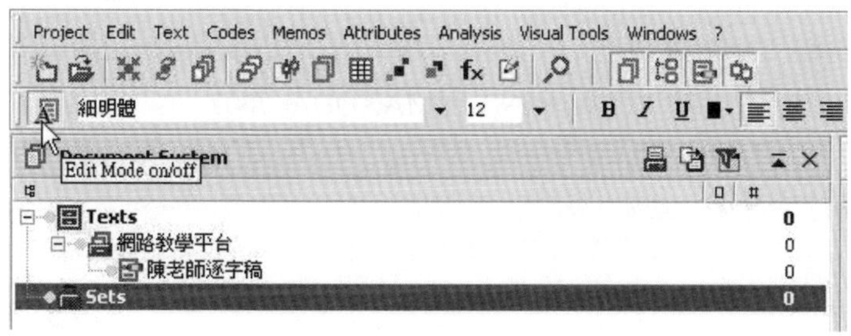

圖 6-26　選擇編輯模式

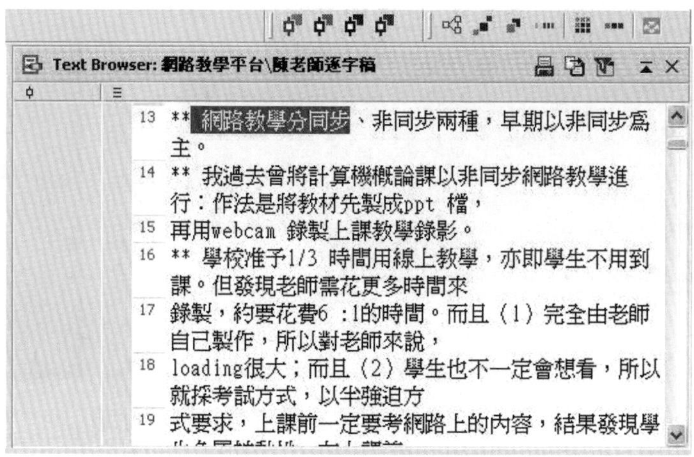

圖 6-27　編輯或增加文本

柒、剪貼簿中的文本或物件

透過剪貼簿（複製與貼上）與拖曳（Drag & Drop）方式，可以將PDF、PowerPoint、Word等文本段落，插入到MAXQDA中。欲進行上述步驟：(1)必須先開啟一個所要匯入段落的文本（例如：空白或現存的文本），並選擇編輯模式；(2)選定文本段落或物件（例如：Windows檔案總管內的聲音檔，或是Internet的文本）後，按CTRL+C將其複製到剪貼簿中（見圖 6-28），並按 CTRL+V 將該文本匯入到 MAXQDA的文本瀏覽器視窗（見圖 6-29）（MAXQDA, 2007）。

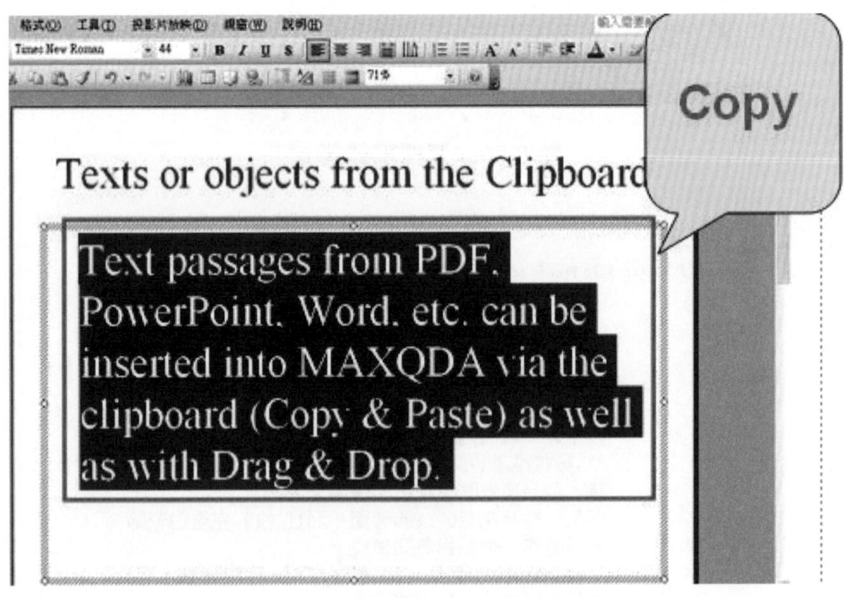

圖 6-28　CTRL+C 將文本段落複製到剪貼簿

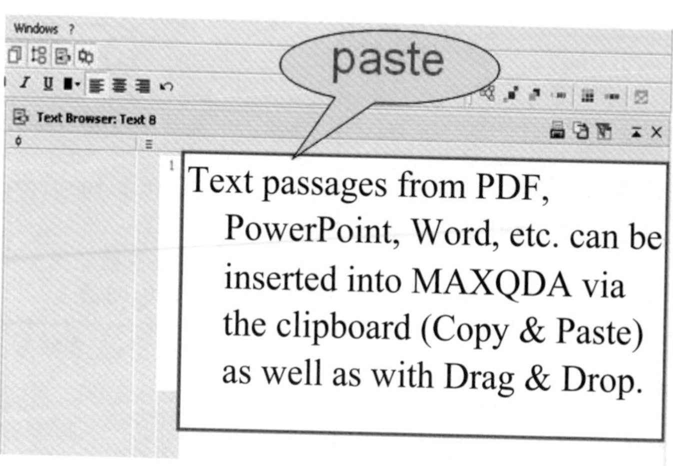

圖 6-29　CTRL+V 將段落匯入到文本瀏覽器視窗

除了上述（圖 6-28 和圖 6-29）方式之外，更簡單的方法是利用拖曳方式（見圖 6-30），亦即選定所欲的文本段落，並按滑鼠左鍵將其拖曳到 MAXQDA 視窗內（見圖 6-31）（MAXQDA, 2007）。

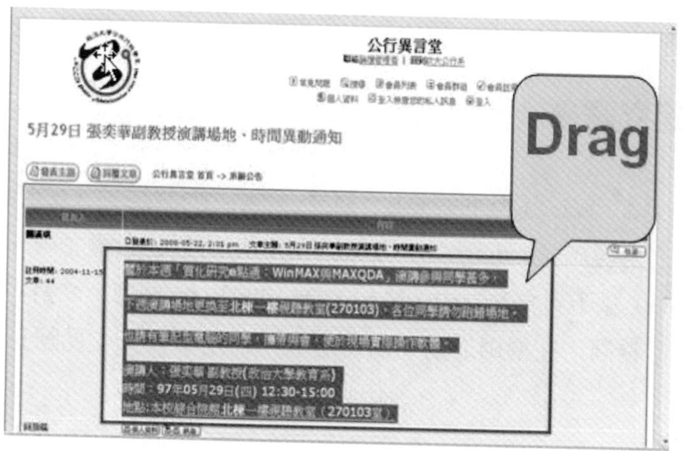

圖 6-30　按滑鼠左鍵拖曳文本段落

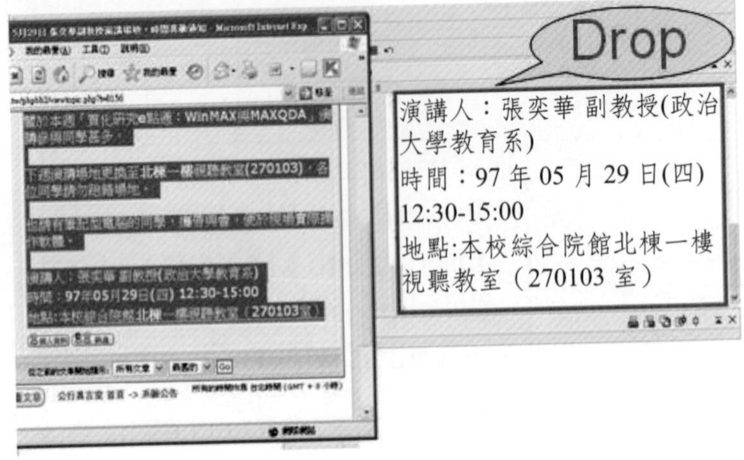

圖 6-31　拖曳文本段落到 MAXQDA 視窗內

第三節　MAXQDA 應用

壹、建立譯碼

將文本段落（text passages）賦予一個或數個譯碼（codes）的過程，稱之為編碼（codings），而 MAXQDA 的主要功能之一，是將譯碼（code）賦予到文本之中（MAXQDA, 2007）。例如，欲對「網路學習」進行編碼，在編碼之前，需先選取「網路學習」（見圖 6-32）。

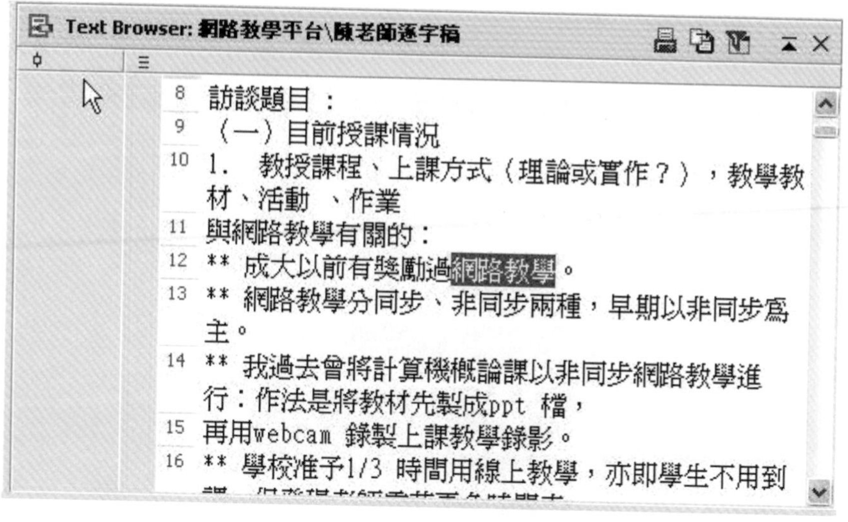

圖 6-32　先選取「網路學習」

緊接著，點選「Code System」（譯碼系統）中工具列的新譯碼（New Code）圖示（見圖 6-33），或是以滑鼠右鍵單擊 Code System （譯碼系統）（Code System）之後，選取 New Code （新譯碼）（見圖 6-34）。

圖 6-33　點選工具列的新譯碼圖示

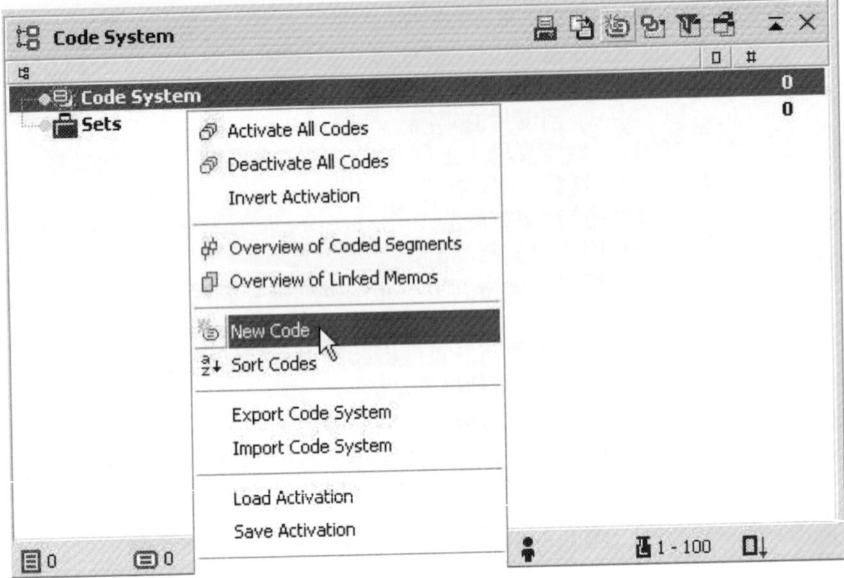

圖 6-34　滑鼠右鍵單擊Code System（譯碼系統）選取New Code（新譯碼）

續圖 6-34，選擇New Code（新譯碼）之後，會顯示新譯碼的對話框，讀者需在空白方框內輸入「網路教學」，並單擊OK鈕，如圖 6-35 所示。單擊OK鈕之後，「網路教學」譯碼（網路教學）會顯示在「Code System」（譯碼系統）視窗內，如圖 6-36 所示。

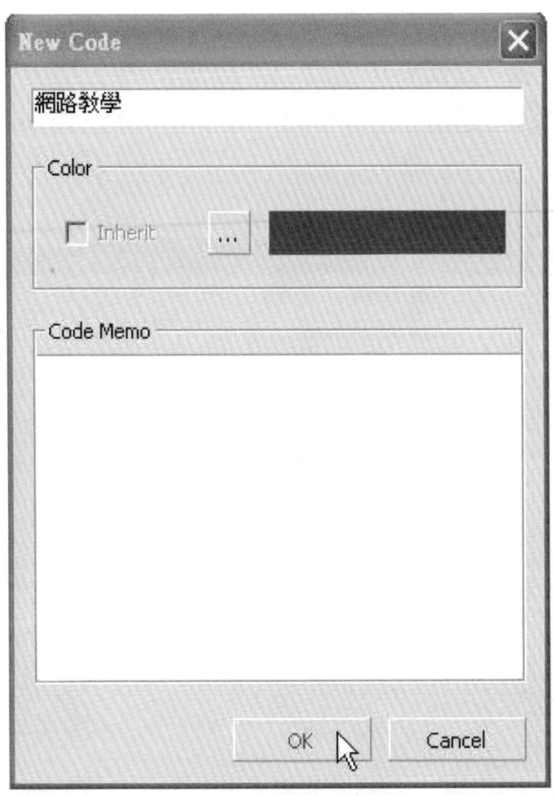

圖 6-35　輸入新譯碼

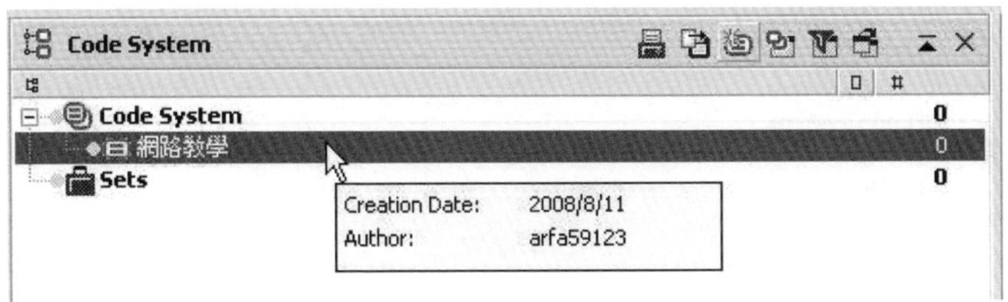

圖 6-36　「網路教學」顯示在譯碼系統內

接著，以滑鼠右鍵單擊網路教學譯碼，並選擇Code（譯碼）（見圖6-37），之後，在圖6-38中的「0」將變成「1」，如圖6-38所示。意即「網路教學」譯碼出現頻率為1次。

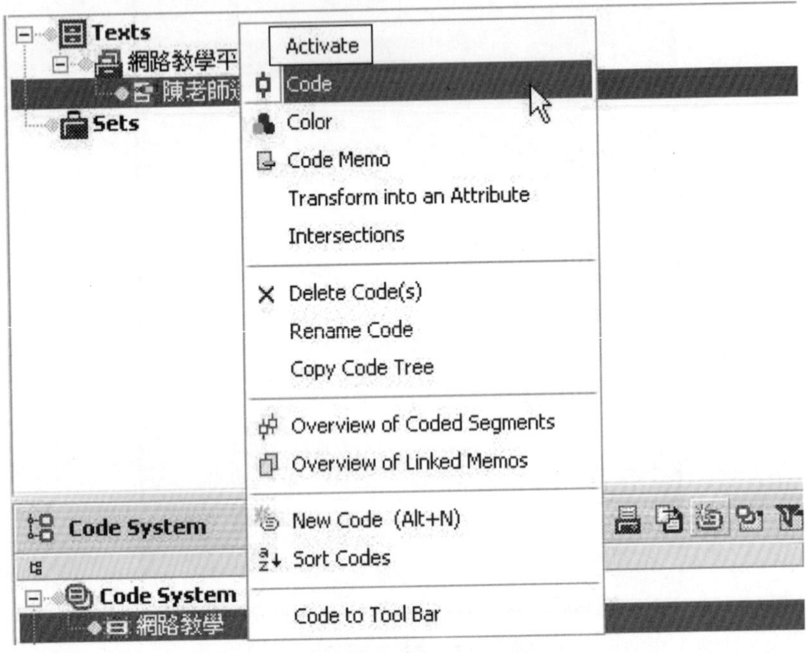

圖 6-37　選擇Code（譯碼）

圖 6-38　網路教學譯碼顯示數字 1

接續，讀者需再以滑鼠右鍵單擊網路教學譯碼，在快顯工具列中選擇 Activate （啟用）（見圖 6-37），則在文本瀏覽器視窗內會顯示已完成編碼的圖示（網路教學），如圖 6-39 所示。

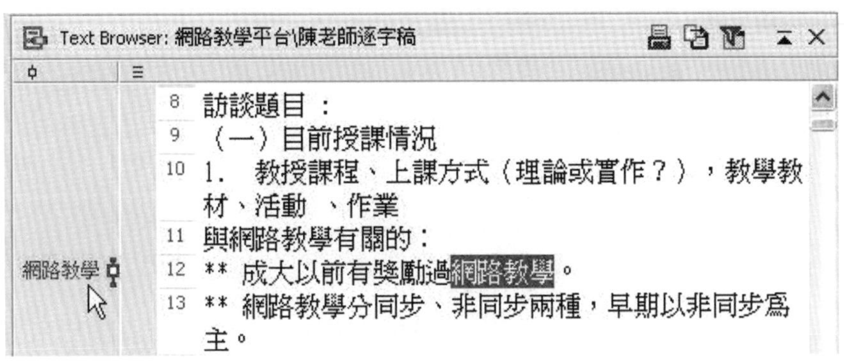

圖 6-39　文本瀏覽器視窗顯示已完成譯碼

貳、定義次級譯碼

欲定義一個次級譯碼，需在更高一層的譯碼（例如：網路教學）上，單擊滑鼠右鍵並選擇 New Code （新譯碼）（見圖 6-40）。在輸入新譯碼（例如：同步非同步）之後，將會顯示次一級的譯碼（見圖 6-41）。

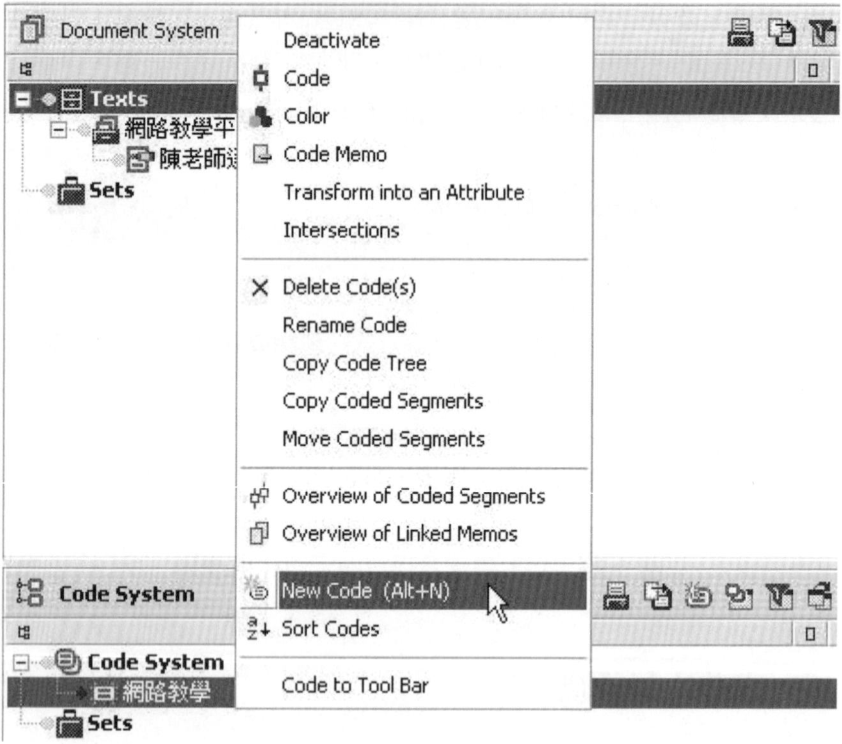

圖 6-40　單擊滑鼠右鍵並選擇 New Code（新譯碼）

圖 6-41　顯示次一級的譯碼

在譯碼系統中的譯碼與次級（子）譯碼的順序，可以利用滑鼠的拖曳功能簡易地進行更動。欲將一個譯碼移動成為另一個譯碼的次級（子）譯碼，在使用滑鼠拖曳時必須按著Shift鍵。在每一個層級的譯碼上方，單擊滑鼠右鍵可以開啟目錄，選擇 Sort Codes （分類譯碼）可將譯碼按照字母（例如：以英文編碼）順序排列（MAXQDA, 2007）。

使用者可將備忘錄（memos）附加到譯碼中，其方式有三：第一，在定義譯碼時，即附加備忘錄（見圖 6-42）。

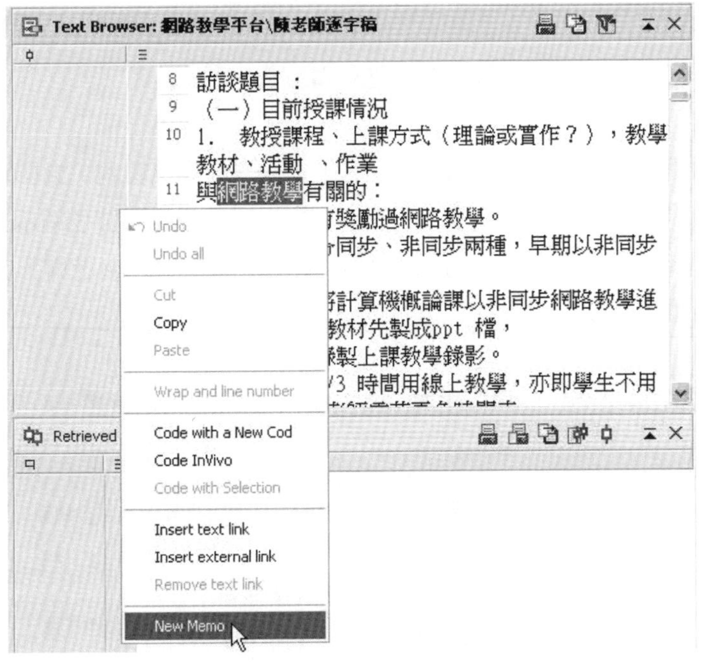

圖 6-42 附加備忘錄

續圖 6-42，點選 New Memo （新備忘錄）之後，會顯示備忘錄的對話框（見圖 6-43），使用者可以進行撰寫備忘錄。

圖 6-43　進行撰寫備忘錄

點選圖 6-43 關閉圖示☒之後，在文本瀏覽器視窗內，會顯示類似黃色便利貼的備忘錄圖示□（見圖 6-44）。將滑鼠移到黃色圖示上方，會顯示備忘錄內容；以滑鼠左鍵雙擊備忘錄圖示，將顯示備忘錄對話框（見圖 6-44）。

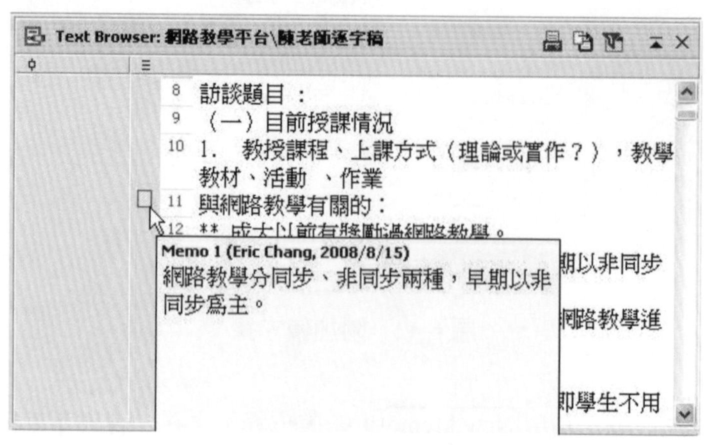

圖 6-44　顯示備忘錄圖示

第二種撰寫備忘錄的方式，是在輸入新譯碼（New Code）的同時，進行撰寫備忘錄（見圖 6-45）。

圖 6-45　進行撰寫備忘錄

第三種撰寫備忘錄的方式，是在定義譯碼之後，在所選定的譯碼上（例如：網路教學），單擊滑鼠右鍵選擇 Code Memo （譯碼備忘錄）選項（見圖 6-46）之後，將顯示備忘錄對話框，如圖 6-43（MAXQDA, 2007）。

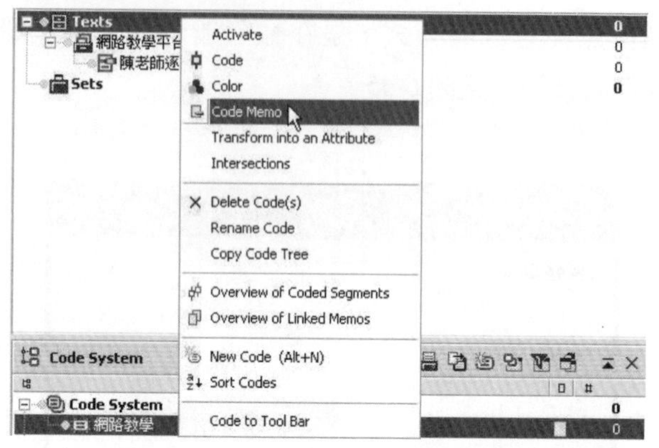

圖 6-46　單擊滑鼠右鍵選擇 Code Memo （譯碼備忘錄）

參、文本編碼

欲指定一個譯碼到一個文本，必須先標記出文本段落（見圖6-47）。在文本瀏覽器中，已編碼的譯碼（例如：電腦輔助教學）會在文本邊緣，以顏色標記（colored visualization）顯示出來（見圖6-48）（MAXQDA, 2007）。

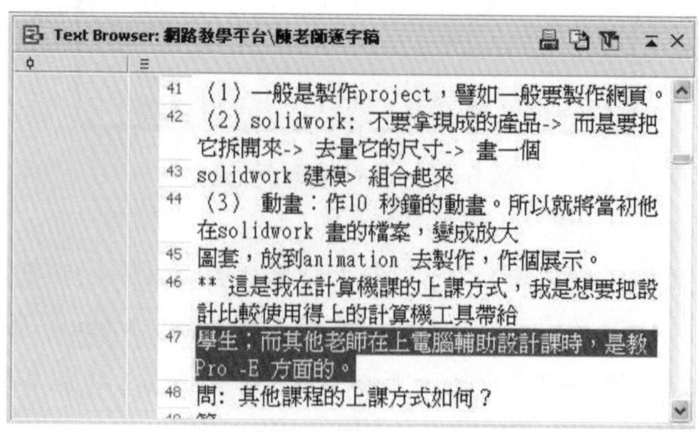

圖 6-47　標記出文本段落

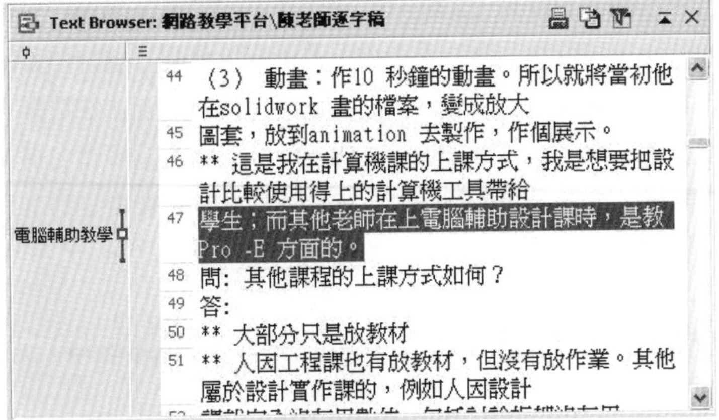

圖 6-48　譯碼顯示在文本段落邊緣

續圖 6-48，在譯碼標記上單擊滑鼠右鍵並選擇 Delete（刪除）指令（圖 6-49），可將譯碼（例如：電腦輔助教學）刪除（見圖 6-49）（MAXQDA, 2007）。

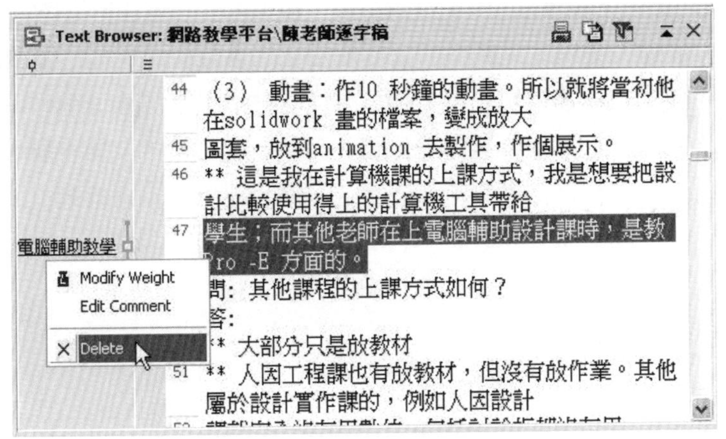

圖 6-49　選擇刪除譯碼

值得留意的是，按 CTRL+W 快捷鍵可以定義並建立一個新的譯碼。舉例來說，當使用者正在編碼一份文本並找到一個想要編碼的段落，但卻尚未建立一個適合的譯碼，此時可以使用上述快捷鍵。只要標記該文本段落，按下 CTRL+W 快捷鍵後，輸入新譯碼名稱再按下 OK ，就可以建立一個新譯碼，而該段落將會自動被指定到這個新的譯碼（MAXQDA, 2007）。

肆、檢索譯碼段落（Retrieving Coded Segments）

文本檢索（text retrieval）通常是指尋找先前的譯碼段落（Coded Segments），並將其蒐集到結果清單中的一個過程。MAXQDA 的文本檢索原理十分簡單：對每一個已啟動（activated）的文本而言，已啟動譯碼的文本段落，將會被蒐集到檢索段落（Retrieved Segments）視窗。檢索譯碼段落的步驟有三（MAXQDA, 2007）：

一、啟動文本文件（activating text documents）：在 Texts （文本）（例如：陳老師逐字稿）上單擊滑鼠右鍵，接下來從右鍵清單選擇 Activate （啟動）選項（見圖 6-50）。或是在文本群組（例如：網路教學平臺）上單擊滑鼠右鍵，接下來從右鍵清單選擇 Activate All Texts （啟動所有文本）選項（見圖 6-51）。已啟動的文本名稱將呈現紅色且有紅色箭頭指出已啟動（陳老師逐字稿），未啟動文本的則呈藍綠色（陳老師逐字稿）（MAXQDA, 2007）。

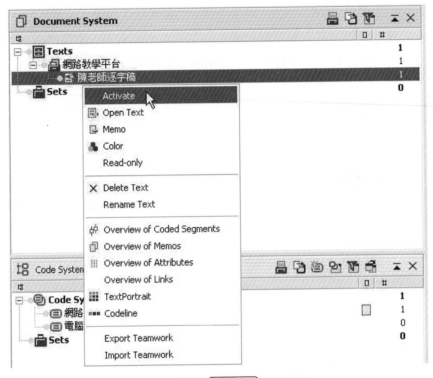

圖 6-50　點選 Activate（啟動）

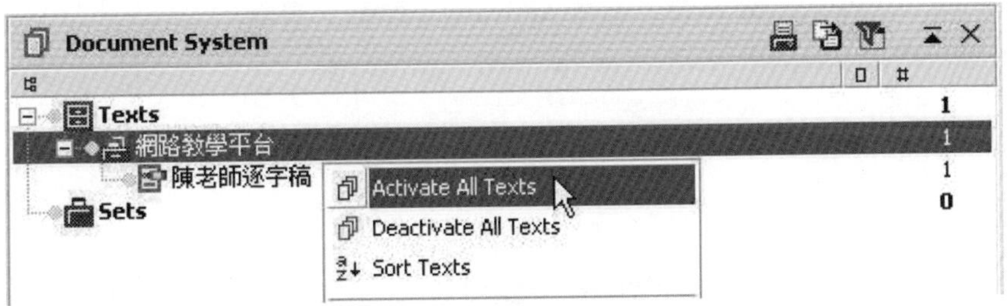

圖 6-51　啟動所有文本

二、啟動譯碼（activating codes）：譯碼的啟動原理如同文本的啟動一般，使用滑鼠右鍵單擊譯碼（例如：人因因素），選擇 Activate（啟動）選項（見圖 6-52）。如同在文件系統中啟動文本一樣，啟動文本時會顯示顏色；在譯碼系統中，已啟動的譯碼會顯示紅色且用箭頭標示（➔⊜人因因素），如圖 6-53 所示。在譯碼系統視窗

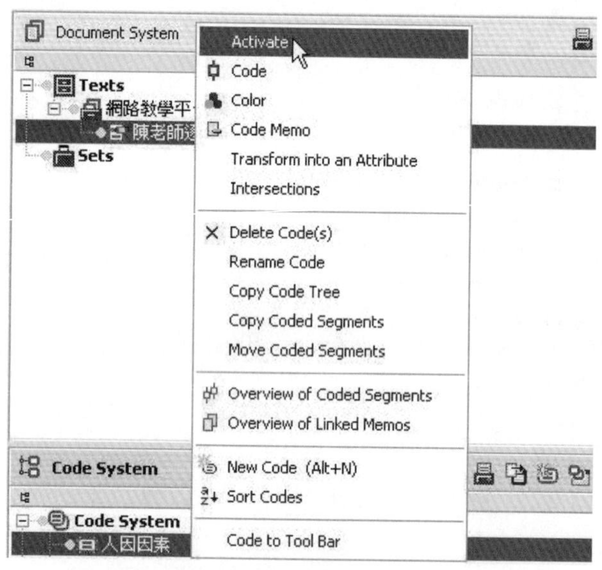

圖 6-52　選擇 Activate（啟動）選項

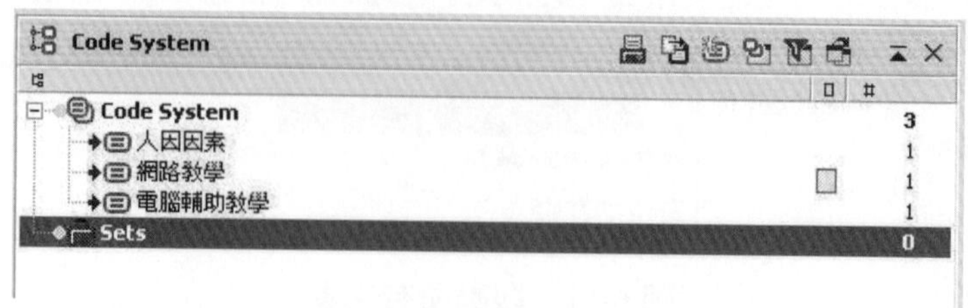

圖 6-53　譯碼顯示紅色且用箭頭標示

下方有一個狀態列（status bar）（見圖 6-54），由左至右列出啟動的文本數目（ ）、啟動中的譯碼總數（ ）、以及已檢索的譯碼段落數目（ ）（MAXQDA, 2007）。

圖 6-54　譯碼系統視窗下方的狀態列

三、檢索段落視窗（retrieved segments window）：藉由啟動特定文本和譯碼所檢索的譯碼段落，會顯示在檢索段落視窗中（見圖6-55）。在圖 6-55 中，每一個文本段落的左邊可以看到該段落源自哪一個文本或是哪一段落，以及該段落所被指定的譯碼（MAXQDA, 2007）。以圖 6-56 為例，此段落「人因上操作介面等因素（人因因素或操作因素）。例如浩瀚設計公司，他們會」源自於「網路

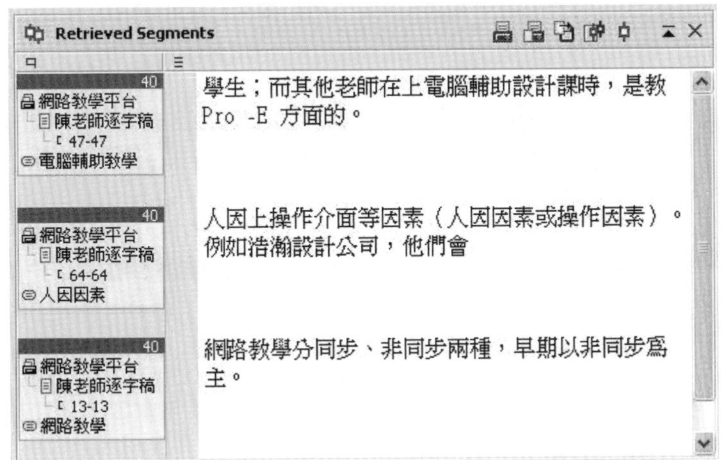

圖 6-55　譯碼段落顯示在檢索段落視窗中

教學」文本群組中的「陳老師逐字稿」中的第六十四至六十四段落，該段落所指定的譯碼是「人因因素」。當使用者用滑鼠左側單擊人因因素方框（見圖 6-56）任何一處時，文本段落在文本的原所在位置，會顯示在文本瀏覽器視窗內，如圖 6-57 所示。在檢

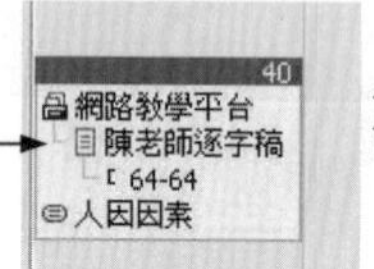

圖 6-56　左側方框顯示文本群組、文本、段落與譯碼

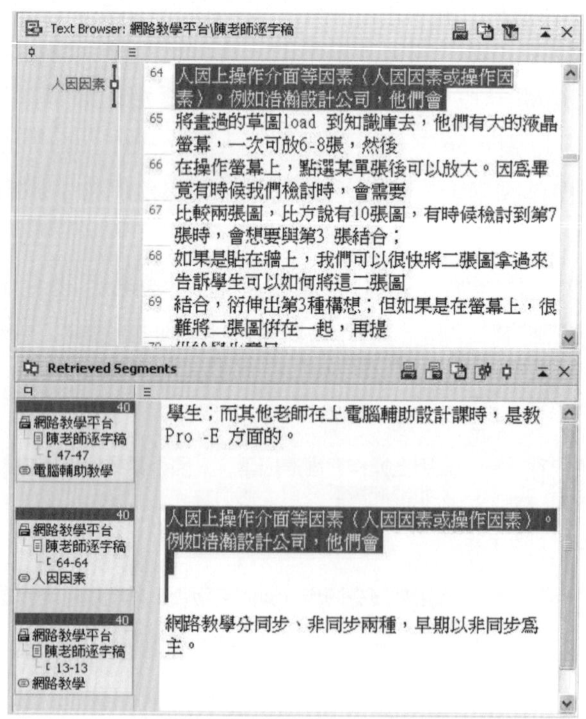

圖 6-57　文本所在位置顯示在文本瀏覽器視窗內

索段落視窗上方，顯示一個常用的工具列，使用者可以選擇工具列中的檢索段落預覽（Overview of Retrieved Segments）圖示，之後會顯示「Coded Segments」（譯碼段落）對話框（如圖 6-58 所示）。在圖 6-58 中，顯示所有的譯碼，若使用者點選其中一個譯碼（例如：網路教學），則整段的文本段落將顯示在上方（見圖 6-59）。使用「檢索段落預覽」功能是預覽文本檢索結果最理想的方式，而點選圖 6-59 中的「Comment」（評論），使用者可以將評論插入到該表格中。此外，使用者亦可直接將文本段落匯出到 Word、Excel（例如：點選圖 6-59 上方的）或其他網頁瀏覽器中（例如：點選圖 6-59 上方的），並繼續編輯。

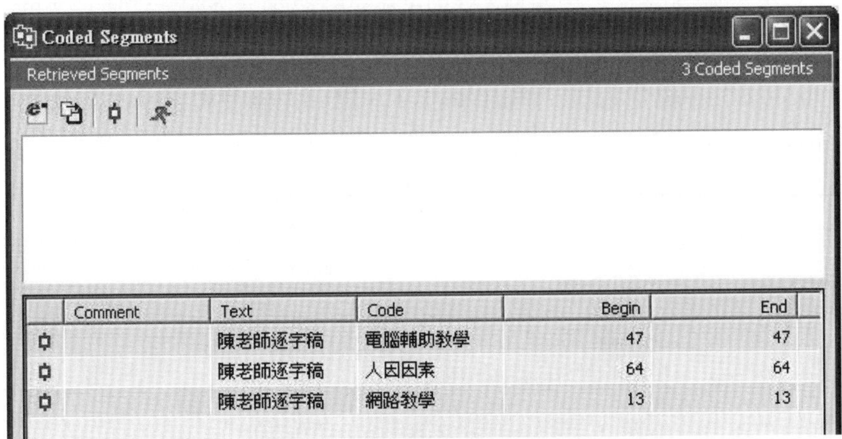

圖 6-58 預覽檢索譯碼

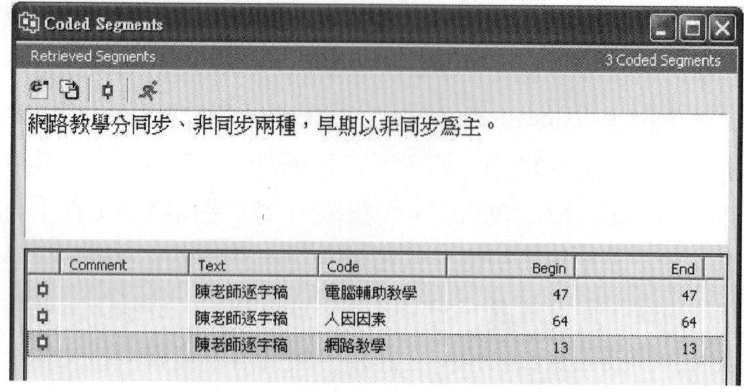

圖 6-59　預覽檢索譯碼和文本段落

限於篇幅限制，有關MAXQDA其他的功能，例如管理變項（managing attributes）、字彙檢索（lexical search）、分析功能（analytic functions）、視覺工具（visual tools）、譯碼矩陣瀏覽器（code matrix browser）、譯碼關係瀏覽器（code relation browser）、組織團對工作（organizing teamwork）等，讀者可閱讀參考手冊（reference manual），手冊來源步驟如下：MAXQDA工具列→?→MAX Manual，如圖 6-60 所示。

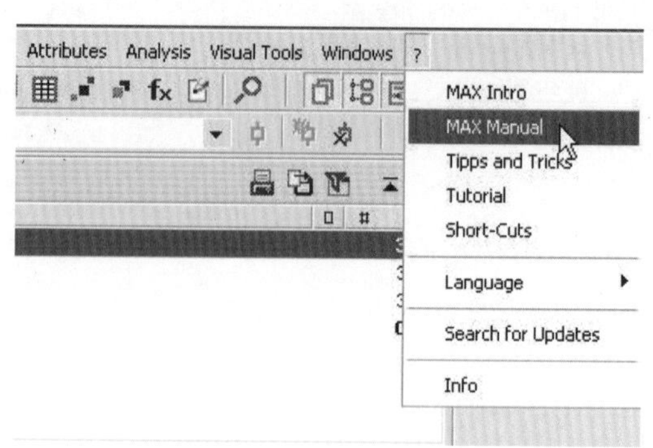

圖 6-60　參考手冊來源

第四節　應用實例

壹、研究摘要[5]

伴隨近年來校長領導角色的改變，科技在學校的應用成為校長領導不可忽視的議題。為了提升行政與教學的效能，校長應積極扮演科技領導者的角色。本研究旨在檢測校長科技領導之相關層面，以及調查臺灣臺中市國小教師對於校長科技領導現況的知覺。本研究採用結構方程模式，檢測科技領導的五項層面，包括：(1)評鑑與研究；(2)願景、計畫與管理；(3)人際關係與溝通技巧；(4)科技與基本設施支持；以及(5)成員發展與訓練。亦透過問卷調查和校長訪談，以瞭解教師對校長科技領導的知覺和實施科技領導所面臨的問題。本研究結果發現，目前臺中市國小校長科技領導的現況大致良好，而上述五項層面可提供校長在科技領導上的參考。

貳、研究問題

基於研究動機，本文之研究問題如下：(1)校長科技領導的內涵層面為何？(2)國內國小教師對校長實施科技領導現況的知覺為何？(3)國

5 本文修改自秦夢群、張奕華（2006）。校長科技領導層面與實施現況之研究。**教育與心理研究**，**29**(1)，1-27。

內實務上實施校長科技領導所面臨的問題為何？

參、研究對象

係以臺灣地區臺中市的國民小學教師為施測對象，採取隨機抽樣方式，共計抽取三十五所學校的教師。本研究共計寄出七百份問卷，去除無效回收問卷之後，有效問卷為四百三十四份，回收率為 62 %。在有效樣本的基本資料分析當中，在性別部分，男性占有一百二十九位，女性占有二百九十六位；在年齡部分，以三十五至未滿四十五歲居多（占有 183 位）；在學校規模部分，以三十六至六十二班居多（占有 267 位）；在服務年資部分，以十一至二十年居多（占有 145 位）；在學歷部分，以師大和師院居多（占有 215 位）；在擔任職務部分，以教師居多（占有 205 位）。

肆、研究工具

為了檢測校長科技領導之相關層面，本研究使用工具為「國民小學校長科技領導現況調查問卷」。該問卷係由研究者修正自「科技領導問卷」（Technology Leadership Questionnaire）（Chang, 2002）而來，原英文問卷中計有五項層面，題目數共計有三十九題，本研究工具除了直接翻譯原問卷成中文並修正部分用語之外，題目數仍維持原來的三十九題，並另外新增一題開放式問題。原問卷之各分量表的 Cronbach's alpha 係數分別如下：願景、計畫與管理（.94）、成員發展與訓練（.90）、科技與基本設施支持（.91）、評鑑與研究（.95）、人際關係與溝通技巧（.92）。本研究之「國民小學校長科技領導現況調查問卷」共計有三十九題，採用 Likert 五點量表，其選項分為「非常符合」、「大致符合」、「有點符合」、「大致不符合」、「非常不符合」等五個選項，受試者依據自身的察覺與感受加以填答。計分時，非常符合 5 分、大致符合 4 分、有點符合 3 分、大致不符合 2 分、非常不符合 1 分。另外，在問卷最後所提供的開放式問題（校長在促進科技使用之角色有何建議或看法），係做為質化資料分析的來源，以瞭解受試者對校長在校內促進科技使用的看法。

伍、實施程序

本研究自 2004 年 8 月上旬開始到 2005 年 6 月下旬結束，在 2004 年 10 月對臺中市國民小學教師進行問卷預試（pilot study），問卷正式施測是在 2005 年 3 月實施。預試問卷和正式問卷的施測，係以限時專送方式寄出，並輔以郵寄兩次明信片催收問卷，以提高回收率。另外，訪談兩位國小校長則是在 2005 年 6 月中旬進行，並根據訪談內容做成逐字稿，透過資料分析以解釋校長在實施科技領導上所面臨到的問題。

陸、資料處理

回收預試問卷之後，將資料輸入電腦並以 SPSS 12.01 for Windows（以下簡稱 SPSS）進行信效度分析，並根據因素負荷量的結果，調整問卷中各因素所屬題目。正式問卷回收之後，利用 SPSS 進行校長科技領導實施現況之分析，所採用的統計方法包括次數分配及百分比、平均數與標準差、信度分析、效度分析（以因素分析處理）以及變異數分析（analysis of variance, ANOVA）。為了檢測校長科技領導之相關層面，本研究以 M*plus* 5.1 軟體進行測量模式分析。實務上，實施校長科技領導所面臨的問題，則以 MAXQDA 軟體分析逐字稿；教師根據

問卷中開放式問題所提供的意見，也做為資料分析的來源。

柒、結果分析

晚近科技領導之研究，如雨後春筍般的展現，也強化了校長扮演科技領導者的角色，進而重視科技與學校教育和改革的關係。基於此，本研究主要目的乃在檢測科技領導的內涵層面，其主要發現如下。

一、科技領導的內涵層面

本研究將回收之後的有效問卷，經過信度分析之後顯示，全量表的內部一致性係數是.985，該係數顯示出整體量表具有相當的同質性。而各分量表的Cronbach's alpha係數分別為.954（願景、計畫與管理）、.945（成員發展與訓練）、.945（科技與基本設施支持）、.955（評鑑與研究）、.966（人際關係與溝通技巧）。「國民小學校長科技領導現況調查問卷」的驗證性因素分析發現（經由主成分分析法），三十九個測量題目可抽離出五個因素，第一個因素（評鑑與研究）可以解釋 64.652 %的變異量，第二個因素（願景、計畫與管理）可以解釋 3.543 %的變異量，第三個因素（人際關係與溝通技巧）可以解釋 3.341 %的變異量，第四個因素（科技與基本設施支持）可以解釋 2.859 %的變異量，第五個因素（成員發展與訓練）可以解釋 2.637 %的變異量，合計為 77.032 %。校長科技領導經由因素分析轉軸後的成分矩陣詳見表 6-1，校長科技領導各層面解說總變異量詳見表 6-2。

表 6-1　校長科技領導經因素分析轉軸後的成分矩陣

層面	題號	因素一	因素二	因素三	因素四	因素五
評鑑與研究	30	.738				
	27	.700				
	26	.679				
	25	.671				
	31	.670				
	28	.644				
	29	.635				
	24	.618				
願景、計畫與管理	4		.720			
	3		.670			
	7		.661			
	8		.650			
	2		.638			
	5		.631			
	9		.624			
	1		.594			
	6		.587			
	10		.545			
人際關係與溝通技巧	36			.728		
	35			.719		
	34			.706		
	38			.702		
	37			.694		
	33			.661		
	39			.624		
	32			.542		
科技與基本設施支持	20				.677	
	17				.671	
	21				.658	
	18				.658	
	19				.651	
	22				.643	
	23				.440	
成員發展與訓練	15					.757
	14					.739
	12					.701
	13					.692
	16					.677
	11					.474

表 6-2　校長科技領導各層面解說總變異量

成分	初始特徵植			平方和負荷量萃取			轉軸平方和負荷量		
	總和	變異數的%	累積%	總和	變異數的%	累積%	總和	變異數的%	累積%
1	25.214	64.652	64.652	25.214	64.652	64.652	6.732	17.262	17.262
2	1.382	3.543	68.195	1.382	3.543	68.195	6.680	17.128	34.391
3	1.303	3.341	71.536	1.303	3.341	71.536	6.406	16.427	50.818
4	1.115	2.859	74.395	1.115	2.859	74.395	5.263	13.494	64.312
5	1.028	2.637	77.032	1.028	2.637	77.032	4.961	12.720	77.032

萃取法：主成分分析法。

二、測量模式之分析

本研究的測量模式適配度係透過以下五種評估指標衡量：卡方統計值（Chi Square Test）、比較適合度指標（Comparative Fit Index, CFI）、Tucker-Lewis 指標（亦稱為非基準的配合指標）、標準化假設模型整體殘差（Standardized Root Mean Squared Residual, SRMR）、平均近似值誤差平方根（Root Mean Square Error of Approximation, RMSEA）（Heck & Thomas, 2000）。本研究透過 5.1 版本的 M*plus*（Muthén & Muthén, 2007）軟體的最大概似配置功能（maximum likelihood fitting function）分析資料。本研究的測量模式適配度分析如表 6-3 所示。

表 6-3 的適配指標顯示，模式的適配度大致良好，Heck 與 Thomas（2000）認為，如果模式適配度良好，研究者就有適當的證據支持理論模式關係。在衡量理論模式之後，需要考慮標準化參數估計（standardized parameter estimates）（如表 6-4 所示），以瞭解各層面對科技領導的貢獻度。除了參數估計之外，表 6-4 亦列出測量模式的殘差

（error terms）和多元相關平方（squared multiple correlation, SMC）。其中參數估計（或觀察變項的負荷量）範圍從 .871 到 .911，其 t 值皆大於 1.96，表示所有層面皆具有顯著水準（$p<.05$），亦即這些觀察變項在反應其所形成的潛在變項是有效的。而科技領導各層面的解釋變異（即多元相關平方）介於 .758 和 .830 之間，殘差介於 .170 和 .242 之間；因此，SEM 模式指出，觀察變項（五項層面）能成為潛在變項

表 6-3　研究模式的適配度分析

配適指標	建議要求標準	結果
卡方統計值（Chi Square Test）	不顯著	10.307（$p>.01$）
比較適合度指標（Comparative Fit Index）	> .90	.998
Tucker-Lewis 指標	> .90	.995
標準化假設模型整體殘差（Standardized Root Mean Squared Residual）	介於 0 到 .05 之間	.006
平均近似值誤差平方根（Root Mean Square Error of Approximation）	< .05	.050

表 6-4　參數估計、殘差和多元相關平方

科技領導層面	參數估計（factor loadings）	殘差（residuals）	多元相關平方（SMCs or R）
願景、計畫與管理	.911*	.170	.830
成員發展與訓練	.871*	.242	.758
科技與基本設施支持	.906*	.179	.821
評鑑與研究	.904*	.182	.818
人際關係與溝通技巧	.903*	.185	.815

* $p<.05$

（校長科技領導）的有效測量指標，換言之，該五項層面能有效的解釋校長科技領導，其模式如圖 6-61 所示。

科技領導的內涵層面經過驗證性因素分析之後，萃取出五個因素，分別為：(1)評鑑與研究（例如：執行教師科技專業成長的評鑑程序、評鑑在教學計畫上有關科技的使用）；(2)願景、計畫與管理（例如：清楚地說明學校中科技使用的願景、發展共同願景和長期科技計畫、利用科技以有效地管理行政運作）；(3)人際關係與溝通技巧（係指有效地與教師、職員、學生等以及與社區成員、家長、地方企業人士等人員溝通的能力）；(4)科技與基本設施支持（例如：提倡適當的科技支援、尋求外部科技經費籌措資源）；以及(5)成員發展與訓練（例如：提供在職訓練以獲得特定的科技技能；分配資源以作為在職科技訓練之用）。

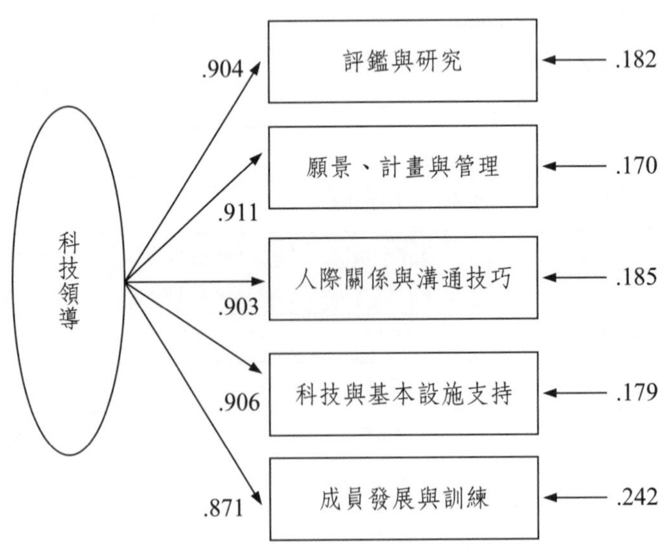

圖 6-61 科技領導層面之測量模式

本研究之因素分析檢測原工具（科技領導問卷）所包含的五項科技領導層面，各層面可解釋的變異量分別為評鑑與研究（64.652 %）、願景、計畫與管理（3.543 %）、人際關係與溝通技巧（3.341 %）、科技與基本設施支持（2.859 %）和成員發展與訓練（2.637 %），合計為 77.032 %。上述五項層面經由測量其效度之後，五項層面的參數估計分別為：評鑑與研究（.904）、願景、計畫與管理（.911）、人際關係與溝通技巧（.903）、科技與基本設施支持（.906）和成員發展與訓練（.871）。上述發現與研究者在美國（2002 年）進行的校長科技領導之相關研究發現層面大致符合，可知科技領導層面值得學校領導者參考。

三、實施校長科技領導面臨問題之分析

校長在實施科技領導所遭遇之困難，係由「科技領導問卷」中開放性問題得知，該問題詢問受試者「對於校長在促進科技使用之角色有何建議或看法」。在受試者所提出的建議與看法中，經過開放式編碼與整理之後，可分為經費、設備、成員發展和領導等四方面的看法，說明如下。

㈠經費方面

校長在促進科技使用的角色上所面臨到的經費問題，以學校面臨「經費不足」為主；受試者建議校長爭取（籌措）經費（資源），例如有填答者反應：「希望爭取經費設立科任教室網路線及電腦設備；希望能爭取各項促進科技進步的資源和設備；小學校經費極缺，巧婦難為無米之炊；積極經營、有效籌措相關經費；科技使用融入教學在未來是時勢所趨，但不知是否因經費不足，導致周邊設備的缺乏。希望未來校長能爭取，使能改善教學品質，並符合時代之需求；多籌措

支持經費，促進電腦升級。」對於上述經費不足的問題，校長的看法如下：「的確，小學的經費拮据，尤其在教學設備方面有限。」（2005/6/18，甲校長訪談）「本校為新設學校，e化設備完整，班班有電腦、單槍投影機、又可以上網，可說資訊融入教學齊備投入。然一般學校設備尚缺，確實有補足之必要。」（2005/6/20，乙校長訪談）

受試者也建議校長編列固定預算、尋求外部科技基金為策略，以提供適當的設備，例如：「應每年編列固定預算；尋求外部的支援，提供學校人員，更方便的使用電腦等科技設備；期待多尋求外部的科技基金資源，以提升並維護校內的科技設備；有多少經費做多少事，巧婦難為無米之炊，單有遠大的抱負，沒有資源也枉然，因此要推行要先給予充分配套措施，才好推行；在經費允許上，提供全校師生必要的軟硬體資源；本校因屬於大型老舊學校，校舍建築年代較老，設備老舊，若經費許可，希望每間教室配置一臺電腦。」然而，對於經費預算的問題，校長確有不同的看法：「每年編列固定預算，並非學校編列就可有經費。經費完全掌控在教育局，所以可以年年提報，等待吧。」（2005/6/18，甲校長訪談）關於尋求外部支援的作法，校長所提出的策略如下：「本校尋求大學、環保署等國立機構報廢尚堪用的電腦，充做各班教室教學用，至少每班尚有一部可用。而本校請家長會協助學校網路線設置，現在各班都可在教室上網搜尋資料。」（2005/6/18，甲校長訪談）除了尋求外部資源之外，校長也提出校內資源整合的策略：「每間教室置一臺電腦，無單槍之設備仍嫌不足。何不將每間教室電腦湊合成成組的 e 化完整設施專科教室，或許可發揮部分 e 化之需求。」（2005/6/20，乙校長訪談）

㈡設備方面

校長在促進科技使用的角色上所面臨到的設備問題，係與經費息息相關。承上所述，經費的問題直接影響學校設備的豐富與否，而設備的豐富與否，更直接衝擊到師生的使用問題。受試者認為，校長在教學設備、軟硬體的提供、設備的使用上，宜能符合教師與學生的需要，例如：「希望評估教室中配置單槍的需求；希望全校都能上網；軟硬體要時時不斷更新；能開放軟硬體設備供師生自由使用；教學上的設備不足，很多媒體無法完全發揮使用，希望能多充實科技資源；學校設備仍不足，在規劃科技資源上仍須努力；請支援級任，至少每學年有一套配備完整的電腦使用（包括可上網、列表機及教學相關的軟體）。」關於設備的需求問題，校長指出校內的狀況：「全校都能上網，但尚未每班有單槍配置及列表機，故在教學上發揮有限。但是在教師休息室及圖書室，將多餘電腦安置，讓科任教室也可運用。」（2005/6/18，甲校長訪談）「至少每學年一套配備完整之設施，但仍須有完整的使用管理及教師先備能力之進修。」（2005/6/20，乙校長訪談）

受試者亦指出，能夠提供適當設備的學校，才有助於教與學的進行。例如：「本校因校舍老舊，資訊設備不足，在一般教室中，較難要求教師將資訊充分融入。全校教師亦萬分期待，經由老舊校舍的更新，能促進全校教師在資訊能力方面的專業成長，造福學生；本學期教師在學用品補助上多了兩支投影專用筆、支援列表機、墨水，讓教師更方便使用視聽媒體器材；建議能使用液晶螢幕，以減少螢幕對老師身體健康之傷害；空有計畫與願景，而無適當的設備與完善的教室空間規劃，教師仍然處處窒礙難行。」對上述的看法，校長也提出類似的意見如下：「液晶螢幕可供老師較長時間之使用，也不傷眼力，可促進教師之使用效率及效果。」（2005/6/20，乙校長訪談）而對於設備的規劃，校長指出目前校內校舍改建的重點：「目前建築師在設計中，我強烈要求建築師編列每班約 10 萬元的視聽教學設備，以電漿螢幕為主要重點。另外，全校光纖網路工程臺幣 80 萬元。未來新校舍，e 化時代來臨。」（2005/6/18，甲校長訪談）

㈢成員發展方面

校長在促進科技使用的角色上所面臨到的成員發展問題，與教師的科技素養息息相關，而教師科技素養的提升與學校提供在職進修（研習）有關。受試者反應指出，學校應舉辦科技研習，例如：「增加教師科技研習，提升教師科技能力；加強教師科技素養之培養，協助教師使用科技設備及運用之能力；校長應扮演更積極倡導的角色，多舉辦學校本位之促進科技使用的研習進修。」對於成員發展的問題，校長指出校內的作法：「校長要非常支持資訊組所規劃的教師資訊研習課程，本校這一年來，開辦網頁製作、簡報製作、學籍系統、試卷編製、教學多媒體製作發表，並請家長會提供獎金，獎勵教師。」（2005/6/18，甲校長訪談）不過，校長也提出呼籲：「有設備而無使用之能力，等於是浪費。必須利用時間舉辦教師資訊能力研習及學校本位課程融入資訊之相關進修研習，確實有其必要性。」（2005/6/20，乙校長訪談）

受試者也指出學校提升教師科技素養的實例，例如：「感謝校長支持資訊組培訓老師，讓老師有資訊融入教學、製作網頁、學務處理的能力，提升教師的專業素養，讓教學更順手、成效更良好；校長將學校電腦教學列為學生的課程特色，所以在課程上運用科技更是完全融入，設備足夠，師資齊全，而且能完全瞭解教職員、學生在科技上的需求與關心。尊重老師取得科技訓練，校長的支持百分之百，並鼓勵老師進修，更精進、更專業，學校研習提供在職訓練十分充足。」有關學校提升教師科技素養的作法，校長指出自己在校內的實際作法：「最近，本人也帶領有意願參與的同仁組一團隊參與資訊融入教學夥伴學校的評選，一週的研習、上課、發表投入，全市僅十七所學校入選，可有約八十萬的補助設備經費。以這一團隊為種子，逐年影響其他同仁，希望有一天，全校每一位老師都能將資訊融入教學。」（2005/6/18，甲校長訪談）而校長也指出校內教師的表現情形：「資訊融入教學培訓老師，對於認真肯上進之老師，不構成問題，而有部分資訊落後之老師，必須有其期程，讓老師循序漸進、漸入佳境，而用心的老師較容易有明顯之效果。」（2005/6/20，乙校長訪談）

㈣領導方面

校長在促進科技使用的角色上所面臨到的領導問題，在於能否落實領導的功能和扮演支持者的角色。例如受試者指出：「充實資訊科技之能力，發揮領導角色功能；校長對師生在促進科技使用上非常鼓勵與支持；校長對科技使用的支持有助於科技使用之推行。」對於扮演支持者角色的問題，校長指出：「校長的支持，可從設備規劃上及教師能力培養上進行。不斷鼓勵並安排合適之時間，給予更多的支持，解決落後老師之問題，可提升整體成效。」（2005/6/20，乙校長訪談）

受試者認為，校長不必然要成為專業的科技領導者，例如：「校長仍是總理校務之人，而科技之使用乃屬專業領域，校長只要能知人善用，落實分層負責，而不必每一細節如此深入去接觸，因那不合職權之分掌，校長也不可能人人對科技能做相當深入的鑽研，校長只要知人善用、爭取資源設備、提供資源（資金）、鼓勵教師使用科技（運用科技），增加教師學習機會即可，校長是一校之長，不必做一位專業科技人員。」對於上述是否成為專業領導者的看法，校長認為：「當然校長也有他（她）們自己專長的領域，不可能每一方面都專門。校長要能知人善任，爭取資源，做鼓勵支持的角色。」（2005/6/18，甲校長訪談）「校長如果是專業科技人員，對領導科技之使用有加倍的

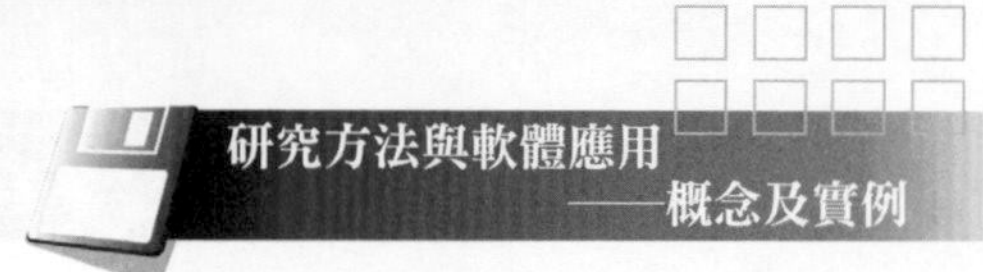

效果。而校長沒有辦法都有完整的時間，投入專業領域的學習，但基本的科技能力，也應有所瞭解，將會有所增益。」（2005/6/20，乙校長訪談）

受試者也認為，若校長能具備基本科技素養，將有利於師生的互動。例如：「領導者具專業（技能、素養等），推動方有成效；領導帶領的風格，帶來科技新氣象；校長有全方位的科技學養，能正面提升和影響全校師生共同互動；可能要注意部分資深老師心態上不易配合的情況，應多一些包容，使其能夠接受；校長若大力推行科技使用，可使教學上及資料來源更為方便。」對於上述科技素養的問題，校長也指出自己的具體作法：「校長要求每班設置網頁、校長本人就率先示範，不要空白。行政同仁更應以身作則，利用寒暑假將網頁更正充實。」（2005/6/18，甲校長訪談）而校長也提出較可行的作法如下：「靠校長作專業領導，將會有所不足，校長因處理校務，時間容易被切割，而最好是將資訊專業理念帶領資訊專業領域團隊，共同提供資訊分享，較容易整合力量，發揮加乘效果。」（2005/6/20，乙校長訪談）

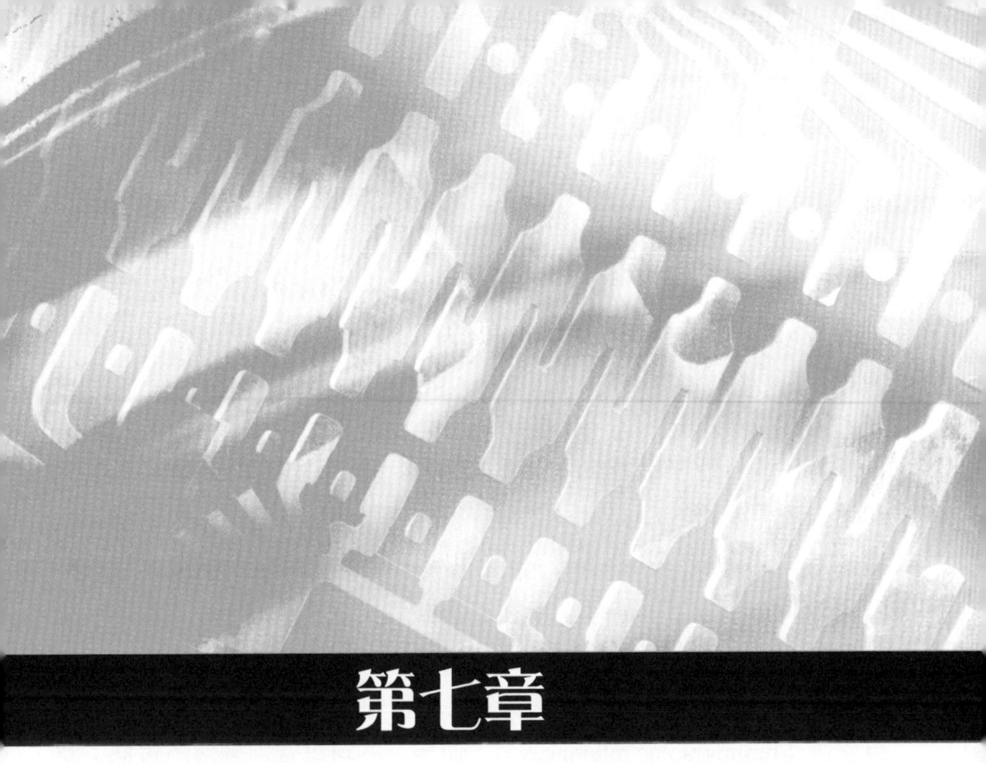

第七章

書目管理與 EndNote X2

第一節　EndNote 簡介

書目資料管理軟體 EndNote X2 版本（以下簡稱 EndNote X2）於 2008 年 6 月發行，EndNote X2 具有下列三項特點：第一，是一種網路搜尋工具（online search tool），能提供簡易方式以搜尋網路書目資料庫（bibliographic databases），並直接擷取文獻到 EndNote X2 中。第二，是一種參考文獻與圖表資料庫（reference and figure database），能針對使用者私人的參考文獻圖書館，進行貯存、管理以及搜尋參考書目文獻（bibliographic references）；使用者亦可以管理圖像（包括：圖表、表格、圖形以及公式），並能將標題和關鍵字分配到每一個圖表。第三，是參考書目和稿件製作者（bibliography and manuscript maker），藉由即寫即引用（cite while you write, CWYW）功能，能在 Microsoft Word 中編排引註、圖表以及表格（Thomson, 2008）。目前最新版本為 EndNote X7，讀者可至 EndNote 網站[1]下載。

第二節　開啟 EndNote X2

開啟 EndNote X2 之後，出現「Getting Started with EndNote」（開始使用 EndNote）的視窗，如圖 7-1 所示。

---

1 EndNote X7 試用版本下載網址：http://endnote.com/downloads/30-day-trial

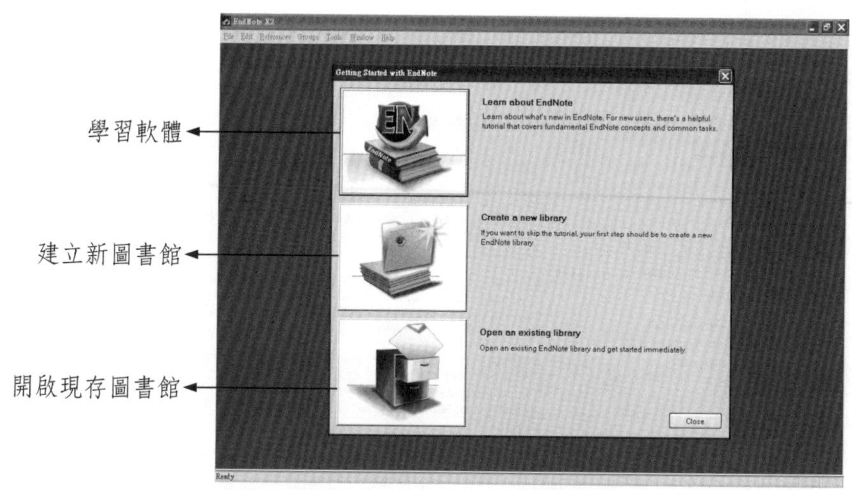

圖 7-1　開啟 EndNote X2 之後的視窗

在圖 7-1 中，使用者以左鍵雙擊「學習軟體」（Learning about EndNote）圖像，將可透過線上指導指南（tutorial）來學習新版的 EndNote X2；雙擊「建立新圖書館」（Create a new library）圖像，將可以建立使用者的圖書館；雙擊「開啟現存圖書館」（Open an existing library）圖像，將可以開啟 EndNote X2 的「Sample Library」（範例圖書館）。以下分別說明之。

壹、學習軟體

以滑鼠左鍵雙擊「學習軟體」圖像之後，將出現「EndNote X2 Help」（EndNote X2 線上協助），如圖 7-2 所示。在圖 7-2 左側中，包括了 Overview of EndNote （EndNote 概覽）、 What's New in EndNote X2 （EndNote X2 新特色）等主題。使用者在雙擊左側主題之後，可以詳閱各項主題之內容，以進一步認識 EndNote X2。

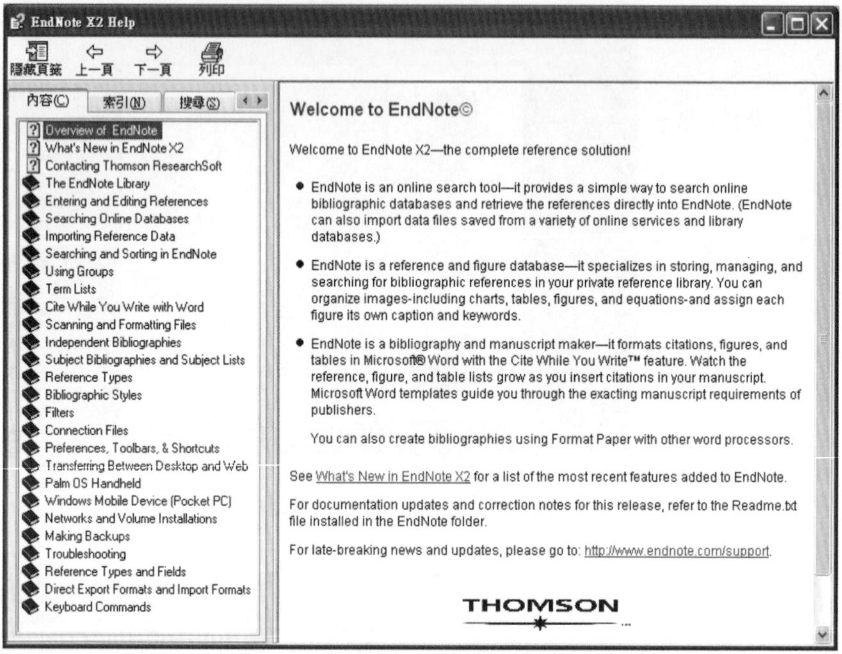

EndNote X2 Help

隱藏頁籤 上一頁 下一頁 列印

內容(C) 索引(N) 搜尋(S)

Overview of EndNote
What's New in EndNote X2
Contacting Thomson ResearchSoft
The EndNote Library
Entering and Editing References
Searching Online Databases
Importing Reference Data
Searching and Sorting in EndNote
Using Groups
Term Lists
Cite While You Write with Word
Scanning and Formatting Files
Independent Bibliographies
Subject Bibliographies and Subject Lists
Reference Types
Bibliographic Styles
Filters
Connection Files
Preferences, Toolbars, & Shortcuts
Transferring Between Desktop and Web
Palm OS Handheld
Windows Mobile Device (Pocket PC)
Networks and Volume Installations
Making Backups
Troubleshooting
Reference Types and Fields
Direct Export Formats and Import Formats
Keyboard Commands

Welcome to EndNote©

Welcome to EndNote X2—the complete reference solution!

- EndNote is an online search tool—it provides a simple way to search online bibliographic databases and retrieve the references directly into EndNote. (EndNote can also import data files saved from a variety of online services and library databases.)
- EndNote is a reference and figure database—it specializes in storing, managing, and searching for bibliographic references in your private reference library. You can organize images-including charts, tables, figures, and equations-and assign each figure its own caption and keywords.
- EndNote is a bibliography and manuscript maker—it formats citations, figures, and tables in Microsoft® Word with the Cite While You Write™ feature. Watch the reference, figure, and table lists grow as you insert citations in your manuscript. Microsoft Word templates guide you through the exacting manuscript requirements of publishers.

  You can also create bibliographies using Format Paper with other word processors.

See What's New in EndNote X2 for a list of the most recent features added to EndNote.

For documentation updates and correction notes for this release, refer to the Readme.txt file installed in the EndNote folder.

For late-breaking news and updates, please go to: http://www.endnote.com/support.

THOMSON

圖 7-2　EndNote X2 線上協助

貳、建立新圖書館

以滑鼠左鍵雙擊「建立新圖書館」圖像之後，將出現「New Reference Library」（新的參考文獻圖書館）對話框，如圖 7-3 所示。在圖 7-3 中，使用者可將檔名設定為 My EndNote Library，儲存於「我的文件」中。

圖 7-3　新的參考文獻圖書館

參、開啟現存圖書館

以滑鼠左鍵雙擊「開啟現存圖書館」圖像之後，將出現「Select a Reference Library」（選擇一個參考文獻圖書館）對話框，如圖 7-4 所示。在圖 7-4 中，使用者可以選擇 EndNote X2 的 Sample_Library （範例圖書館）（步驟如下：C 磁碟機→Program Files→EndNote X2→Examples→Sample_Library）。開啟 Sample_Library （範例圖書館）之後，如圖 7-5 所示。

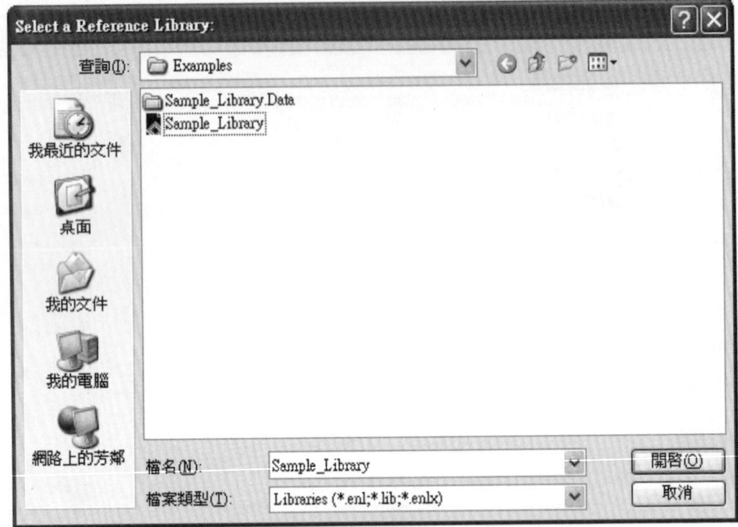

圖 7-4　選擇一個參考文獻圖書館

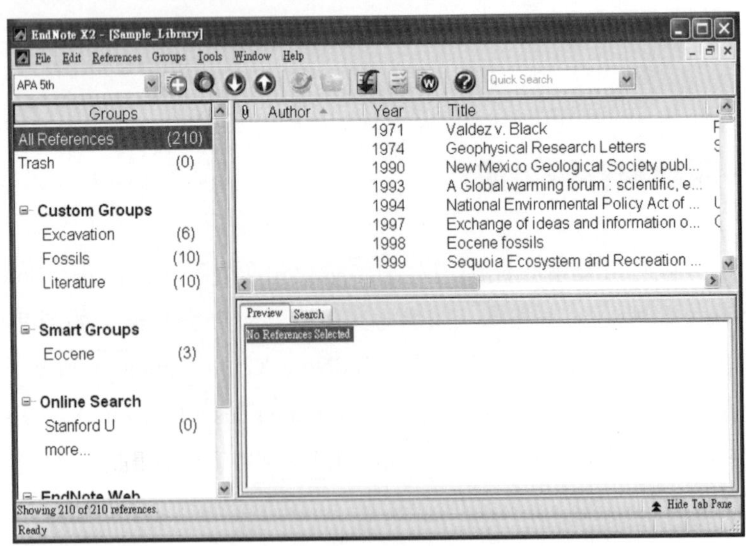

圖 7-5　範例圖書館

第三節　EndNote X2 新增特色

礙於篇幅之限制，本節主要介紹 EndNote X2 新增特色，其餘部分與先前之 EndNote X1 類似，讀者可以參考本書作者的另外一本著作《質性研究 e 點通》（王為國、張奕華、許正妹、黃世奇、劉世閔、羅國俊，2007）。茲就 EndNote X2 新增與提升之功能，分述如下。

壹、檢索標籤（Search Tab）

一、功能說明

進行檢索時，可從 Tools（工具）選單中選擇 Search Library（檢索圖書館），或是在標籤方格（tab pane）中單擊「Search tab」（檢索標籤），如圖 7-6 所示。當「Search tab」（檢索標籤）出現時，將顯示數個空白的檢索列，如圖 7-7 粗線方框內所示。

圖 7-7 的空白檢索列包括所欲搜尋的範圍（Any Feild），例如：Author（作者）、First Author（第一作者）、Year（年代）、Title（標題）、Journal / Secondary Title（期刊名稱）等（見圖 7-8）；比較運算子（Comparison Operator），例如：Is less than（少於）、Is（等於）、Is greater than（大於）等（見圖 7-9）；以及檢索名詞。使用每一個檢索列右側的加減按鈕，可以新增或刪除一個檢索列。再利用布林邏輯（and、or、not）的功能進行檢索。在 Options（選項）按鈕中（見圖 7-10），可選擇 Save Search（儲存檢索）、Load Search

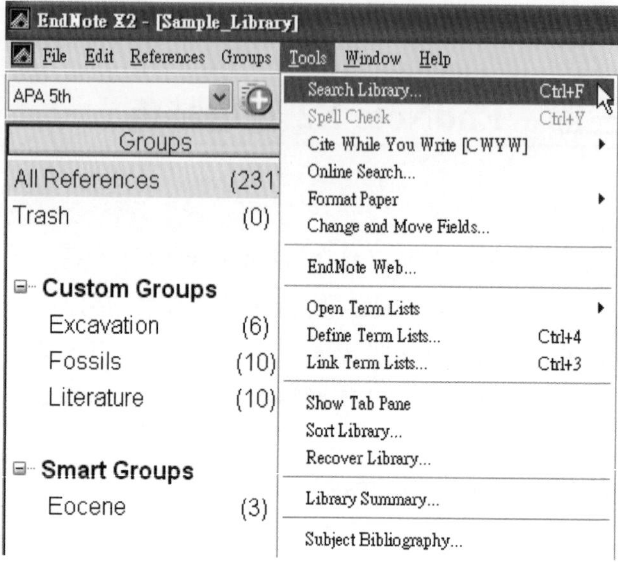

圖 7-6　選擇 Search Library （檢索圖書館）

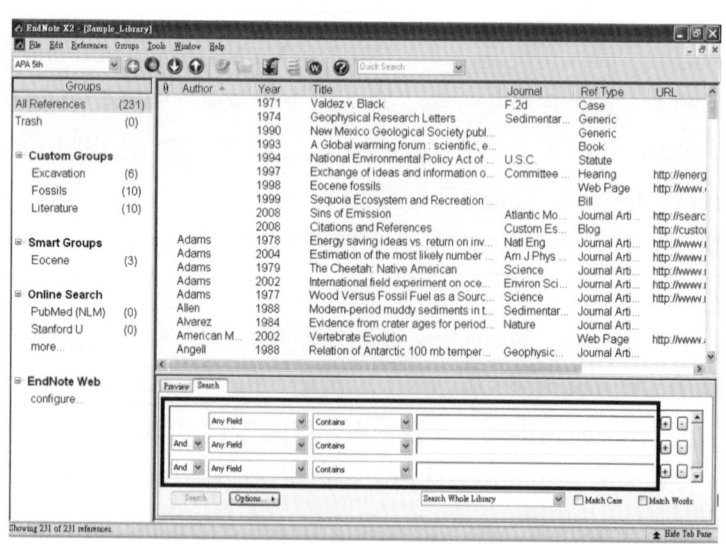

圖 7-7　空白檢索列

（載入檢索）、Set Default（設定預設）、Restore Default（還原預設）、Convert to Smart Group（轉換成智慧型群組）、Insert Tab（嵌入標籤）以及Insert Carriage Return（嵌入還原）等。

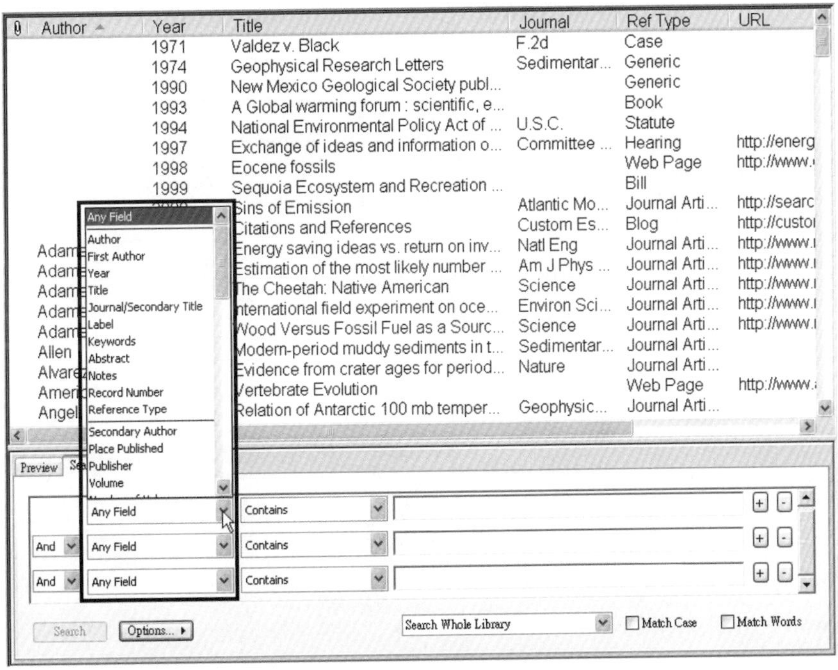

圖 7-8　所欲搜尋的範圍

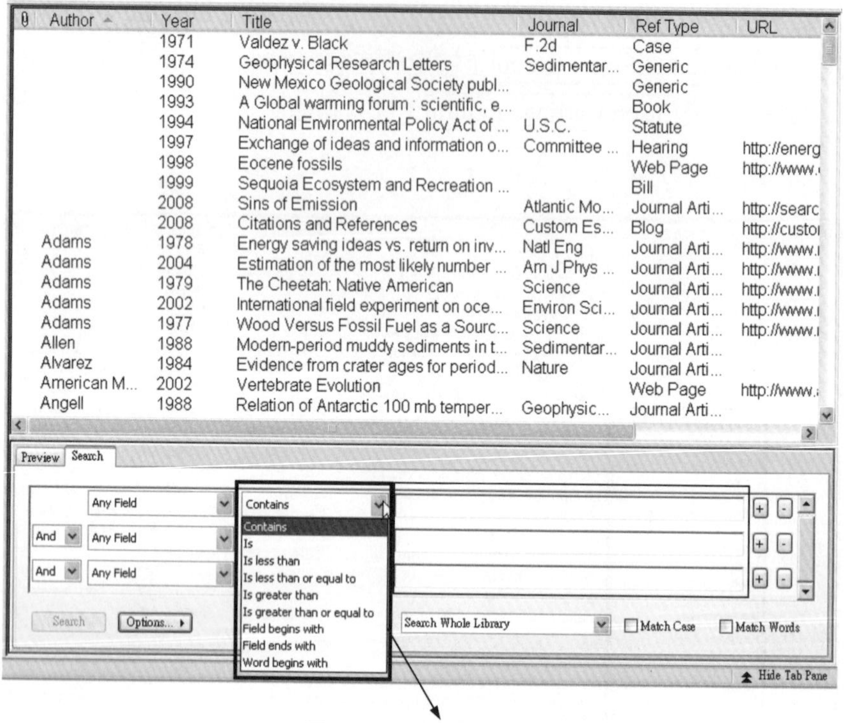

Author	Year	Title	Journal	Ref Type	URL
	1971	Valdez v. Black	F.2d	Case	
	1974	Geophysical Research Letters	Sedimentar...	Generic	
	1990	New Mexico Geological Society publ...		Generic	
	1993	A Global warming forum : scientific, e...		Book	
	1994	National Environmental Policy Act of ...	U.S.C.	Statute	
	1997	Exchange of ideas and information o...	Committee ...	Hearing	http://energ
	1998	Eocene fossils		Web Page	http://www.
	1999	Sequoia Ecosystem and Recreation ...		Bill	
	2008	Sins of Emission	Atlantic Mo...	Journal Arti...	http://searc
	2008	Citations and References	Custom Es...	Blog	http://custo
Adams	1978	Energy saving ideas vs. return on inv...	Natl Eng	Journal Arti...	http://www.
Adams	2004	Estimation of the most likely number ...	Am J Phys ...	Journal Arti...	http://www.
Adams	1979	The Cheetah: Native American	Science	Journal Arti...	http://www.
Adams	2002	International field experiment on oce...	Environ Sci...	Journal Arti...	http://www.
Adams	1977	Wood Versus Fossil Fuel as a Sourc...	Science	Journal Arti...	http://www.
Allen	1988	Modern-period muddy sediments in t...	Sedimentar...	Journal Arti...	
Alvarez	1984	Evidence from crater ages for period...	Nature	Journal Arti...	
American M...	2002	Vertebrate Evolution		Web Page	http://www.
Angell	1988	Relation of Antarctic 100 mb temper...	Geophysic...	Journal Arti...	

Preview | Search

Any Field | Contains
And | Any Field
And | Any Field

Contains
Is
Is less than
Is less than or equal to
Is greater than
Is greater than or equal to
Field begins with
Field ends with
Word begins with

Search | Options... | Search Whole Library | Match Case | Match Words

Hide Tab Pane

圖 7-9　比較運算子

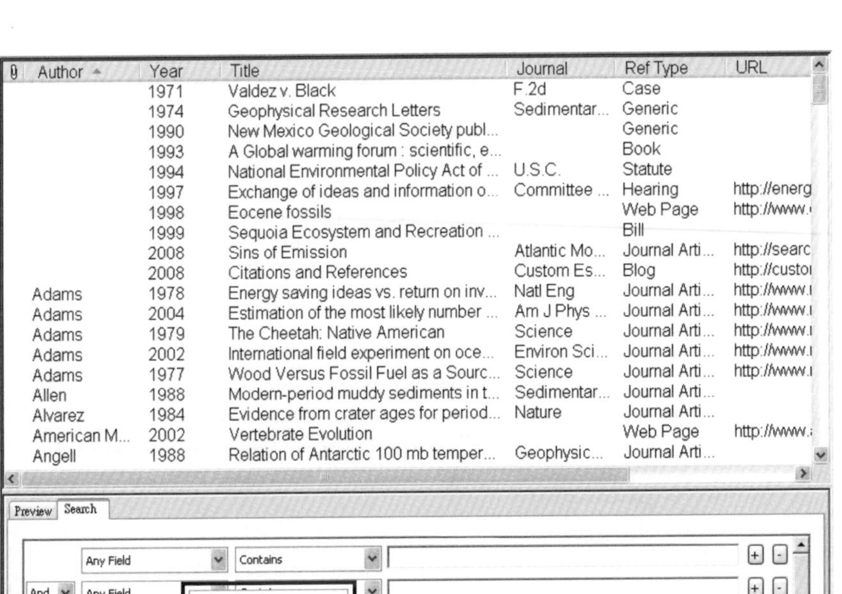

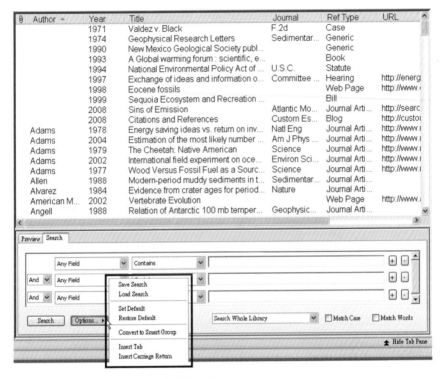

圖 7-10　Options（選項）的檢索類型

二、範例說明

欲檢索標題（title）中含有「evolution」的參考書目時，單擊 Search（檢索）鍵（見圖 7-11）之後，將顯示檢索結果，共計十四筆（見圖 7-12）。接續，單擊 Options（選項）中的 Convert to Smart Group（轉換成智慧型群組）（見圖 7-10），可將十四筆檢索結果儲存到左側內的「Smart Group」（智慧型群組）中，如圖 7-13 所示；將方框內的「Converted Search」重新命名為「evolution」，即完成轉換，圖 7-14 所示。

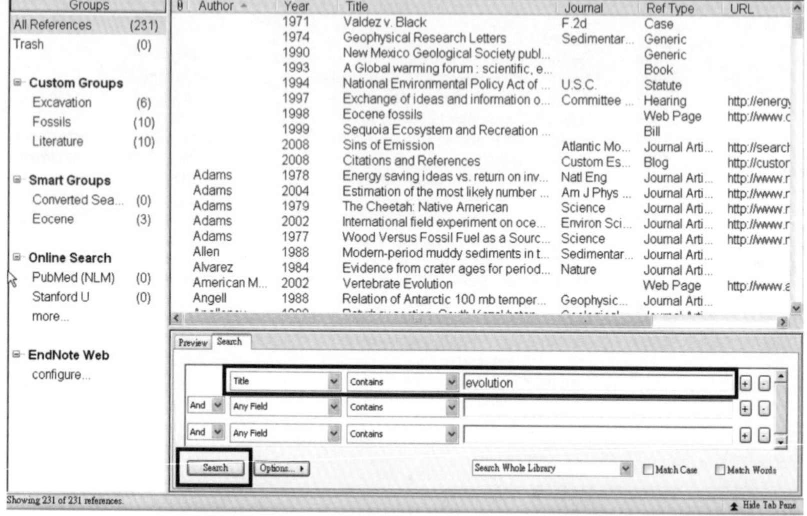

圖 7-11　檢索標題（title）中含有「evolution」的參考書目

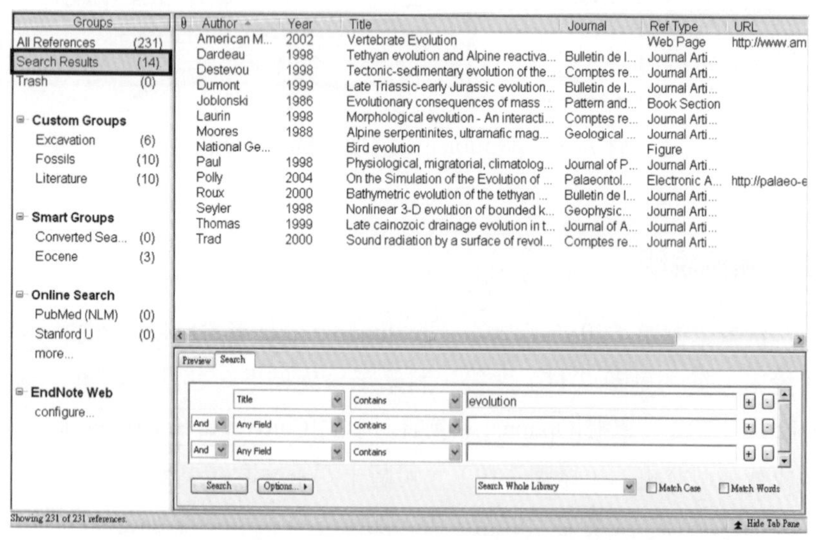

圖 7-12　標題含有「evolution」的十四筆檢索結果

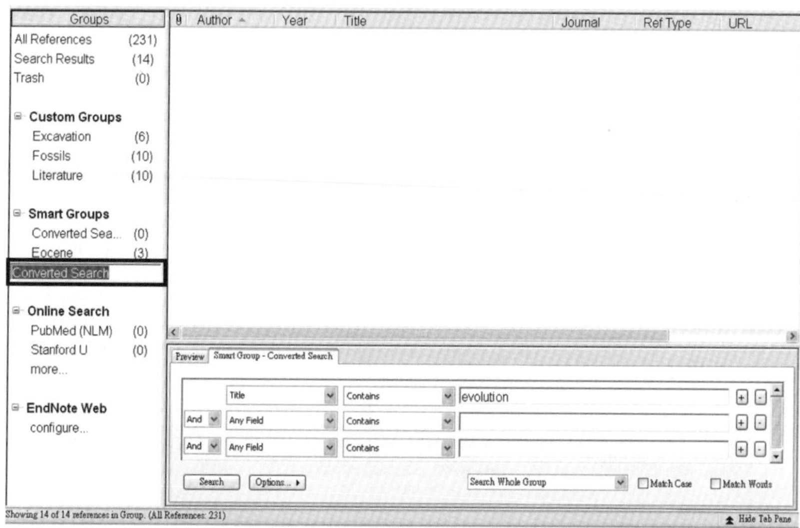

圖 7-13　檢索結果儲存到 Smart Groups（智慧型群組）

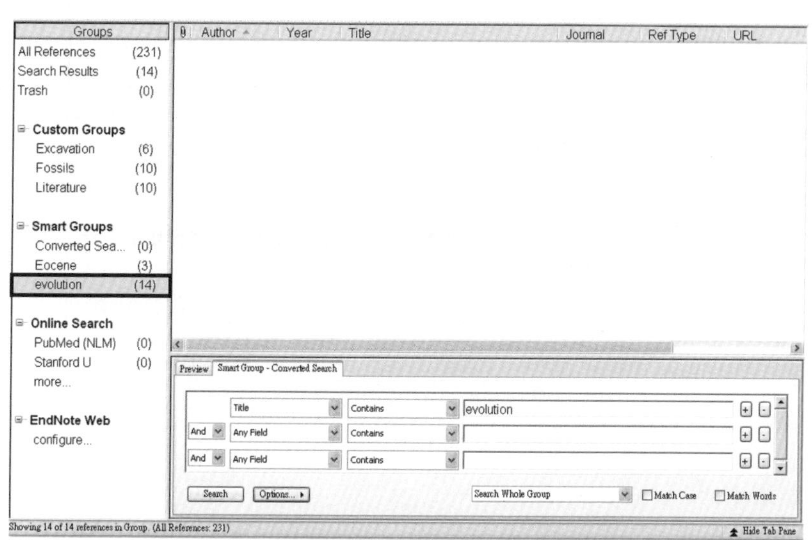

圖 7-14　轉換後的「evolution」智慧型群組

貳、檢索線上資料庫（Search an Online Database）

一、功能說明

檢索線上資料庫的過程與檢索 EndNote 圖書館類似，在 EndNote X1 和稍早版本中，擷取到的文獻會顯示在暫時的視窗裡（見圖 7-15），直到使用者將文獻儲存到圖書館中（見圖 7-16）。在EndNote X2 版本

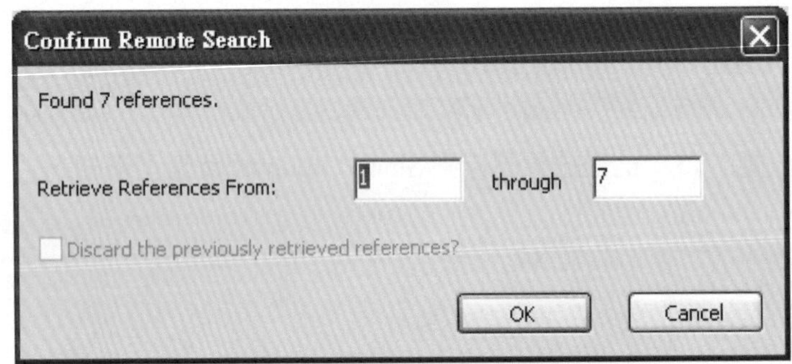

圖 7-15　從遠端線上資料庫檢索到的七筆文獻

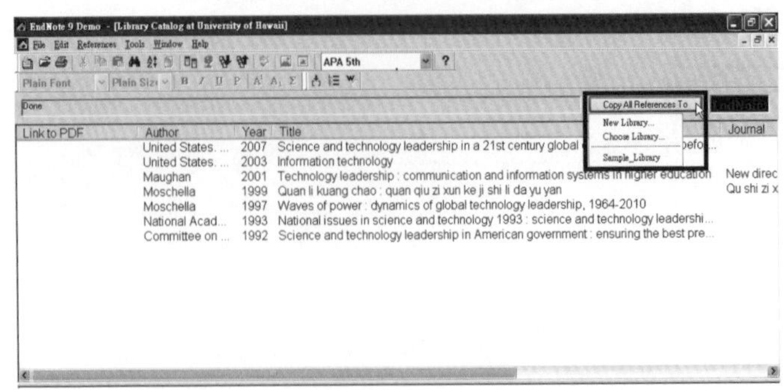

圖 7-16　將檢索到的文獻複製到圖書館中

中，所擷取（或檢索）到的參考文獻，會自動儲存到現行的圖書館裡。檢索線上資料庫的步驟如下：首先，開啟將接收下載參考文獻的圖書館（例如開啟 Sample_Library）；其次，從 Tools （工具）選單中，選擇 Online Search （線上檢索），如圖 7-17 所示。之後，將出現「Choose A Connection」（選擇一個連接）的視窗，如圖 7-18 所示。再次，選擇所欲檢索的線上資料庫（例如：選擇 U Missouri-Columbia），並單擊 Choose （選擇）（見圖 7-19）。當建立線上資料庫連結時，EndNote X2 的檢索標籤會出現在標籤方格（見圖 7-20），讓使用者可以輸入檢索。

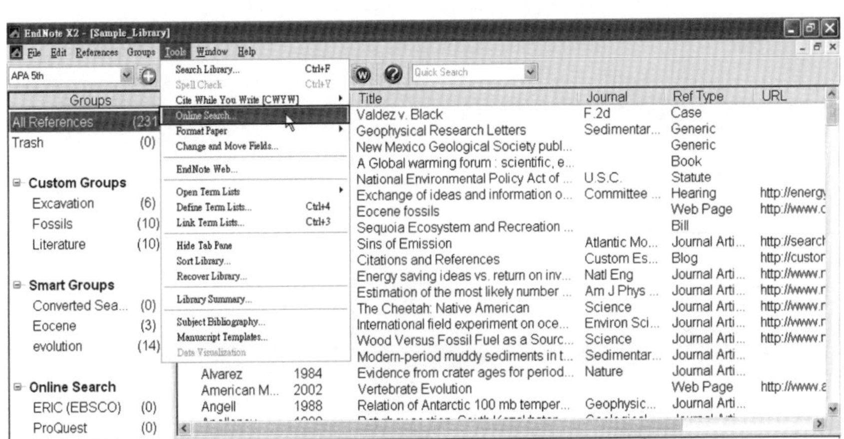

圖 7-17　選擇 Online Search （線上檢索）

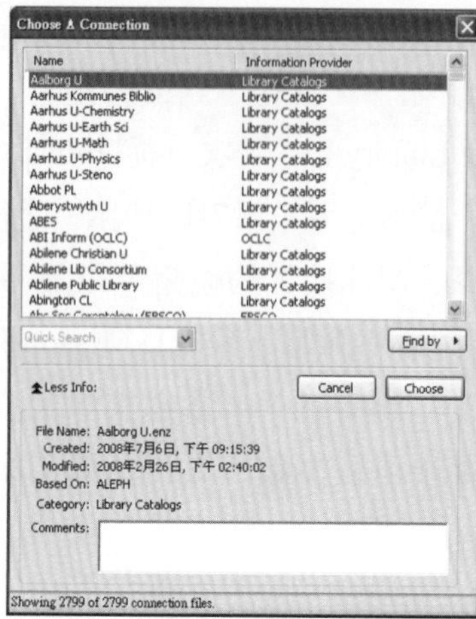

圖 7-18　「Choose A Connection」（選擇一個連接）視窗

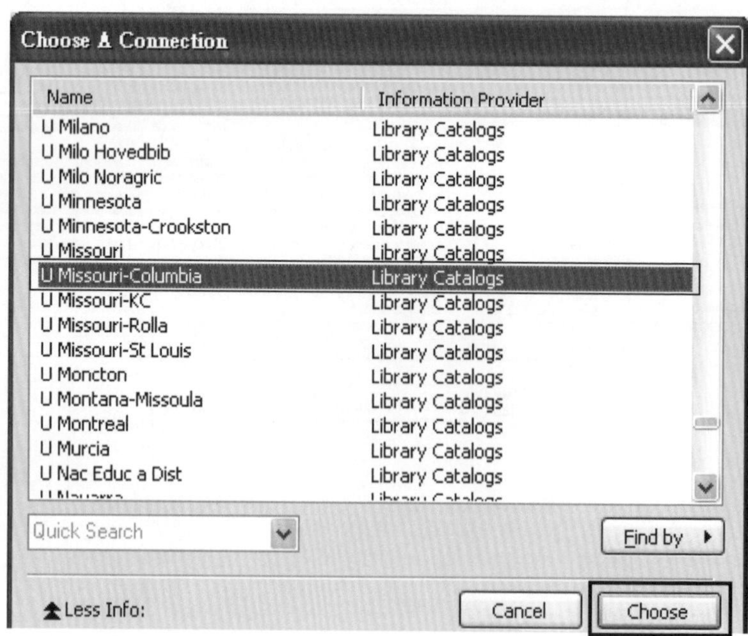

圖 7-19　選擇 U Missouri-Columbia 線上資料庫

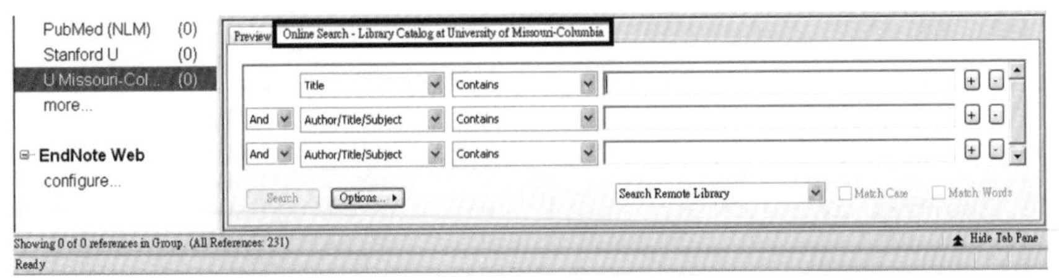

圖 7-20　University of Missouri-Columbia 線上檢索圖書館目錄

二、範例說明

在「檢索標籤」輸入檢索字串（例如：輸入technology leadership）（見圖 7-21），單擊Search（檢索）之後，視窗會顯示在符合檢索條件（search criteria）之下所找到的參考文獻的數目（見圖 7-22，所檢索到的參考文獻將被直接增加到現行的EndNote X2 圖書館中）。若要暫停較長時間的檢索，單擊Options（選項）並選擇Pause（暫停）；當使用者準備繼續檢索時，單擊Options（選項）並選擇Resume（繼續）。

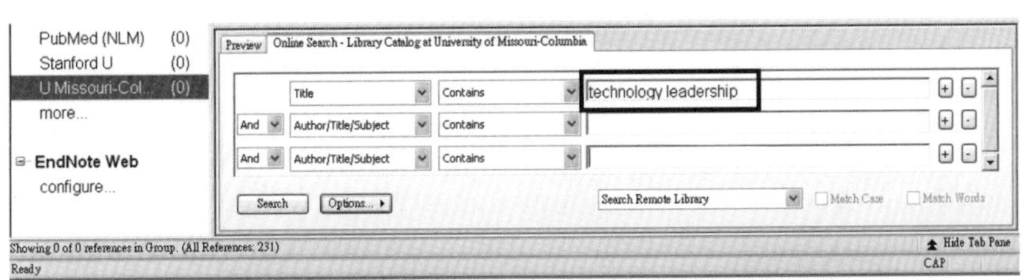

圖 7-21　輸入檢索字串「technology leadership」

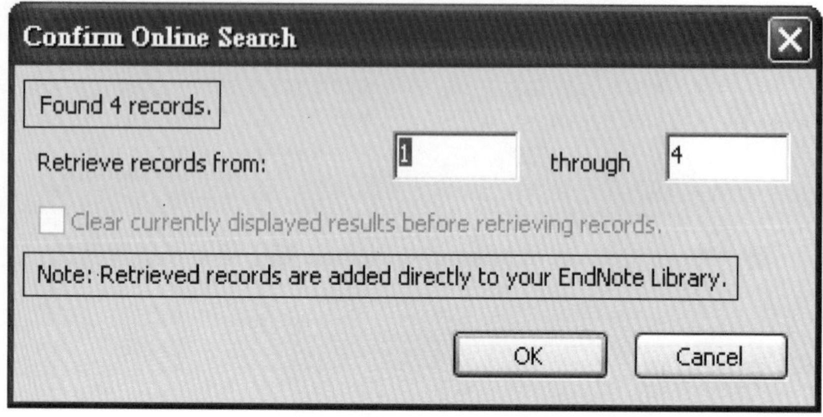

圖 7-22　確認線上檢索：發現四筆參考文獻

續圖 7-22，單擊 OK 以擷取參考文獻並將參考文獻儲存在個人的 EndNote X2 圖書館裡，亦即所擷取的參考文獻被存於現行的圖書館中，並顯示在「Online Search」（線上檢索）之下的群組，如圖 7-23 所示。

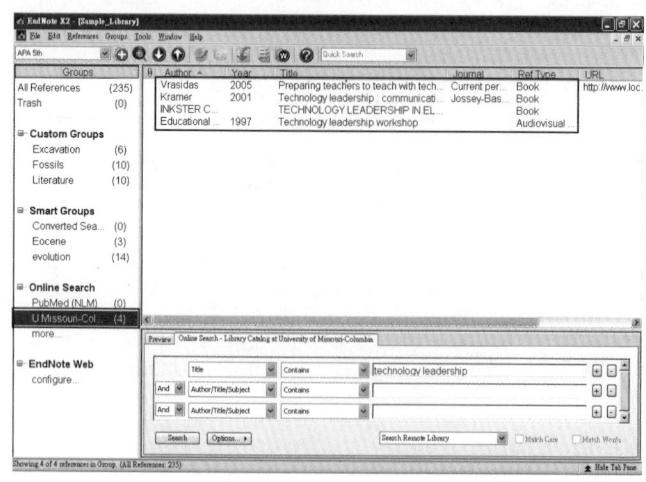

圖 7-23　顯示在「Online Search」（線上檢索）之下的群組

在圖 7-23 的檢索結果中（四筆參考文獻），若使用者不想保有方才檢索到的四筆參考文獻，可到 Edit（編輯）選單中，選擇 Select All（全選）；接著，到 References（參考文獻）選單中，選擇 Move References to Trash（搬移參考文獻到垃圾堆中），即可將參考文獻刪除。

參、智慧型群組（Smart Groups）

一、功能說明

當使用者在圖書館增加參考文獻或編輯參考文獻時，智慧型群組便會動態地進行更新。而建立智慧型群組的步驟：首先，從 Groups（群組選單）中選擇 Create Smart Group（建立智慧型群組）（見圖 7-24）之後，會顯示檢索對話框，如圖 7-25 所示。其次，在輸入檢索

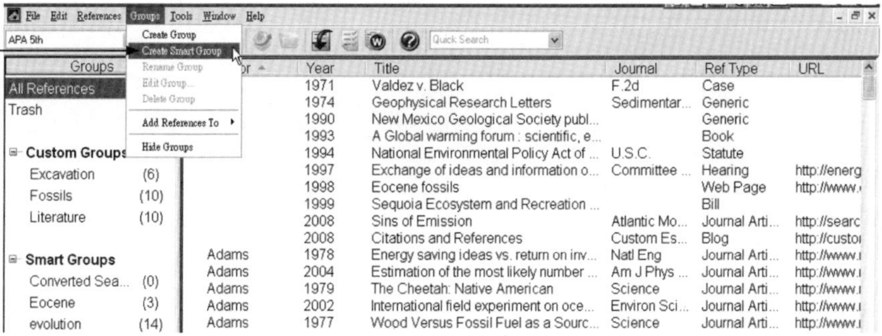

圖 7-24　選擇 Create Smart Group（建立智慧型群組）

圖 7-25　「Smart Group」（智慧型群組）對話框

策略（search strategy）之後（例如：輸入 energy），單擊Create（建立）一個新的智慧型群組。最後，從Groups（群組選單）中，選擇Rename Group（重新命名群組），並為該群組繕打描述性的名稱，如圖 7-26 所示。

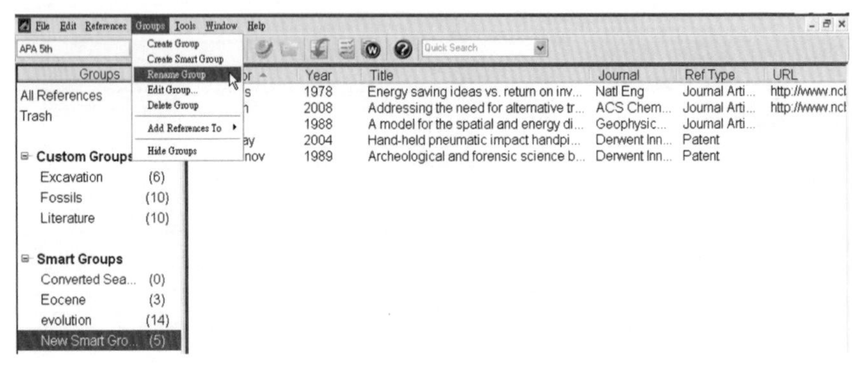

圖 7-26　重新命名群組

使用者編輯智慧型群組名稱的步驟：首先，在群組方框（Groups pane）中，點選欲編輯的群組名稱（例如：New Smart Group）（見圖 7-27）；其次，從Groups（群組選單）中，選擇Edit Group（編輯群組），將會顯示「Smart Group」（智慧型群組）檢索對話框，如圖 7-28 所示。在圖 7-28 中，顯示現行的檢索策略（亦即標題中含有 energy），使用者可以修改檢索策略（search strategy），並單擊Save（儲存）。

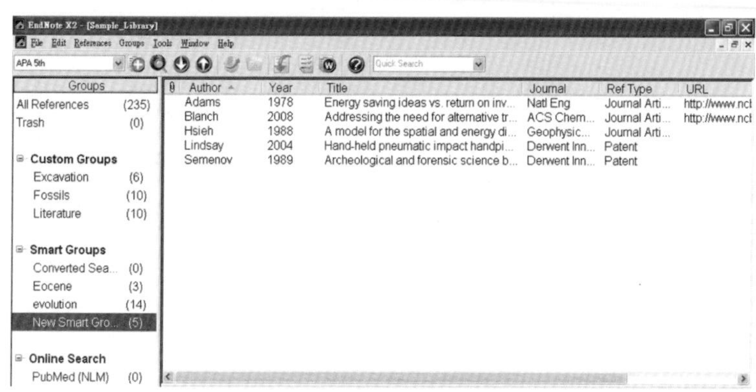

圖 7-27　點選所欲編輯的群組名稱

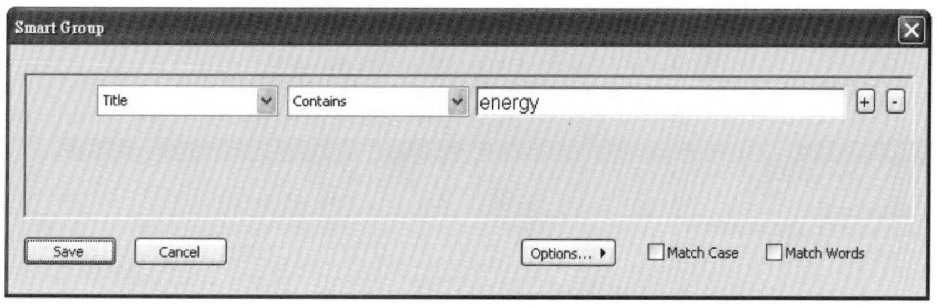

圖 7-28　「Smart Group」（智慧型群組）檢索對話框

二、範例說明

使用者在依循Groups（群組選單）→Create Smart Group（建立智慧型群組）→Smart Group（智慧型群組）檢索等步驟，接著於檢索標

籤內輸入檢索字串（例如：energy）（見圖 7-25），單擊 Create（建立）按鍵（見圖 7-25），會顯示所檢索到的五筆參考文獻，並在左側的群組方框內，顯示「New Smart Group (5)」（見圖 7-29）。接續，使用者依循完成 Groups（群組選單）→ Rename Group（重新命名群組）等步驟（見圖 7-30）之後，可進行智慧型群組的重新命名，以圖 7-30

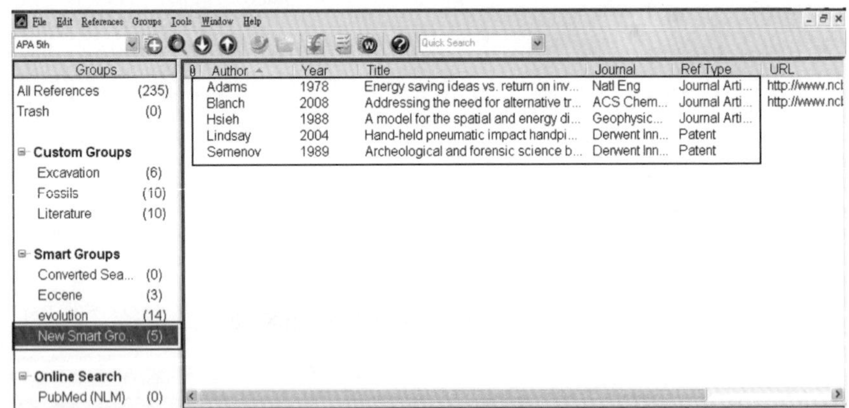

圖 7-29　顯示「New Smart Group (5)」

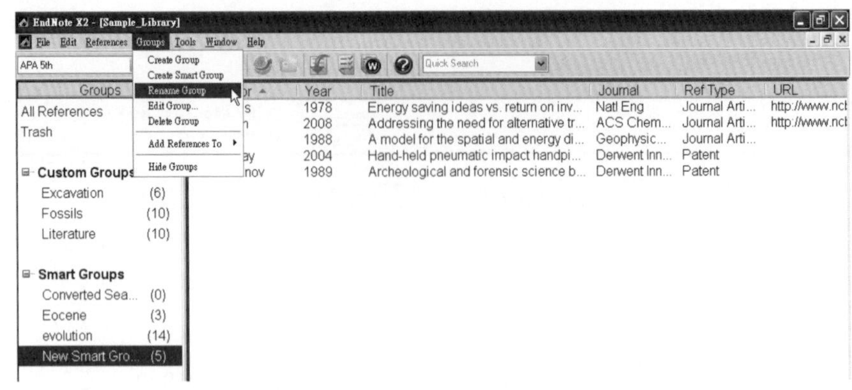

圖 7-30　智慧型群組

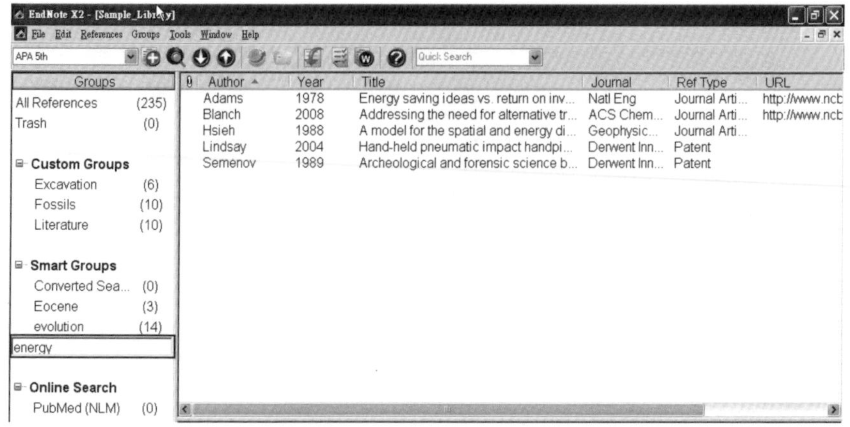

圖 7-31　智慧型群組重新命名為「energy」

為例，命名為「energy」（見圖 7-31）。

肆、參考文獻型式清單（List of Reference Types）

EndNote X2 新增數個參考文獻型式如下：Aggregated Database（整合資料庫）、Blog（部落格）、Catalog（目錄）、Pamphlet, such as a drug circular（小冊子）和 Serial, for serialized books in a collection（分期刊載的書）以及 standard 標準）。以上述之 Bolg（部落格）為例，其 APA 格式如圖 7-32 所示。部落格的文獻輸入格式（步驟：References →New reference）包括：year（年代）、title of entry（輸入標題）、access year（使用年代）、access date（使用日期）、description（描述）以及 URL（網址）。

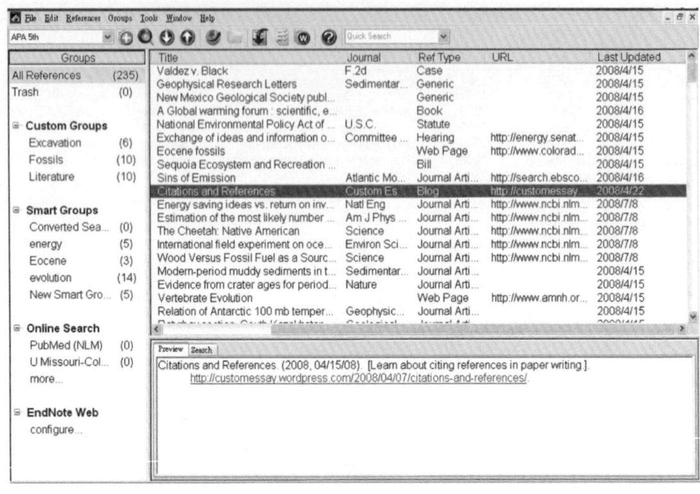

圖 7-32　Blog（部落格）的 APA 格式

伍、找尋參考文獻全文（Finding Full Text for a Reference）

一、功能簡介

EndNote X2 能藉由存取數位物件識別碼（Digital Object Identifier, DOI）、美國醫學圖書館（PubMed LinkOut）、ISI 知識網（ISI Web of Knowledge）等資料來源，自動定位與下載全文。上述中的 ISI 知識網免費期刊，提供所有使用者查詢的功能。若要下載全文 PDF 則需要為訂閱戶且為使用者本人，或服務機構擁有使用的權利，EndNote X2 才會自動下載適當的檔案。若無法找尋到全文檔案，EndNote X2 通常能夠附加全文的網址（URL of the provider's Web page），以利未來使用。使用者擷取一筆參考文獻的全文時，該筆全文會被存在「File Attachments」（附加檔案）欄位內，最常見的檔案格式是PDF。質言之，當

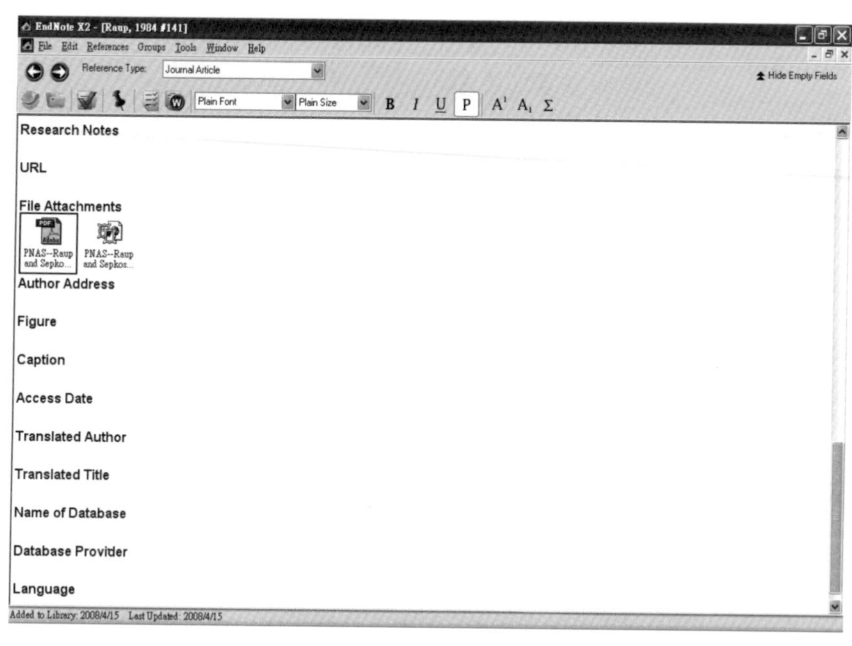

圖 7-33　「File Attachments」（附加檔案）欄位內 PDF 圖像

全文被下載且被附加在一筆參考文獻時，附加檔案的圖像（icon）會出現在「File Attachments」（附加檔案）的欄位內，如圖 7-33 所示。

同時，在圖書館視窗內，迴紋針的圖像會顯示在該筆文獻內的附檔檔案欄位，如圖 7-34 所示。同樣地，使用者可以依循以下步驟搜尋（或擷取）全文：首先，在「EndNote X2 Sample_Library」（圖書館）視窗內，選擇單筆參考文獻或選擇所有顯示參考文獻〔Edit（編輯）選單→Select All（全選）〕。其次，從References（參考文獻）選單中，選擇Find Full Text（找尋全文）。最後，EndNote X2 針對所選擇的參考文獻，開始檢索並下載全文，如圖 7-35 所示。

File Edit References Groups Tools Window Help

APA 5th | Quick Search

Groups	
All References	(235)
Full Text	(0)
Trash	(0)
Custom Groups	
Excavation	(6)
Fossils	(10)
Literature	(10)
Smart Groups	
Converted Sea...	(0)
energy	(5)
Eocene	(3)
evolution	(14)
New Smart Gro...	(5)

Author	Year	Title	Journal	Ref Type	URL
Quilty	2000	Cycleryon glaessner (crustacea, dec...	Journal of P...	Journal Arti...	
Raiswell	1999	Evidence for surface reaction-controll...	Sedimentol...	Journal Arti...	
Ramaswamy	2000	Dehydration mechanism in the antarc...	Geophysic...	Journal Arti...	
Ramirez-Rozzi	1997	Les hominidés du plio-pléistocène d...	Cahiers de ...	Book	
Raup	1984	Periodicity of extinctions in the geolo...	Proceeding...	Journal Arti...	
Rice	1987	Shocked minerals at the K/T boundar...	Physics of ...	Journal Arti...	
Roe	1998	Basic juvenile magma associated wit...	Comptes re...	Journal Arti...	
Rosen	1998	Balloon borne antarctic frost point m...	Geophysic...	Journal Arti...	
Rossel	2008	Domestication of the donkey: timing, ...	Proc Natl A...	Journal Arti...	http://www.r
Roux	2000	Bathymetric evolution of the tethyan ...	Bulletin de l...	Journal Arti...	
Rudkiewicz	1998	Quantitative subsidence and thermal ...	Bulletin de l...	Journal Arti...	
Sahin	1998	Geostatistical approach in design of ...	Journal of A...	Journal Arti...	
Salawitch	1999	Influence of polar stratospheric cloud...	Geophysic...	Journal Arti...	
Samec	1998	Extensional tectonics and halokinesi...	Bulletin de l...	Journal Arti...	
Sander	1999	Kinetics and product studies of the B...	Geophysic...	Journal Arti...	
Sarre	2000	Evaluation of Aeolian sand transport ...	Sedimentol...	Journal Arti...	
Scholer	2000	Strong core magnetic fields in magn...	Geophysic...	Journal Arti...	
Schwartz	1976	Evolving ecosystems: role in dinosau...	Nature	Journal Arti...	
Schwartz	1990	Greenhouse hypothesis: effect on din...	Extinction	Book Section	

圖 7-34　顯示在「EndNote X2 Sample_Library」（圖書館）視窗內的迴紋針圖像

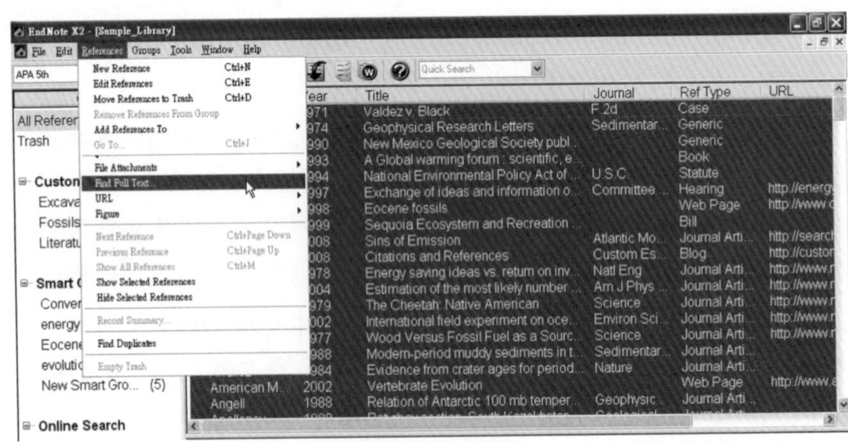

圖 7-35　檢索全文

二、範例說明

依循 Edit（編輯）→ Select All（全選）→ References（參考文獻）→ Find Full Text（找尋全文）之後，將出現下載全文的對話框（見圖 7-36），直擊 Continue（繼續），會開始進行全文的檢索（見圖 7-37）。

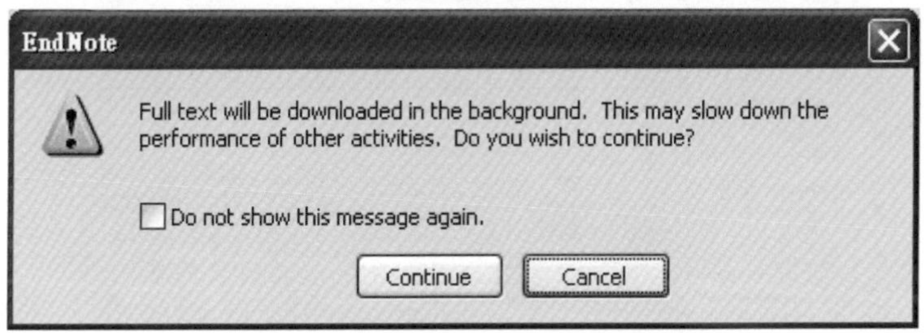

圖 7-36　下載全文的對話框

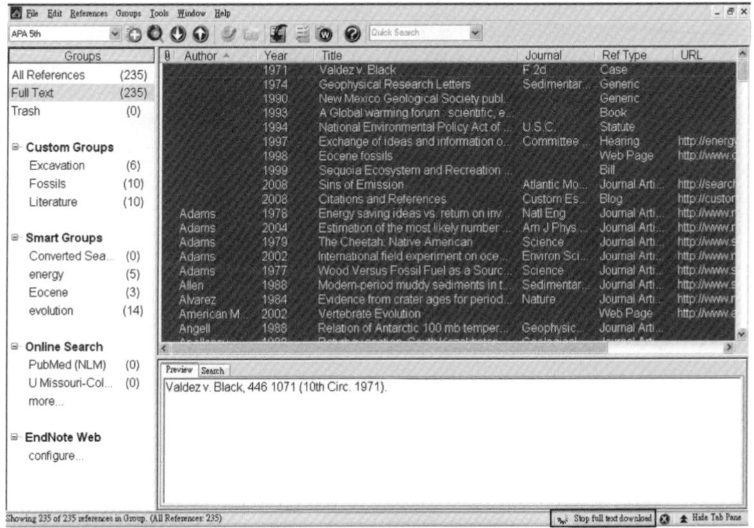

圖 7-37　全文的檢索

進行全文的檢索之後，在二百三十五筆參考文獻中，共計檢索到二十九筆全文，如圖 7-38 所示。在圖 7-38 的圖書館視窗中，有迴紋針圖像的參考文獻（例如：作者為 Acrot, 1996），雙擊該筆參考文獻之後，可在「File Attachments」（附加檔案）欄位上，雙擊下載四篇 PDF 全文，如圖 7-39 所示。在圖 7-38 的「EndNote X2 Sample_Library」（圖

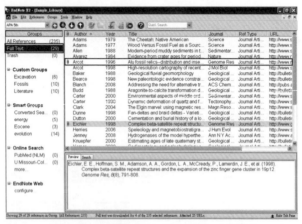

圖 7-38　檢索到二十九筆全文文獻

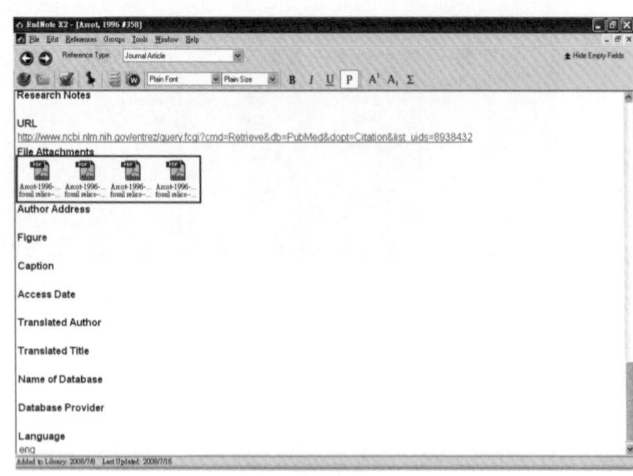

圖 7-39　雙擊下載四篇 PDF 全文

書館）視窗中，沒有迴紋針圖像的參考文獻（例如：Adams, 1979），雙擊該筆參考文獻之後，可在URL欄位上，進行超連結到該篇全文的細節，如圖 7-40 所示。

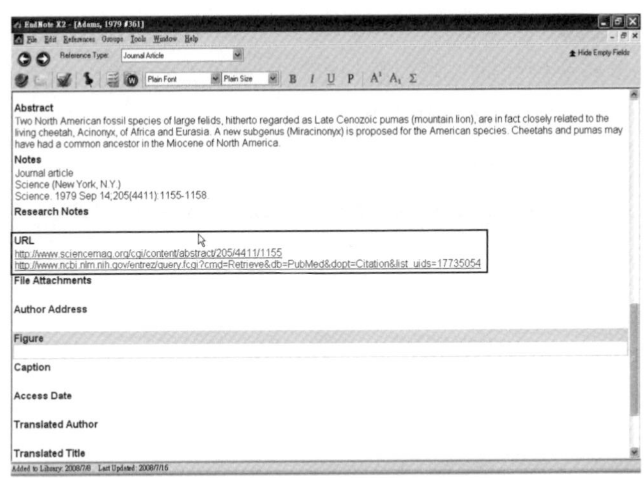

圖 7-40　進行全文的超連結

陸、日期與自動日期標記（Date and Auto Date Stamp）

在參考文獻的日期欄位中，使用者可輸入顯示在格式清單或是參考書目上的日期，EndNote X2 不會重新編排日期，使用者所設定的輸出格式，會決定印刷於書目參考文獻上的日期欄位型式。要注意的是，當使用者從外部來源轉換參考文獻到EndNote X2 圖書館時，僅有有效日期能被解析和轉換；而類似於投稿中（submitted）或是付梓中（in print）的文件，將會被忽視，但使用者可用手工（manually）的方式，將以上資訊（投稿中、付梓中）繕打到參考文獻內。

除此之外，兩種「Auto Date Stamp Fields」（自動日期標記）欄位會顯示在每一筆參考文獻的註腳中（見圖 7-41）。當使用者存取一筆參考文獻時，「Added to Library」（增加到圖書館）和「Last Updated」（上一次更新日期）會嵌入參考文獻內；每當使用者存儲修改結果到任一筆參考文獻時，「Last Updated」（上一次更新日期）即會重新設定。使用者無法對任何一項自動日期標記欄位進行編輯，但可以顯示、檢索、分類，印刷和輸出標記欄位。

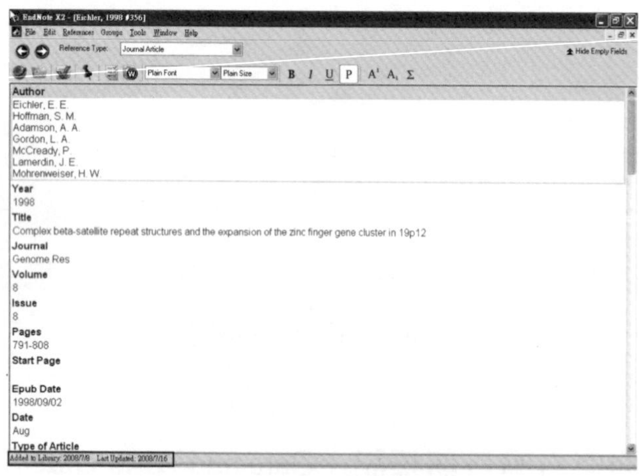

圖 7-41　自動日期標記欄位

柒、儲存圖書館的壓縮複本（Saving a Compressed Copy of a Library）

使用者可以將完整的圖書館（檔名為.enl 以及連結資料夾和所有內容）儲存為單一的壓縮檔案（檔名為.enlx），以做為圖書館的備份或是做為同儕參考使用。之後，使用者亦可使用 EndNote X2 來解壓縮。要注意的是，EndNote X2 圖書館大於 4 GB，將無法使用 EndNote X2 的壓縮圖書館（Compressed Library Commands）指令進行壓縮。而儲存壓縮圖書館檔案的步驟如下：首先，開啟 EndNote X2 內的圖書館；其次，從 File（檔案）選單中，選擇 Compressed Library（.enlx）（壓縮圖書館）並選擇 Create（建立）檔案，如圖 7-42 所示。若使用者欲將「Compressed Library」（壓縮圖書館）經由電子郵件寄出，步驟如下：File（檔案）→ Compressed Library（壓縮圖書館）→ Create & Email（建立與電子郵件）。

承接圖 7-42，選擇 Create（建立）檔案之後，會顯示「Send to Compressed Library」（傳送到壓縮圖書館）的對話框（見圖 7-43），

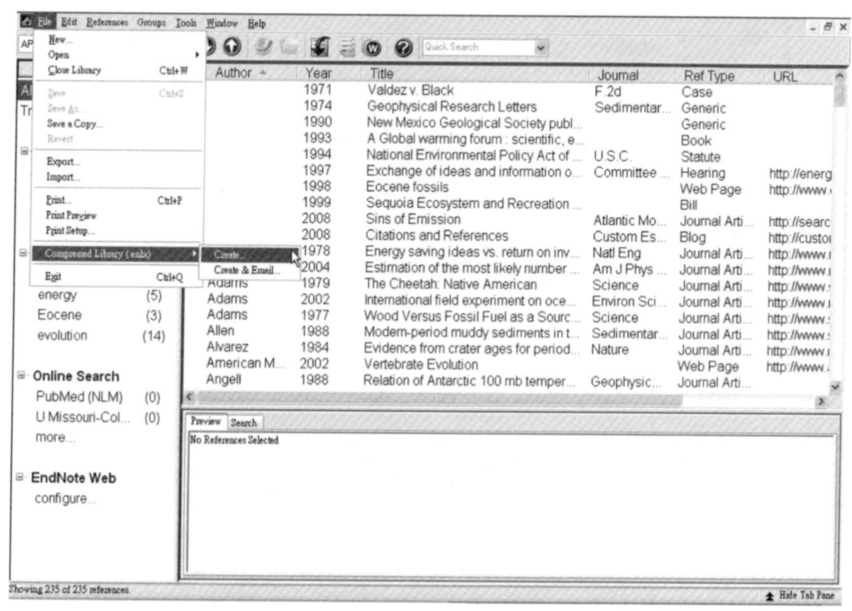

圖 7-42　選擇 Compressed Library(.enlx)（壓縮圖書館）

選擇儲存為 EndNote X2 壓縮圖書館（副檔名為.enlx）。在此同時，圖書館副本的儲存過程，如圖 7-44 所示。

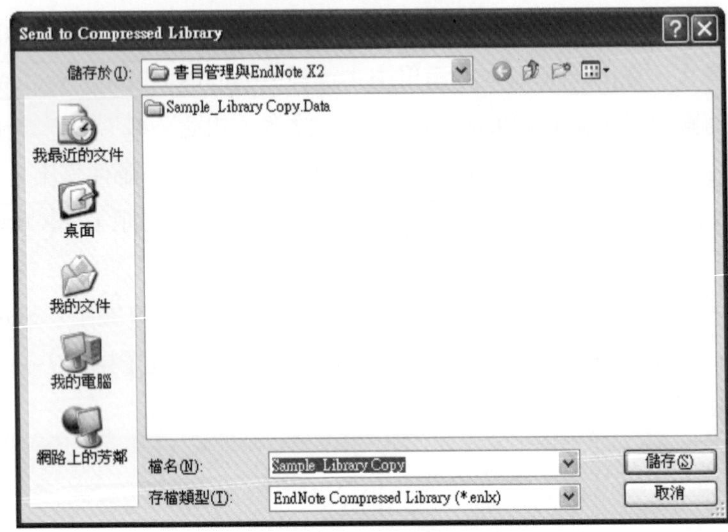

圖 7-43　儲存為壓縮圖書館

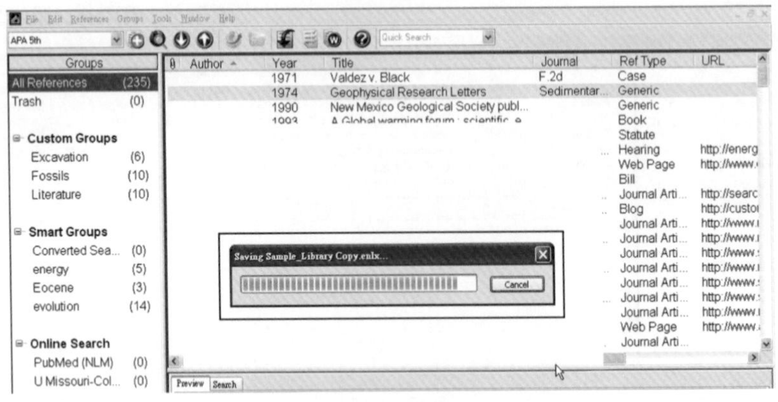

圖 7-44　圖書館副本儲存過程

使用者欲將壓縮圖書館檔案解壓縮，使用EndNote（X或之後的版本）開啟壓縮檔（例如 Sample_Library Copy.enlx），即可解壓縮（見圖 7-45）成 enl 檔。

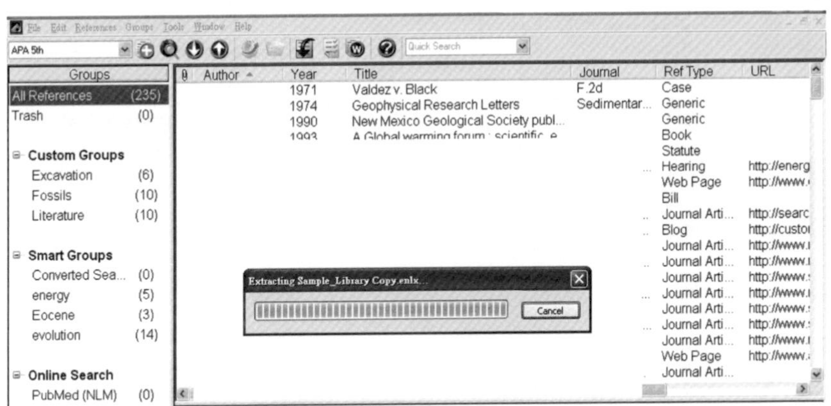

圖 7-45　壓縮檔解除中

捌、圖書館摘要（Library Summary）

使用者若想要瞭解正在開啟中的圖書館之統計摘要，可從 Tools（工具）選單內選擇 Library Summary（圖書館摘要），如圖 7-46 所示。之後，將顯示「Library Summary」（圖書館摘要）的對話框，如圖 7-47 所示。若使用者欲列印圖 7-47 中之摘要，則使用圖 7-47 中的 Copy text to clipboard（複製文件到剪貼簿），將文件貼到 Word 中即可（見圖 7-48）。

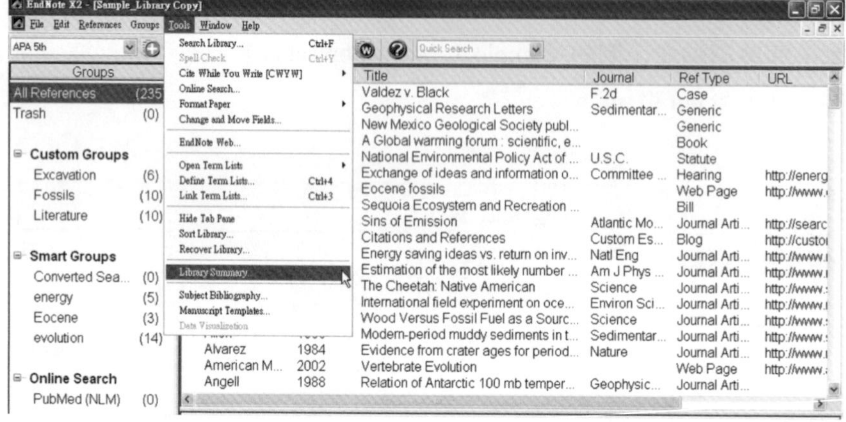

圖 7-46 選擇 Library Summary （圖書館摘要）

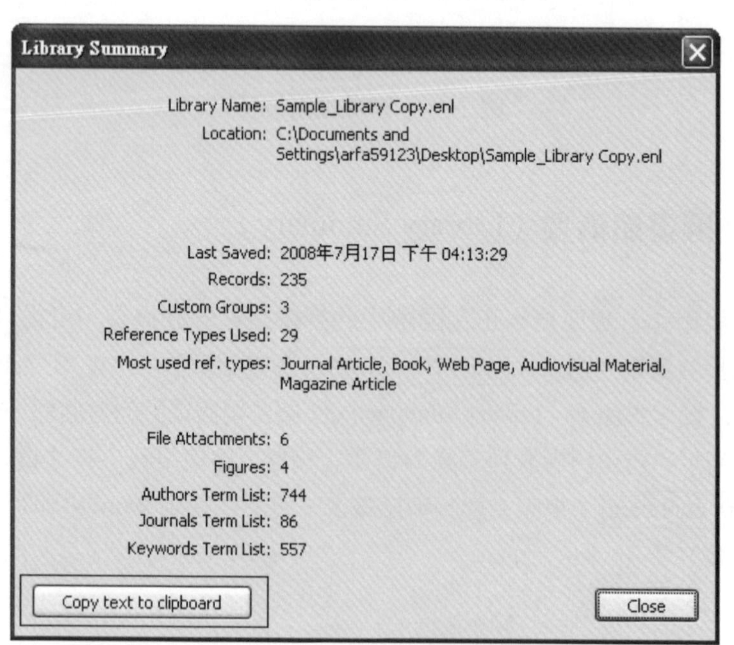

圖 7-47 「Library Summary」（圖書館摘要）對話框

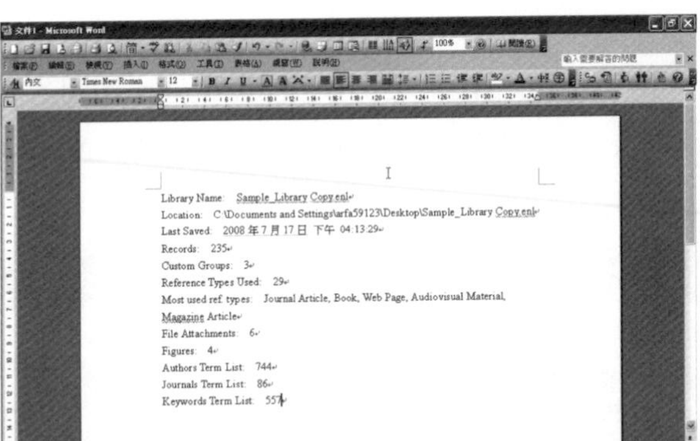

圖 7-48　將圖書館摘要貼到 Word 中

玖、記錄摘要（Record Summary）

若使用者想要瞭解一筆參考文獻的統計清單，選擇「Library」（圖書館）視窗中的一筆參考文獻，並到 References （參考文獻）選單中選擇 Record Summary （記錄摘要），如圖 7-49 所示。

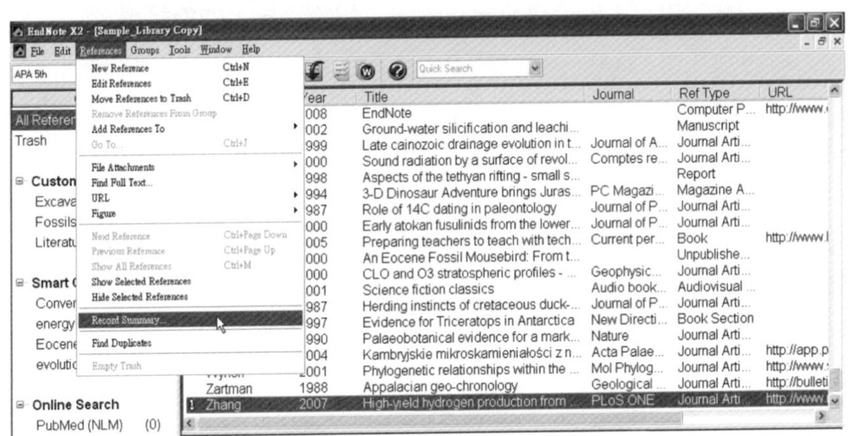

圖 7-49　選擇 Record Summary （記錄摘要）

之後，將顯示「Record Summary」（記錄摘要）的對話框，如圖7-50所示。若使用者欲列印圖7-50中之摘要，則使用圖7-50中的Copy text to clipboard（複製文件到剪貼簿），將文件貼到Word中即可。

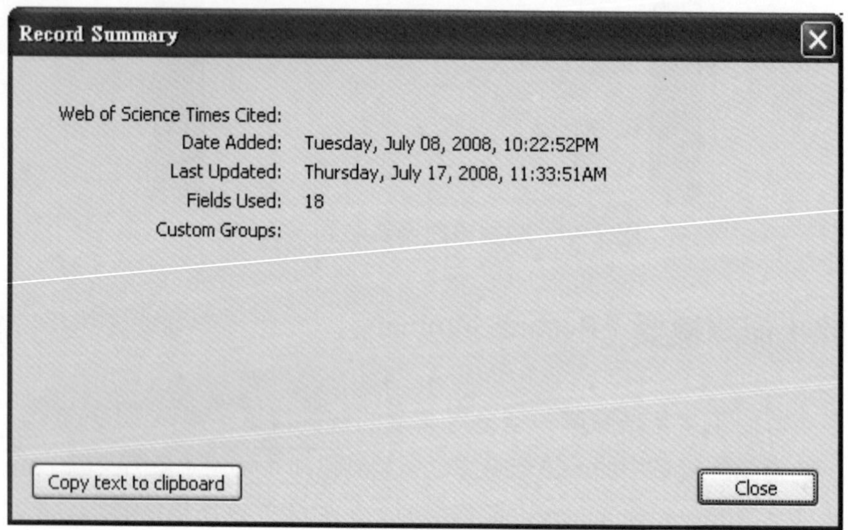

圖7-50 「Record Summary」（記錄摘要）的對話框

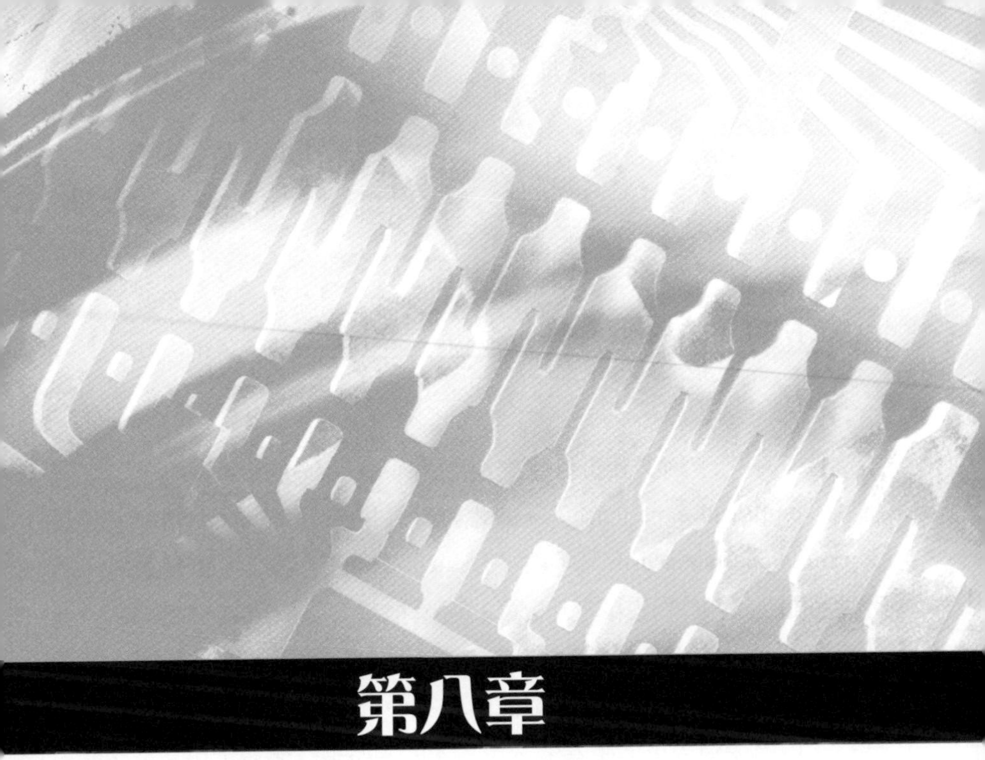

第八章

論文撰寫與 RefWorks

第一節　論文寫作注意事項

撰寫碩博士論文計畫係建立在理論基礎（theoretical basis）、實證經驗（empirical experience）、邏輯推理（logic inference）和專家共識（professional consensus）（周文賢，2002）的基礎上，職是之故，研究生需透過選修課程來奠定紮實的理論根基，針對所欲研究的題目進行完整的實證研究閱讀，以完成文獻探討。在嚴謹的文獻探討之後，方能建構出合乎邏輯的研究架構與研究設計。經由專家（例如：指導教授、口試委員等）產生共識之後，才能開始進行碩博士論文之研究。眾所周知，碩博士論文的完成，是歷經一個不斷修正的過程，筆者留美期間在 Karen S. Cockrell[1] 和 Vicki J. Rosser[2] 的指導與鼓勵之下，經歷了「論文撰寫是經過不斷改寫的過程」（The dissertation is accomplished through the process of rewritten, rewritten, and rewritten）的過程。返國任教之後，亦以相同的方式指導與鼓勵研究生，期能完成優質的碩博士論文。然而，筆者在指導研究生論文寫作過程，以及綜合校內外論文（計畫）口試的經驗上發現，碩博士論文寫作有其注意事項，研究生宜正確認識與學習。筆者歸納歷年來的經驗與心得，整理以下若干點注意事項，以供參考。

---

1 Karen S. Cockrell 目前服務於 University of Missouri-Columbia，網址如下：http://education.missouri.edu/ELPA/People/faculty.php

2 Vicki J. Rosser 目前服務於 University of Nevada-Las Vegas，網址如下：http://faculty.unlv.edu/rosser/index.html

壹、資料引註與格式

在論文的寫作上，尤其是在文內（in-text）引註文獻和文末參考書目格式上，APA 5th 格式（其他格式包括 Chicago 15th A 或 15th B 等）的正確性，係為鑑定論文品質的指標之一。以筆者最近六年在指導與審查碩博士論文的經驗上發現，部分研究生對於英文文獻引註（citation）以及文末英文參考書目（bibliography）格式的正確性，未能精準的掌握，中文部分亦是如此。初步歸納原因，可能在於對 APA 格式的瞭解不夠深入與論文寫作格式上的訓練不足所致。因此，常可發現誤將作者的姓氏（last name）與名字（first name）混淆（錯把姓氏當名字）、標點符號的錯誤使用（英文文獻誤用中文格式中的標點符號）、空格上的疏忽（例如：在姓氏之後，緊鄰著是逗號，接下來是空一個字元）、二手資料使用的錯誤註解等情況發生（張奕華、許正妹，2006）。常見的錯誤與應有正確格式如表 8-1 所示。

表 8-1　常見錯誤與正確格式

常見錯誤	正確格式	備註
爲落實《帶起每個孩子法案》，美國教育部陸續頒布相關教育政策。（張奕華，2002）	爲落實《帶起每個孩子法案》，美國教育部陸續頒布相關教育政策（張奕華，2002）。	句號要置於右括號之後。
國際教育科技協會於 2007 年 6 月公布下一世代的《全美學生教育科技標準》（ISTE，2007）。	國際教育科技協會於 2007 年 6 月公布下一世代的《全美學生教育科技標準》（ISTE, 2007）。	括號內的逗號要用半形（中文用全形）。

（接下頁）

常見錯誤	正確格式	備註
Kearsley&Lynch（1994）根據Collis的論點，提出科技領導需要特定技巧。	Kearsley 和 Lynch（1994）根據Collis的論點，提出科技領導需要特定技巧。	&要改成「和」（或「與」、「及」）。
所採用的統計方法包括t考驗及變異數分析（analysis of variance,ANOVA）。	所採用的統計方法包括t考驗及變異數分析（analysis of variance, ANOVA）。	ANOVA 之前要空一個字元。
在此日益科技化的先進時代中，能夠迎接成功的未來（Brooks-Young,2006）。	在此日益科技化的先進時代中，能夠迎接成功的未來（Brooks-Young, 2006）。	2006 之前要空一個字元。
Picciano,A.G.(2006). Educational leadership and planning for technology. Upper Saddle, NJ: Prentice Hall.	Picciano, A. G. (2006). *Educational leadership and planning for technology*. Upper Saddle, NJ: Prentice Hall.	姓和名和年代之間要空一個字元，英文字型要用 Times New Roman。

資料來源：本文作者整理。

貳、中英文摘要

常見的問題是中英文摘要內容不一致、所列舉的中英關鍵詞（keywords）不一致、未能按照筆畫順序（由少而多）排序。而英文摘要之文法有誤，更是常見的問題；讀者可以藉助國內外編譯社（參見本章第二節之參），以讓英文摘要正確性更為提高。

參、目次、圖次與表次

常見的目次問題是章節內容不一，例如同一位指導教授的數名研究生，其章節標題不一致。見圖 8-1，以第一章為例（包括：第一節研究動機、第二節研究目的與待答問題、第三節名詞釋義、第四節研究方法與步驟、第五節研究範圍與限制）。有些論文之第一章緒論有四個節次，有些有五個節次；有些用名詞釋義，有些用重要名詞釋義。以第三章為例，有些論文用研究設計與實施，有些又用研究方法。另外，目次頁的頁碼「未能標齊」，也是常見的問題，如此將顯示出研究生的文書處理之專業能力不足。除此之外，目次各章節頁碼（圖次碼與表次碼亦同）與文中的頁碼不一致（亦即未能相對應），也時有所見。而目次、圖次與表次頁的頁碼，宜用小寫的羅馬字母（例如：i、ii、iii）（見圖 8-2），亦是研究生應注意的事項。

肆、緒論

在「研究動機」方面，除了引註格式問題之外，常見的問題是未能清楚表明研究動機，論文撰寫者可以註明「此為動機之一、二、三等」，以讓讀者清楚知道該論文的研究動機（見圖 8-3）。另外，既然為論文，撰寫者應適度引註文獻上的觀點（見圖 8-4），以支持自己的論點，避免流於個人的淺見而欠缺說服力。在「研究目的與待答問題」方面，必須注意的是，研究動機、研究目的以及待答問題之間，必須是緊密相扣、不可脫鉤的。換言之，研究目的係由研究動機發展而來（見圖 8-5），而待答問題（見圖 8-6）必須對應研究目的。然而，常見許多博碩士論文在研究動機上說明不清楚、研究目的未能呼應研究動機、待答問題無法對應研究目的。若是研究動機、研究目的以及待答問題無法緊密相扣，將會出現邏輯性不嚴謹之問題。研究目的與待答問題兩者之語意力求相近，其差異性在於前者以直述句完成，後者以疑問句完成之。

目　次

圖 8-1　第一章緒論

資料來源：吳怡佳（2008）。

i

圖 8-2　頁碼以羅馬字小寫註明

資料來源：張倪甄（2008）。

要提升國家競爭力需要有新的教育革新策略，而所有的教育革新策略，最主要之目的就是在提升學校效能，以確保教育的品質，而科技即是最好的武器。綜上所述，為了促使學校行政人員以及師生在面對資訊時代的挑戰過程中，具備良好的資訊與科技素養，需要校長有效能的科技領導，以帶領校內教職員與學生善用資訊科技，進而促進學校效能，此為本研究動機之一。

圖 8-3　註明「研究動機之一」

資料來源：吳怡佳（2008）。

已成為學校領導人責無旁貸的工作，而校長的教育領導角色亦逐漸改變為科技領導者，也就是校長應該具備基本的資訊科技素養，使學生在面對資訊時代的挑戰中，能夠獲得相關資源的支持（Scott, 2005; Wexler, 1996）。此外，校長亦需進行科技方面的領導，使得教師和學校行政人員能善用資訊科技，以增進教學和行政的成效。校長科技領導角色的重要性，其目的係在於提升校長的科技專業能力，以因應資訊社會的來臨（張奕華、吳怡佳，2008）。

圖 8-4　引註文獻

資料來源：吳怡佳（2008）。

第二節　研究目的與待答問題

壹、研究目的

基於上述研究動機，本研究之研究目的如下：

一、探討 ISTE 及相關文獻所發展出之科技標準之內涵。

二、建構國民中小學校長科技領導之層級與指標。

三、建構國民中小學校長科技領導指標之權重體系。

四、根據研究結果提出具體建議，作為教育行政機關、國民中小學校長及後續研究者之參考。

圖 8-5　研究目的

資料來源：許丞芳（2008）。

貳、待答問題

依據上述的研究目的與動機，本研究待答之問題如下：

一、ISTE 及相關文獻所發展出之科技領導標準之內涵為何？

二、國民中小學校長科技領導之層級與指標為何？

三、國民中小學校長科技領導指標之權重體系為何？

圖 8-6　待答問題

資料來源：許丞芳（2008）。

在「名詞釋義」方面，應同時具陳中文與英文名詞，而常見的錯誤是未能同時說明概念型定義和操作型定義。所謂概念型定義，係指歸納文獻中對於某個名詞的定義，此歸納定義亦應與第二章文內的定義一致。所謂操作型定義，係指該名詞的具體內涵，研究者宜明確臚列出來（見圖 8-7）。另外，所使用的研究工具與計分意涵，亦應於本節次說明。

> **二、科技領導**（technology leadership）
>
> 科技領導係為校長融合新興科技與領導技巧，使其應用在學校課程教學上，塑造師生一個共享與支持的教學環境；其次，激勵學校教職員持續學習並善用資訊科技進而提升素養，以增進教學與行政效能。本研究所指的科技領導內涵層面包括：「願景、計畫與管理」、「成員發展與訓練」、「科技與基本設施支持」、「評鑑與研究」、「人際關係與溝通技巧」。在本研究調查問卷中「科技領導量表」之所得分數，分數越高代表科技領導越佳，反之，若分數越低代表科技領導有待加強。

圖 8-7　名詞釋義

資料來源：吳怡佳（2008）。

在「研究方法與步驟」方面，主要闡明所使用的方法（例如：問卷調查法、德懷術）與研究步驟（例如：準備階段、實施階段、完成階段）；研究方法宜詳細說明預試問卷的編製、專家效度的建立、正式問卷的施測以及問卷的回收等程序。研究步驟宜詳細說明從決定研究題目、到論文撰寫完畢的整個過程（見圖 8-8）。在「研究範圍與限制」方面，研究者可針對研究對象與研究內容，說明其研究範圍；而在研究限制上，研究者可針對研究方法、研究樣本、研究結果等層面加以說明。

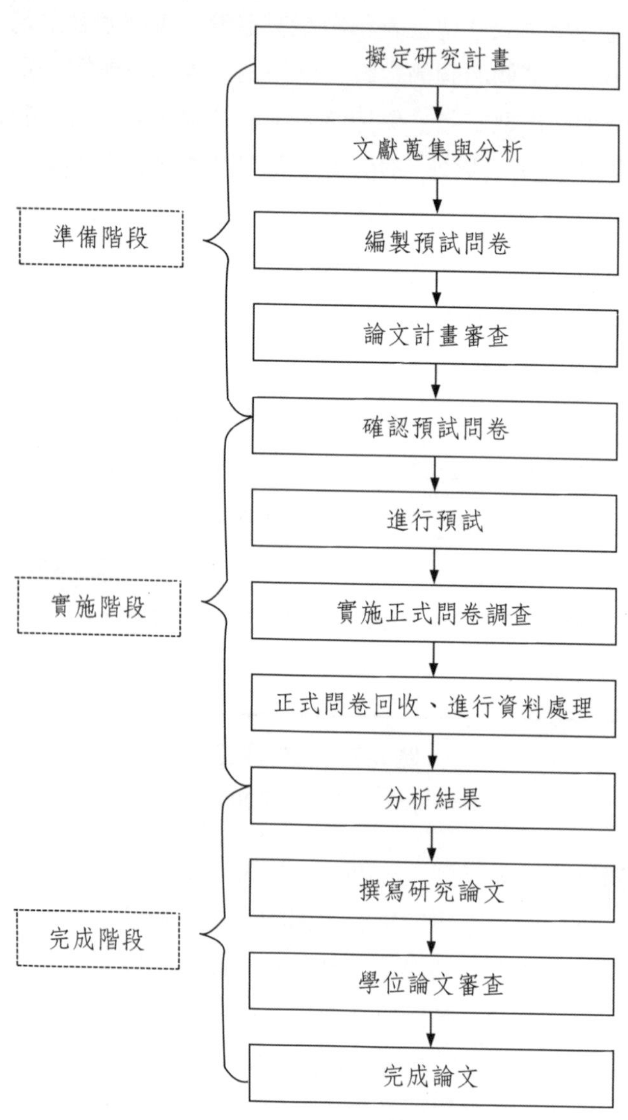

圖 8-8　研究步驟

資料來源：張倪甄（2008）。

伍、文獻探討

文獻探討部分需探究研究題目中自變項、依變項等相關論述，以《臺北市幼稚園教育人員資訊素養與學校效能關係之研究》為例，自變項為資訊素養，依變項為學校效能，則研究者需閱讀資訊素養、學校效能以及兩者之間的實證研究（見圖 8-9）。相關論述包括教科書與經典書籍之理論基礎、博碩士論文與期刊論文之實證研究等。最常見的問題包括無關文獻的呈現、欠缺個人見解、未能綜合過去研究的差異性等。最重要的是在閱讀文獻之後，能夠提出創造性轉換的論點，而非只是臚列各家論點而已。尤其在量化研究方面，變項中各測量變項如何而來，都應該要有清楚的說明（見圖 8-10）。除此之外，應探討最近五年的中英文獻，方能瞭解最新的研究發展趨勢，進而對學術界有所貢獻。

第二章　文獻探討……………………………………………………… 9

第一節　資訊素養的意涵與相關研究 ………………………………… 9

第二節　學校效能的意涵與相關研究 ……………………………… 33

第三節　資訊素養與學校效能之相關研究 ………………………… 47

圖 8-9　文獻探討的架構

資料來源：張倪甄（2008）。

則不納入本研究之探討層面。本研究在資訊素養方面共計五個層面如下：

一、圖書館能力：係指利用圖書館查詢所需資訊、借閱圖書館圖書頻率、參加圖書館的推廣活動。

二、媒體能力：影片播放器、單槍投影機、攝影機等設備之操作能力。

三、電腦軟硬體能力：包含電腦軟硬體認知與操作能力。

四、網路能力：利用網路檢索資訊、與他人溝通及評估資訊之能力。

五、電腦在教學上的應用：透過資訊科技相關設備，應用並融入於教學活動中之能力。

圖 8-10　說明變項之層面

資料來源：張倪甄（2008）。

陸、研究設計與實施

研究設計與實施部分包括研究架構、研究對象、研究工具、實施程序以及資料處理與分析（見圖 8-11）。研究者宜清楚的呈現研究架構圖（見圖 8-12）、樣本如何抽樣而來、工具的信效度、預試與正式施測的進行、資料分析與統計分析技術等。尤其是在研究架構圖方面，變項與變項之間的關係（箭頭的方向）都應清楚說明，而非單純的呈現研究架構圖。而在工具的信效度方面（含測量工具的由來），亦應說明清楚。

圖 8-11　研究設計與實施

資料來源：張倪甄（2008）。

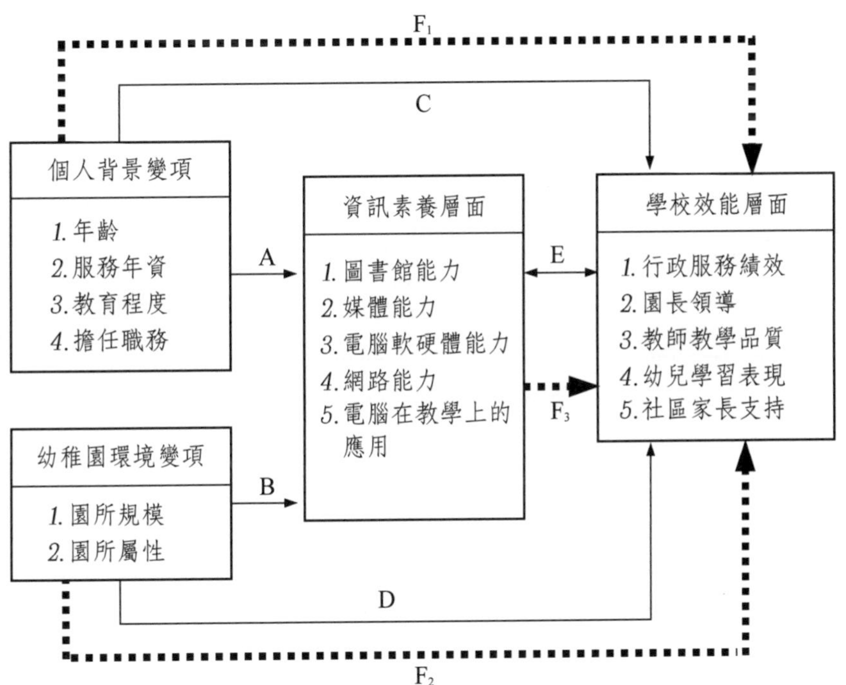

圖 8-12　研究架構圖

資料來源：張倪甄（2008）。

柒、結果分析與討論

研究結果宜根據待答問題加以呈現各節次（見圖 8-13），並根據文獻探討部分以比較該研究與過去研究之間的差異性，並加以討論（見圖 8-14）。然而，常見的問題是研究結果未能與待答問題呼應、未能與過去的研究比較和討論、僅呈現數據部分而未能解釋數據的意義等，上述問題宜審慎且避免之。另外，常用的統計符號，例如：*p* 值宜用小寫並用斜體表示（見圖 8-15）、多重比較 Scheffé 法的 é 正確寫法，讀者宜謹慎留意。

第四章　研究結果與討論 …… 109
　第一節　德懷術問卷調查結果分析 …… 109
　第二節　國民中小學校長科技領導指標相對權重調查結果之分析 …… 159
　第三節　綜合討論 …… 177

圖 8-13　結果分析與討論

資料來源：許丞芳（2008）。

一、國民小學學校效能現況之討論

根據本研究的問卷調查結果顯示，本研究地區的國民小學教師在整體學校效能上的知覺，尚屬良好的程度（整體平均數為 3.88），且以「教師教學效能」的程度最高（M=3.97）。本研究之研究結果與林朝枝（2005）、江照男（2003）的研究結果相符。

圖 8-14　與過去的研究結果進行比較

資料來源：吳怡佳（2008）。

知識的轉移與分享	組間	7.08	2	3.54	7.62**	$A_3 > A_2$
	組內	193.13	416	0.46		
	總和	200.22	418			
知識的創新與應用	組間	7.42	2	3.71	7.99**	$A_3 > A_1$ $A_3 > A_2$
	組內	197.21	416	0.46		
	總和	200.63	418			
整體	組間	5.22	2	2.61	7.10**	$A_3 > A_1$ $A_3 > A_2$
	組內	152.89	416	0.36		
	總和	158.11	418			

註：A_1代表都會地區；A_2代表鄉村地區；A_3代表偏遠地區　　$^*p<.05$；$^{**}p<.01$

圖 8-15　p 值的正確寫法

資料來源：吳怡佳（2008）。

捌、結論與建議

結論部分不需重複呈現第四章的研究結果，僅需精簡扼要呈現重要發現，而建議部分，應根據研究結果提出建言。最常見的問題是重複出現第四章已經說明過的結果，而所提出的建議亦與該研究發現無關。更重要的是，所提出的建議宜具體可行，避免流於空談。

玖、其他方面

尚包括研究倫理、避免論文抄襲、附錄中的問卷宜有原作者的同意書、中英文文末參考文獻格式[3]、網路資源文獻格式[4]宜正確呈現等，研究生亦應特別留意。如同本章先前所述之「論文撰寫是經過不斷改寫的過程」，研究生若能秉持「付出就會傑出、磨練就會熟練、用心就會開心」的態度，相信能撰寫出優質的博碩士論文。

---

3 請參見張奕華（2003a）。APA 出版手冊第五版本：文末參考文獻之格式。**教育資料與研究**，**52**，106-114。

4 請參見張奕華（2001）。APA 第五版文末參考文獻之格式：以網路資源為例。**教育研究月刊**，**91**，74-81。

第二節　投稿國際期刊須知

壹、SSCI 期刊

近年以來，臺灣各大學校院提升學術競爭力的具體作法之一，是鼓勵校內教師投稿國際期刊（例如：SSCI、SCI、EI 等），部分大學校院甚而要求博士班研究生在畢業之前，需投稿符合所上規定的西文期刊等，其中亦包括收錄於社會科學引文索引（Social Science Citation Index, SSCI）的國際期刊。以 SSCI 為例，截至目前（2008 年 8 月）所收錄的期刊數量共計 2,306 種。讀者可到 Thomson Reuters[5] 所屬的 Scientific[6] 網站進行搜尋（見圖 8-16）。

在圖 8-16 中，可點選 SEARCH（搜尋）（例如：輸入標題字、完整期刊標題、國際標準期刊號）、VIEW JOURNAL LIST（審視期刊一覽表）（例如：按英文字母排列進行審視）（見圖 8-17）、VIEW SUBJECT CATEGORY（審視主題類別），以及 VIEW JOURNAL CHANGES（審視期刊改變），以找到符合讀者欲投稿論文的期刊。

5 Thomson Reuters 係以商業與專業人士為對象的智慧資訊來源，網址如下：http://www.thomsonreuters.com

6 Scientific 是 Thomson Reuters 所屬的一個網站，網址如下：http://scientific.thomsonreuters.com

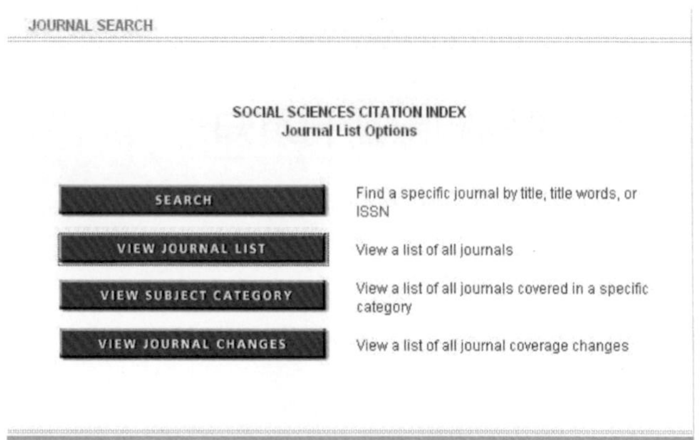
JOURNAL SEARCH

SOCIAL SCIENCES CITATION INDEX
Journal List Options

SEARCH — Find a specific journal by title, title words, or ISSN
VIEW JOURNAL LIST — View a list of all journals
VIEW SUBJECT CATEGORY — View a list of all journals covered in a specific category
VIEW JOURNAL CHANGES — View a list of all journal coverage changes

圖 8-16　SSCI 期刊搜尋

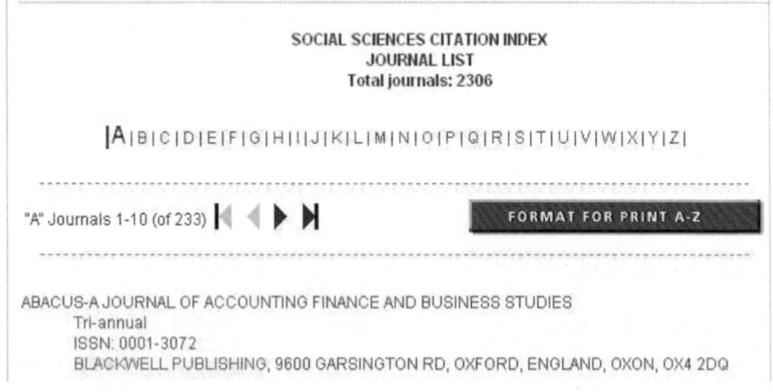
SOCIAL SCIENCES CITATION INDEX
JOURNAL LIST
Total journals: 2306

|A|B|C|D|E|F|G|H|I|J|K|L|M|N|O|P|Q|R|S|T|U|V|W|X|Y|Z|

"A" Journals 1-10 (of 233)　FORMAT FOR PRINT A-Z

ABACUS-A JOURNAL OF ACCOUNTING FINANCE AND BUSINESS STUDIES
Tri-annual
ISSN: 0001-3072
BLACKWELL PUBLISHING, 9600 GARSINGTON RD, OXFORD, ENGLAND, OXON, OX4 2DQ

圖 8-17　按英文字母排列進行審視

貳、尋找合適期刊

在搜尋中輸入ISSN（例如：1436-4522）之後，從2,306種期刊中，搜尋到教育科技與社會（EDUCATIONAL TECHNOLOGY & SOCIETY）

期刊，如圖 8-18 所示。緊接著將期刊名稱輸入Google搜尋引擎中，即可連結到該期刊網站（見圖8-19）。在圖8-19中，點選左側的「Authors Guidelines」（作者指導方針），將顯示有關作者投稿時的注意事項與指導方針，如圖 8-20 所示。

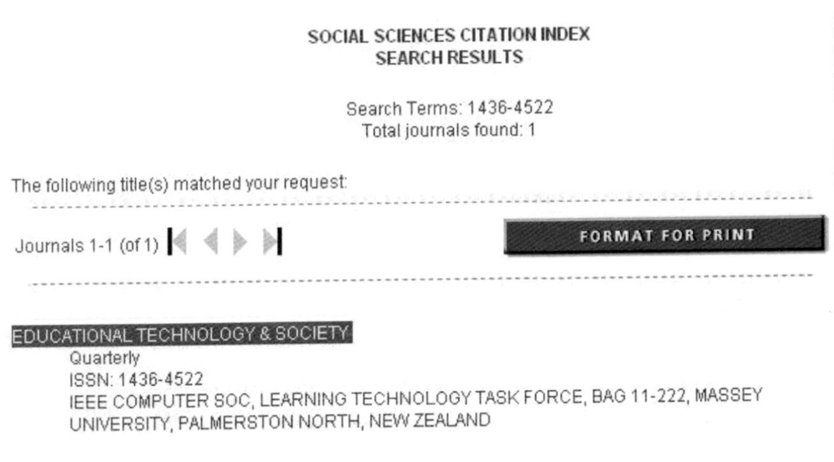

圖 8-18　輸入 ISSN 搜尋到教育科技與社會期刊

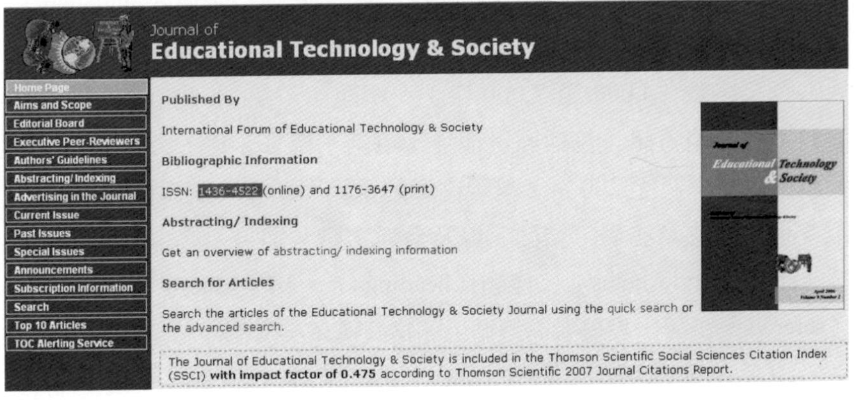

圖 8-19　連結到教育科技與社會期刊網站

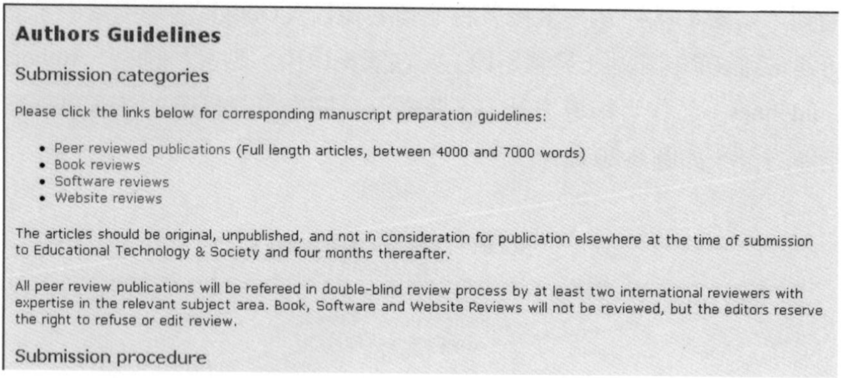

Authors Guidelines

Submission categories

Please click the links below for corresponding manuscript preparation guidelines:

- Peer reviewed publications (Full length articles, between 4000 and 7000 words)
- Book reviews
- Software reviews
- Website reviews

The articles should be original, unpublished, and not in consideration for publication elsewhere at the time of submission to Educational Technology & Society and four months thereafter.

All peer review publications will be refereed in double-blind review process by at least two international reviewers with expertise in the relevant subject area. Book, Software and Website Reviews will not be reviewed, but the editors reserve the right to refuse or edit review.

Submission procedure

圖 8-20　作者指導方針

參、撰寫英文稿件

讀者可以選擇投稿類型〔例如：Peer review publications（同儕評審出版）、Book reviews（書籍評論）、Software reviews（軟體評論）、Website reviews（網站評論）〕，進而準備稿件。以選擇「Peer review publications」（同儕評審出版）為例，將連結到「General guidelines」（一般指導方針）頁面（見圖 8-21）。在圖 8-21 所述的指導方針包括：全文字數（4,000 至 7,000 字）、標題（至多 10 個字）、所有作者的完整聯絡資訊（包括郵寄地址、電話、傳真、電子郵件信箱）、資訊性摘要（75 至 200 字）呈現文章的重點與結論、描述性關鍵詞（4 至 5 個）、文章主體、結論，以及參考文獻。網頁上亦會說明特別格式（special style notes）、標題（headings）、圖（tables）、參考文獻（references）等，投稿者需遵循上述格式撰寫英文稿件（見圖 8-22）。

讀者在撰寫完英文稿件之後，最好能請以英文為母語（native speaker）的專業人士進行英文編修，以確保文章文法、用語上的無誤，

Editors at *The Journal of Educational Technology & Society* are open to the many regional variants of English spelling and style, and welcome manuscripts from all over the world. We do ask, however, that authors strive for consistency within their own documents. In addition, for the sake of consistency throughout the book, we will rely on a standard form of punctuation and formatting.

General guidelines

Word count:

- Full paper: 4,000 to 7,000 words

Each article should contain the following information:

- title (maximum 10 words)
- complete contact information for all authors (one line for physical/mailing address and one line for telephone, fax, and email contact information)
- an informative abstract (75 to 200 words) presenting the main points of the paper and conclusions
- descriptive keywords (4 to 5)
- main body of paper
- conclusion
- references

圖 8-21　一般指導方針

Teachers' Perceptions of the Dimensions and Implementation of Technology Leadership of Principals in Taiwanese Elementary Schools

Introduction

Technology development has historically facilitated progressive human civilization, improved living environments, and increased human welfare (Shen, 2004). With information technology development and innovation, computers, the Internet, and other information technologies are becoming important learning tools in students' everyday lives. Campus information technology utilization is designed to help students and improve educational quality. Therefore, developing student technology literacy is becoming increasingly important. Principals should possess basic information technology skills and literacy (Scott, 2005; Wexler, 1996) to support staff and faculty in preparing students to face information-age challenges. Technology Leadership Academies have been established in every U.S. state administrative office to provide curriculum projects for principals and administrators to stay in step with flourishing information technology development. In the modern information explosion environment, technology education becomes increasingly vital day by day, and principals with efficient technology leadership skills are the key to successful policies and technology education plans (Chang & Tseng, 2005).

圖 8-22　已完成的英文稿件

進而提升稿件品質。當然，拜科技之賜，目前網路上有許多英文編修公司，讀者可逕上網搜尋，例如American Journal Experts[7]（見圖 8-23）即是可以參考的網站。

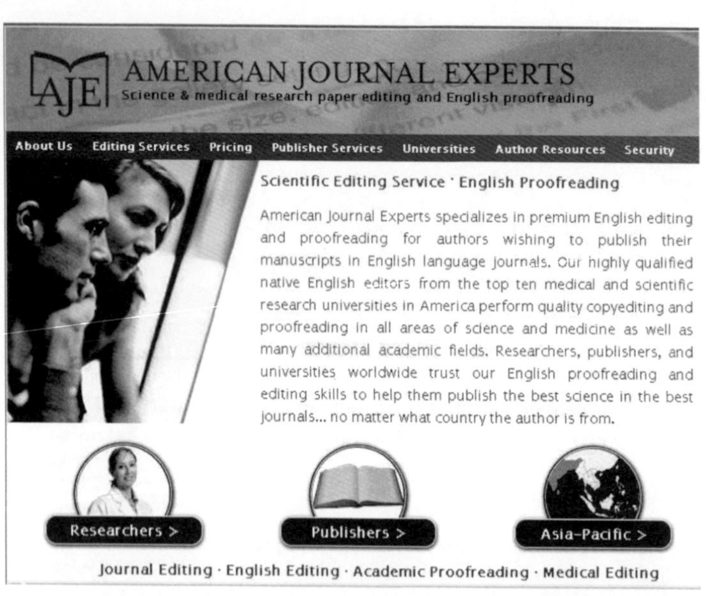

圖 8-23　American Journal Experts 網站

肆、上傳稿件

在完成稿件編修之後，接下來是將稿件上傳。在提交表格（Submission Form）中（見圖 8-24），作者需先選擇提交類型（例如：新版本或是修正版本），再依序完成：標題、摘要、所有作者姓名、所有

7 American Journal Experts 網址如下：http://www.journalexperts.com

作者電子郵件信箱、通訊作者姓名、通訊作者電子郵件信箱、提交檔案與圖檔等（見圖 8-25）。最後，作者需再證實（verify）投稿稿件未曾出版、將不會投稿到其他刊物，以及確實為作者本人的作品，點選「I Agree」（我同意）後再單擊 Submit Paper（提交稿件），如圖 8-26 所示。很快地，作者將會收到來自期刊的提交成功通知和稿件編號（例如：ETS Submission Notification. Paper ID: 1025）。

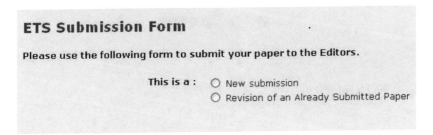

ETS Submission Form

Please use the following form to submit your paper to the Editors.

This is a : ○ New submission
○ Revision of an Already Submitted Paper

圖 8-24　提交表格

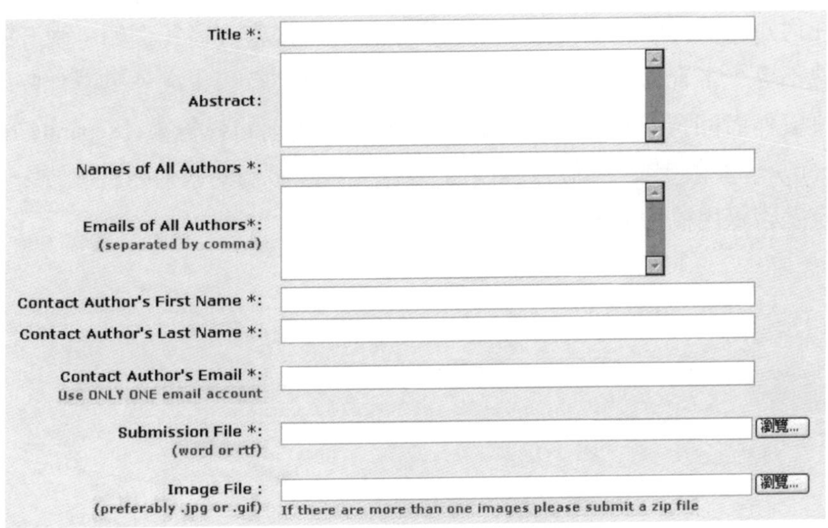

Title *:

Abstract:

Names of All Authors *:

Emails of All Authors*:
(separated by comma)

Contact Author's First Name *:

Contact Author's Last Name *:

Contact Author's Email *:
Use ONLY ONE email account

Submission File *:
(word or rtf) 瀏覽...

Image File :
(preferably .jpg or .gif) 瀏覽...
If there are more than one images please submit a zip file

圖 8-25　填寫標題等相關資訊

I verify that the manuscript is original material that has not been published, is not being considered for publication elsewhere, and will not be submitted anywhere else during review process.
I also verify that the research presented in this paper is author's own work.

◉I Agree ○I Do Not Agree

Submit Paper

圖 8-26　提交稿件

伍、等待回覆

作者在提交稿件約五個月之後，將會收到期刊編輯的通知〔例如：Submission for Educational Technology & Society Journal（ID 1025）〕，在通知的信件中，編輯除了要求投稿作者根據審查者（例如：兩至三位不等，審查意見會附帶在信件中）的意見進行修正之外，還會要求投稿作者回覆一份如何修正與在文中何處修正的報告書（separate report），並限定在一個月內重新上傳稿件，以做為期刊編委員會最後決定是否錄用稿件的參考，如圖 8-27 所示。

標題 Submission for Educational Technology & Society Journal (ID 1025)

** PLEASE ACKNOWLEDGE THIS EMAIL. **

I have now received the review results and as you will see below, revisions have been suggested in the paper before making any final decision.

I hope you will find these suggestions helpful in enhancing your paper.

While resubmitting please submit a SEPARATE REPORT describing what major changes took place in which parts of the paper. This would help in identifying the edited parts of the paper, and would speed-up the reviewing process.

Please upload your revised manuscript at http://www.ifets.info/ets_journal/upload.php the latest by March 21, 2008. Along with the other information, you must insert the ID of your paper and the unique password that is attached at the end of this email.

Sincere Regards.

Kinshuk,
Editor,
Educational Technology & Society (ISSN 1436-4522)
kinshuk@ieee.org

圖 8-27　稿件審查通知

在第一次修正稿件並上傳到期刊網站之後的一個月，作者將會收到期刊編輯的回覆通知，並告知稿件接受與否。若是稿件接受刊登（如圖 8-28），信函中會告知作者進行最後的修正（例如：根據審查者意

來源 Kinshuk <kinshuk@iti.gr>
標題 Submission for Educational Technology & Society Journal (ID 1025)

** PLEASE ACKNOWLEDGE THIS EMAIL. **

I have now received the feedback from reviewers and am pleased to inform that the paper is accepted for publication SUBJECT TO REVISIONS AS SUGGESTED BY THE REVIEWER. Please find below comments from reviewers, which you must take into account while making final version.

Please format your manuscript as per the author guidelines available at: http://www.ifets.info/rev.php?pub=true

Also, please check the completeness of the references (this is the most common problem we face) in terms of page numbers, publishers name and location, editors names for proceedings etc.

** The publication of your article will be significantly delayed if the references are not complete in every aspect. **

Graphics should be embedded in the paper at appropriate places (not at the end of the paper) and should also be sent separately as GIF or JPG format.

** The publication of your article will be significantly delayed if the references are not complete in every aspect. **

圖 8-28　稿件接受刊登通知

見進行修正、將稿件格式化、參考文獻的完整性、圖檔在本文中的位置等），並於一個月內上傳完畢。

第三節　RefWorks 應用實例

壹、RefWorks 簡介

RefWorks[8] 是能讓使用者建立個人參考文獻資料庫的線上參考文獻管理系統，使用者可以自動地匯入從線上資料庫查詢得到的參考文獻，或是手動地輸入參考文獻。RefWorks 查詢工具讓使用者可以很容易地瀏覽資料庫和查詢參考文獻。RefWorks 也讓讀者以不同的格式輸出讀者的論文，包括 APA、MLA、Turabian 和 Chicago 格式等（RefWorks, 2008）。換言之，RefWorks 是一種線上（online）研究管理、寫作與合作工具，以幫助研究者輕易地蒐集、管理、儲存，和分享各類型資訊，以及產生引註和書目（ProQuest, 2008）。目前最新版本為 RefWorks 2.0。

貳、RefWorks 操作

一、登入帳號與密碼

操作線上個人化書目管理系統 RefWorks 之前，需登入帳號與密碼

8 RefWorks 試用網址：http://www.refworks.com/RWSingle/newusersecurity.asp

（見圖 8-29），並於右上方選擇使用語言（Choose Language...），例如，選擇 Chinese（Taiwan）。在登入帳號與密碼之後，若讀者是第一次使用RefWorks的生手，則可以參考線上教學與步驟（例如：建立個人資料庫、從個人資料庫中引用書目到文章中、建立書目等）（RefWorks, 2008）。

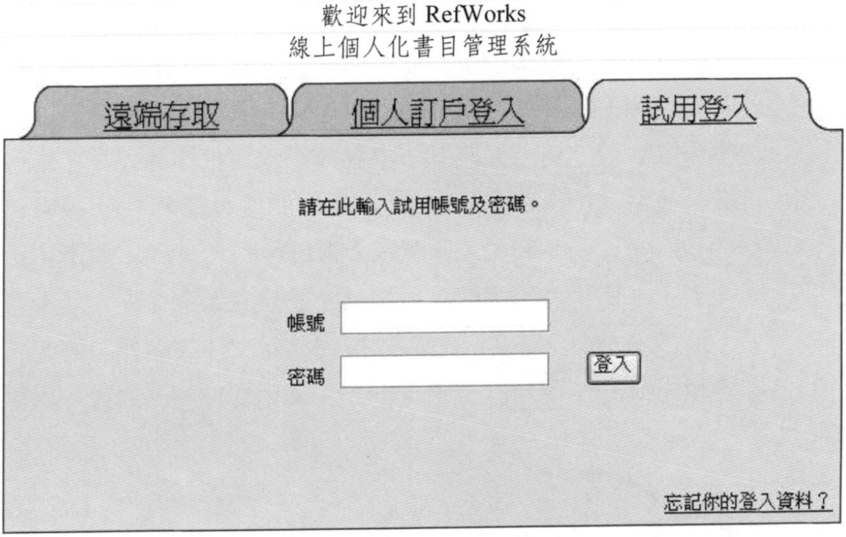

歡迎來到 RefWorks
線上個人化書目管理系統

遠端存取　個人訂戶登入　試用登入

請在此輸入試用帳號及密碼。

帳號
密碼
登入

忘記你的登入資料？

圖 8-29　登入帳號與密碼

二、建立資料庫

操作RefWorks的第一步驟建立個人資料，而建立資料庫有數種方式：直接匯入資料（importing data directly）、從 EndNote 書目管理程式進行轉換（converting from EndNote bibliographic management programs）、執行線上搜尋（performing an online database search），以及人工方式增

加文獻（adding references manually），說明如下（RefWorks, 2008）。

(一)直接匯入資料

使用者能從特定線上資料庫（例如：Google Scholar和Web of Knowledge）直接匯入資料（records）到 RefWorks，而無須建立文字檔。茲以 Google Scholar 和 CSA Illumina 進行說明如下。

1. Google Scholar：連結到學術搜尋首頁之後，選擇[學術搜尋偏好]（見圖 8-30），將顯示學術搜尋偏好設定介面，讀者需在文獻管理軟體欄位上選擇「顯示導入」[RefWorks]的鏈接（見圖 8-31）之後，單擊[設定使用偏好]鈕。在搜尋引擎方框中輸入「非營利組織」並點選[搜尋]之後，在所顯示出的搜尋結果中點選[導入RefWorks]（如圖 8-32），會顯示編輯書目的RefWorks視窗（見圖 8-33）。使用者須瀏覽必須欄位，並建立新文件夾，其步驟如下：[文件夾]→[建立新文件夾]→輸入新文件夾名稱（例如：非營利組織）→[確定]（見圖 8-34）。確定欄位無誤之後，單擊

圖 8-30　選擇[學術搜尋偏好]

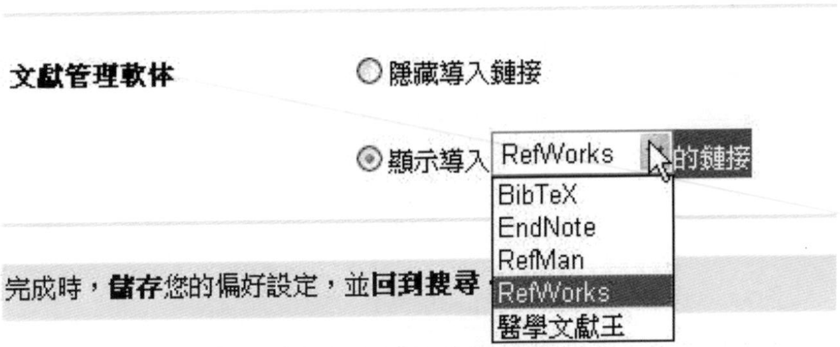

文獻管理軟体　隱藏導入鏈接

顯示導入 RefWorks 的鏈接

BibTeX
EndNote
RefMan
RefWorks
醫學文獻王

完成時，**儲存**您的偏好設定，並**回到搜尋**

（請注意：改變使用偏好前，請先設定讓您的瀏覽器可以接收 Cookie。）

圖 8-31　顯示導入 RefWorks

[書籍] 美國非營利組織的人力資源管理
陳金貴 - 1994 - 中興大學法商學院圖書部經銷臺北市
被引用 8 次 - 相關文章 - 網頁搜尋 - 導入RefWorks - 在NBINet（臺灣）尋找

[引言] 非營利組織領導行爲之研究
江明修 - 人事管理. 期
被引用 7 次 - 相關文章 - 網頁搜尋 - 導入RefWorks

[引言] 非營利組織的法律規範與架構
馮燕 - 非營利部門: 組織與運作(頁75-108). 台北市: 巨流
被引用 6 次 - 相關文章 - 網頁搜尋 - 導入RefWorks

圖 8-32　點選 導入 RefWorks

儲存書目鈕 儲存書目 ，即可將〈非營利組織領導行為之研究〉一文匯入個人的 RefWorks 資料庫內，如圖 8-35 所示。

編輯書目 ✓定義必須欄位
書目編號：8
瀏覽必須欄位 APA - American Psychological Ass
儲存書目
文件夾 指定文件夾(若有)
Last Imported; 非營利組織
書目類型 期刊文章
來源種類 紙本
Output Language Chinese (Traditional) What's this?
作者 ✓ 江明修
標題 ✓
非營利組織領導行爲之研究
期刊名稱(全) ✓ 人事管理.期
出版年 ✓
卷 ✓ 392
期 ✓
起始頁碼 ✓ 4
其他頁碼 ✓ 13

圖 8-33　導入並編輯書目

書目 查詢 瀏覽 文件夾 書目編製 工具 説明
新增文件夾
建立新文件夾
瀏覽
組織文件夾
新文件夾名稱: 非營利組織
確定

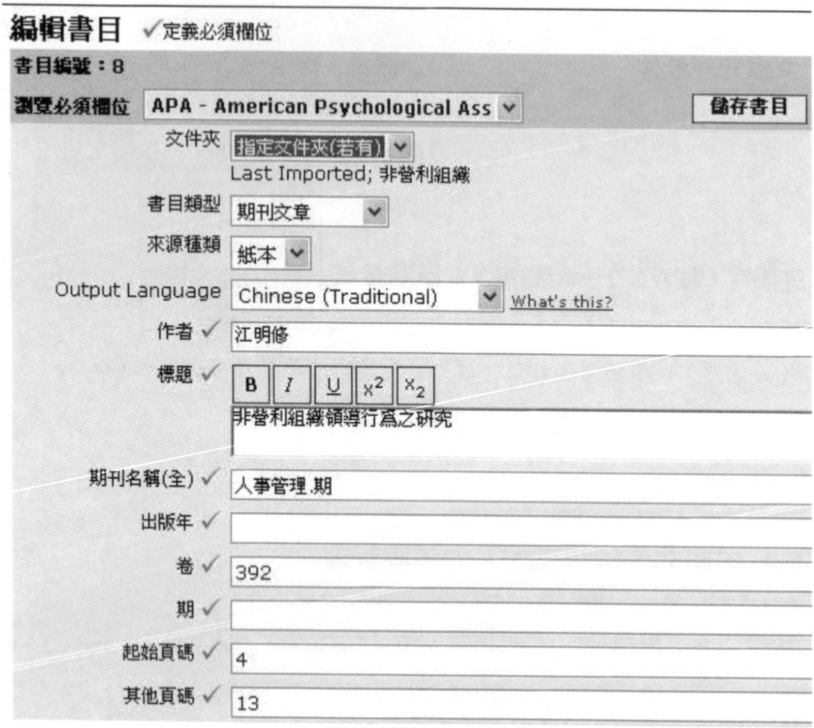

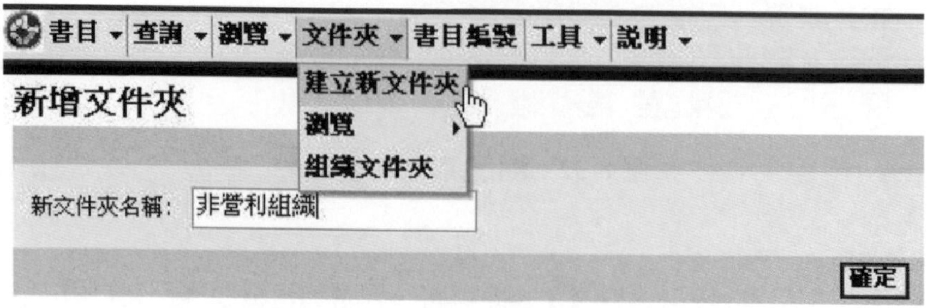

圖 8-34　建立新文件夾

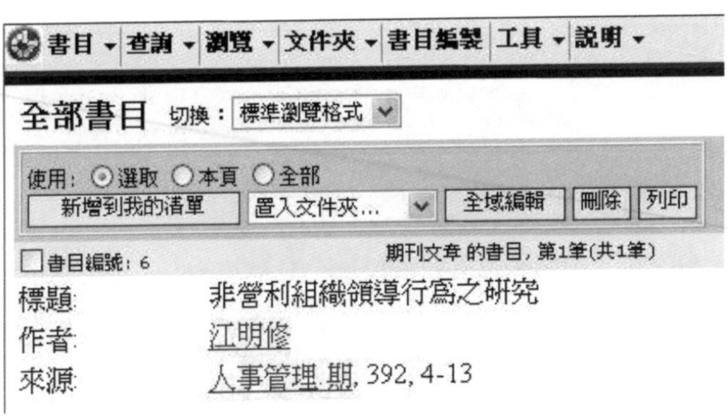

圖 8-35　匯入到 RefWorks 資料庫

2. CSA Illumina：在檢索工具欄內輸入「technology leadership」（見圖 8-36）並單擊 檢索 鍵之後，會顯示一百八十七筆檢索結果（見圖 8-37）。讀者在標記清單之後，單擊圖 8-37 的檢索清單頁面上方的 RefWorks 圖示 RefWorks ，會顯示匯出到 RefWorks 的頁面（見圖 8-38）。

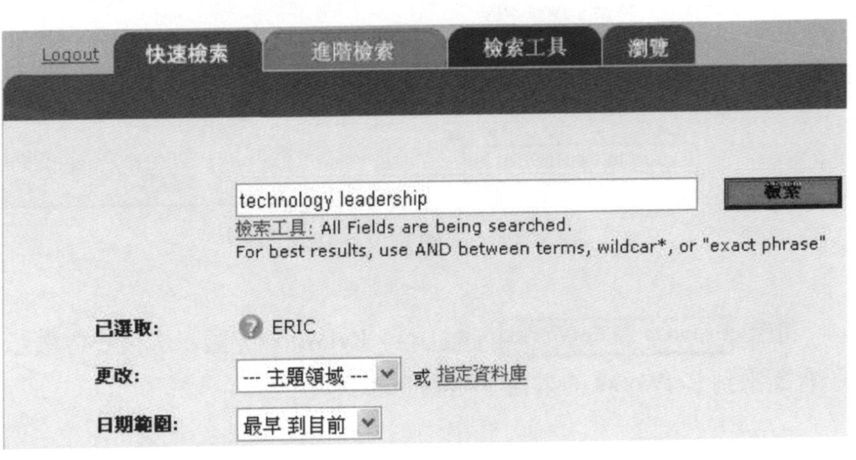

圖 8-36　輸入「technology leadership」

圖 8-37　檢索結果

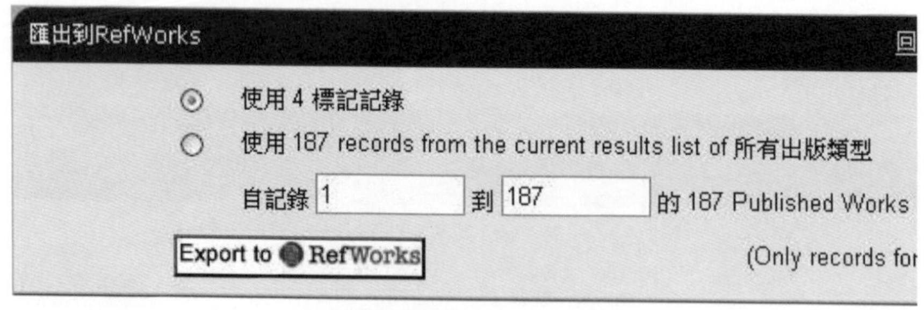

圖 8-38　匯出到 RefWorks

單擊 Export to RefWorks（輸出到 RefWorks）圖示之後，會顯示所有匯出到 RefWorks 的書目，如圖 8-39 所示。

期刊文章 的書目, 第1筆(共4筆)

☑書目編號: 220

標題: School Technology Leadership: An Empirical Investigation of Prevalence and Effect

作者: Anderson,Ronald E.; Dexter,Sara

來源: Educational Administration Quarterly, 2005, 41, 1, 49-82, SAGE Publications. 245
7243; Tel: 805-499-9774; Fax: 800-583-2665; e-mail: journals@sagepub.com; W

報告 的書目, 第2筆(共4筆)

☑書目編號: 218

標題: Measuring School Effectiveness in Memphis. MPR Reference No. 6325-530

作者: Booker,Kevin; Isenberg,Eric

來源: 2008, Mathematica Policy Research, Inc.; 13p, Mathematica Policy Research, Inc.
3535; Fax: 609-799-0005; e-mail: info@mathematica-mpr.com; Web site: http://wv

報告 的書目, 第3筆(共4筆)

☑書目編號: 221

標題: Appreciating Assets: Educational Technology Leadership and the Generation of Soc

作者: Kowch,Eugene G.

來源: 2004

報告 的書目, 第4筆(共4筆)

☑書目編號: 219

標題: The Preparation and Role of Technology Leadership for the Schools

作者: Wright,Robert J.; Lesisko,Lee J.

來源: 2007

圖 8-39　顯示所有匯出到 RefWorks 的書目

選取四筆書目編號並置入「科技領導」文件夾（見圖 8-40），隨後將顯示「是否將已選取的 4 筆書目放入科技領導文件夾」的對

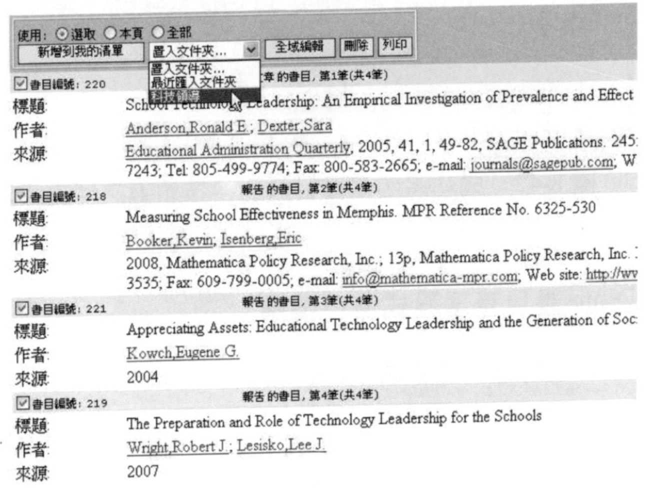

圖 8-40　將書目置入「科技領導」文件夾

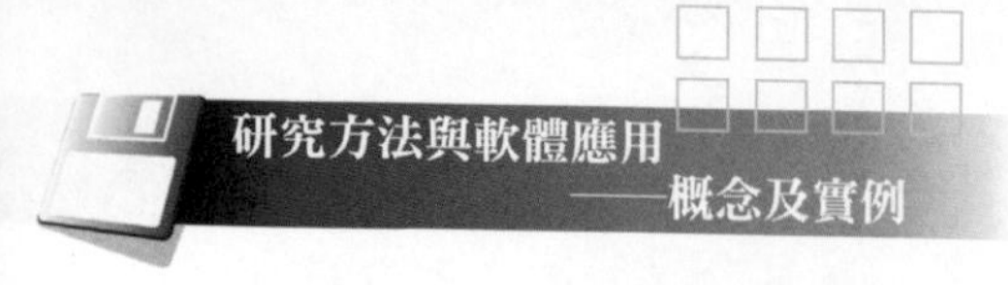

話框（見圖 8-41），讀者單擊確定即可。緊接著會顯示「成功將 4 筆書目放到科技領導文件夾」的對話框，如圖 8-42 所示。

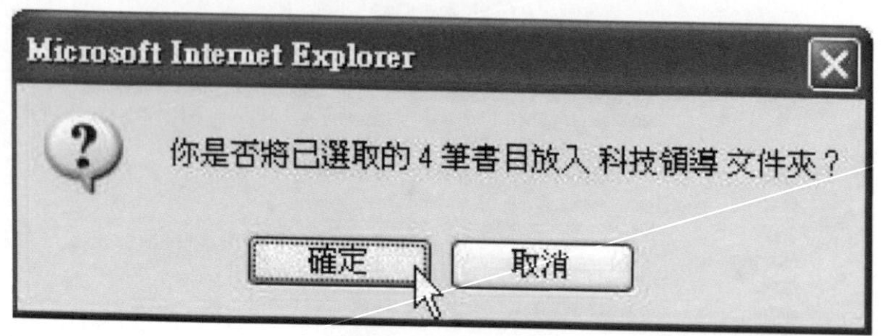

圖 8-41　顯示「是否已將選取的 4 筆書目放入科技領導文件夾」

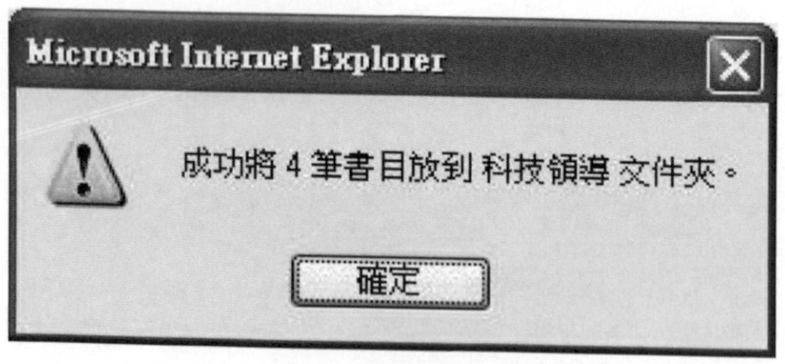

圖 8-42　成功將四筆書目放到科技領導文件夾

㈡從 EndNote 書目管理程式進行轉換

RefWorks 的特點是能將 EndNote 的書目直接輸出到 RefWorks 中，步驟如下：RefWorks→書目→匯入 EndNote V8 ＋資料庫（見圖 8-43）→瀏覽→選擇EndNote 圖書館→指定匯入的文件夾→匯入（見圖 8-44）。之後，將顯示「匯入已完成」的視窗，如圖 8-45 所示。

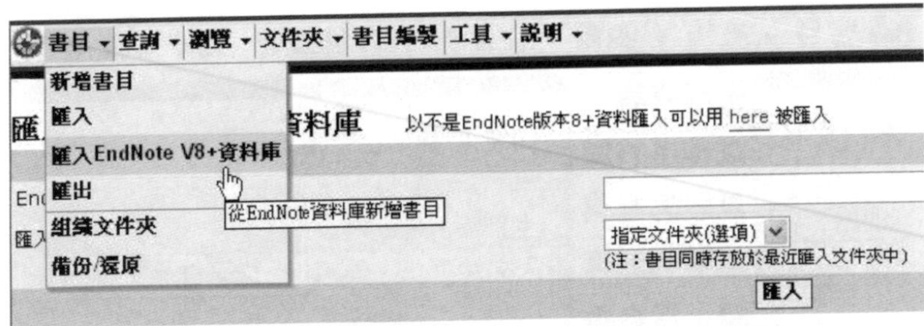

圖 8-43　選擇匯入 EndNote V8＋資料庫

書目　查詢　瀏覽　文件夾　書目編製　工具　說明　　查詢RefWorks　執行

匯入EndNote V8+資料庫　以不是EndNote版本8+資料匯入可以用 here 被匯入

返回書目列表

EndNote Database　C:\Documents and Settings\arfa59123\Desktop\科技領導.enl　瀏覽...

匯入書目到　科技領導

(注：書目同時存放於最近匯入文件夾中)

匯入

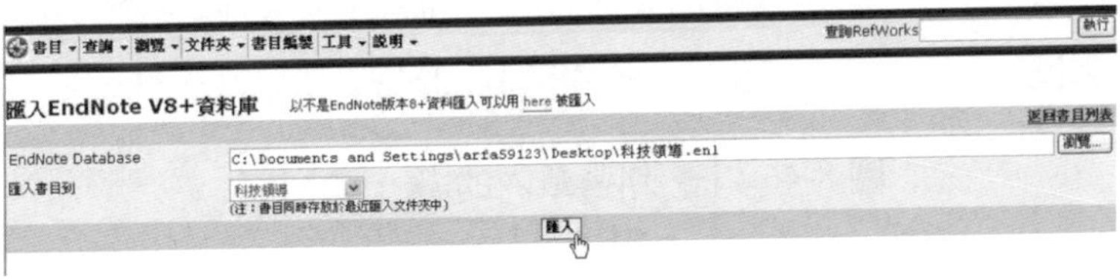

圖 8-44　指定匯入的文件夾

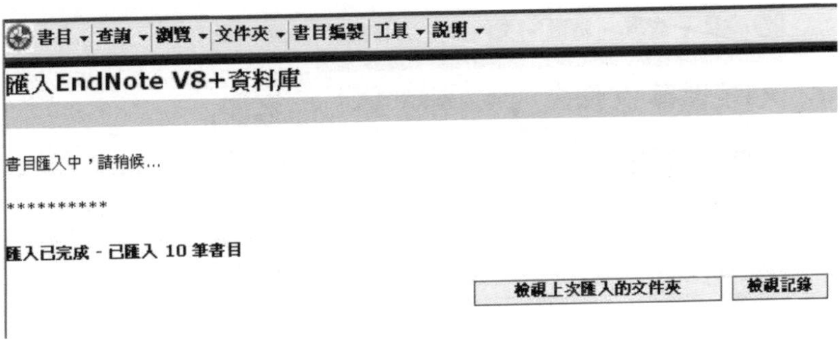

書目　查詢　瀏覽　文件夾　書目編製　工具　說明

匯入EndNote V8+資料庫

書目匯入中，請稍候...

****

匯入已完成 - 已匯入 10 筆書目

檢視上次匯入的文件夾　檢視記錄

圖 8-45　匯入已完成

㈢執行線上搜尋

在 RefWorks查詢選單內的線上資料庫（見圖 8-46）或工具選單

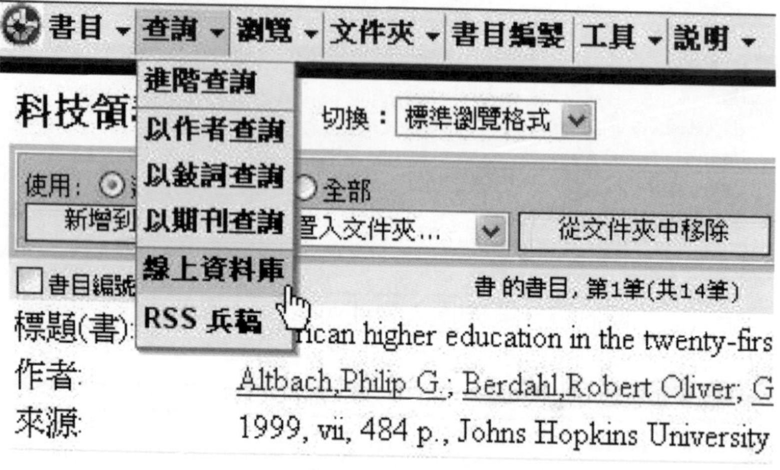

圖 8-46　[查詢]選單內的[線上資料庫]

內的[查詢線上資料庫]（見圖 8-47）可以讓讀者執行快速搜尋。

圖 8-47　[工具]選單內的[查詢線上資料庫]

續圖 8-47，點選[查詢線上資料庫]之後，選擇「Washington University in St. Louis」線上資料庫，並輸入「principal technology leadership」關鍵詞，單擊[查詢]（見圖 8-48），將會顯示查詢結果，如圖 8-49 所示。

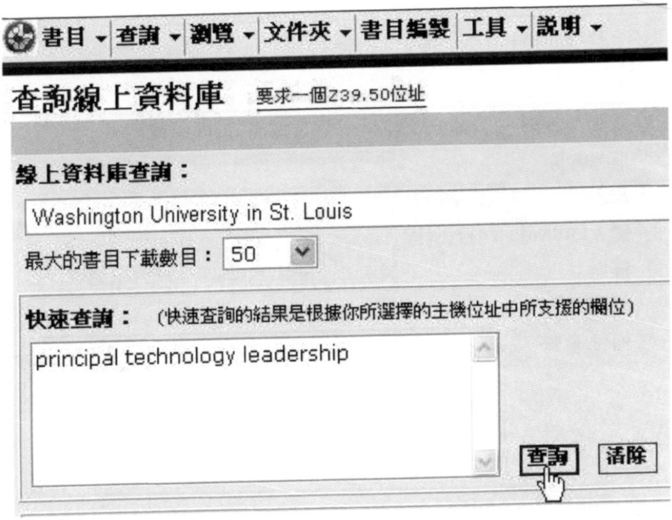

書目 ▾ 查詢 ▾ 瀏覽 ▾ 文件夾 ▾ 書目編製 工具 ▾ 說明 ▾

查詢線上資料庫　要求一個Z39.50位址

線上資料庫查詢：

Washington University in St. Louis

最大的書目下載數目：50

快速查詢：（快速查詢的結果是根據你所選擇的主機位址中所支援的欄位）

principal technology leadership

查詢　清除

圖 8-48　查詢線上資料庫

"principal technology leadership" 的查詢結果

使用：⊙選取 ○本頁 ○全部

匯入　匯入至文件夾...　（註：多筆書目也被匯入於最近匯入文件夾）

書目編號：1　書 的書目, 第1筆(共17筆)

標題(書)：The Highest stakes : the economic foundations of the next security system

作者：Sandholtz, Wayne; Berkeley Roundtable on the International Economy

來源：1992, 262, Oxford University Press, New York

書目編號：2　書 的書目, 第2筆(共17筆)

標題(書)：Accounting for success : a history of Price Waterhouse in America, 1890-1990

作者：Allen, David Grayson; McDermott, Kathleen

來源：1993, 373, Harvard Business School Press, Boston

圖 8-49　查詢結果

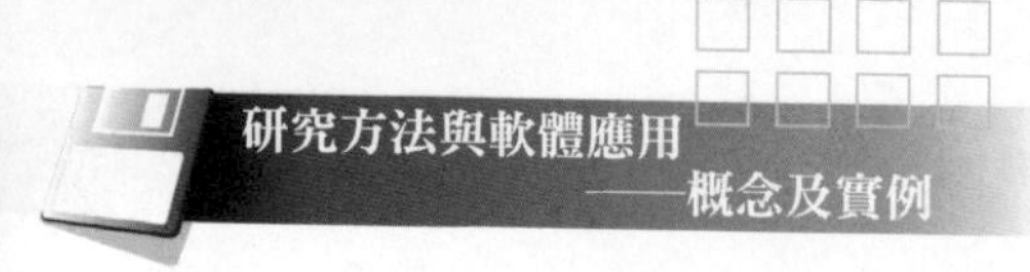

㈣人工方式增加文獻

以手工方式增加新文獻的步驟如下：進入 RefWorks 帳號→點選 書目 → 新增書目（見圖 8-50）→輸入書目資訊（見圖 8-51）→ 儲存書目 →顯示本書目已被儲存（見圖 8-52）。

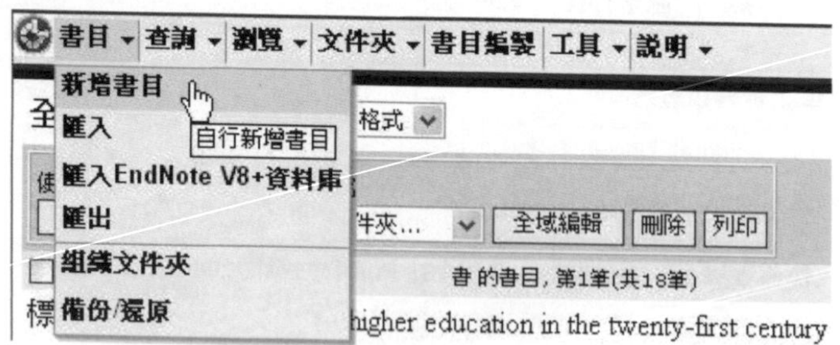

圖 8-50　選擇 新增書目

圖 8-51　輸入書目資訊

圖 8-52　顯示本書目已被儲存

三、引用書目到文章

引用書目到文章內必須使用 RefWorks 的 Write-N-Cite[9]，因此，讀者必須先下載並安裝 Write-N-Cite 應用程式（見圖 8-53）到個人電腦。下載 Write-N-Cite 完畢之後，會顯示開始 Write-N-Cite 的對話框（見圖 8-54）。

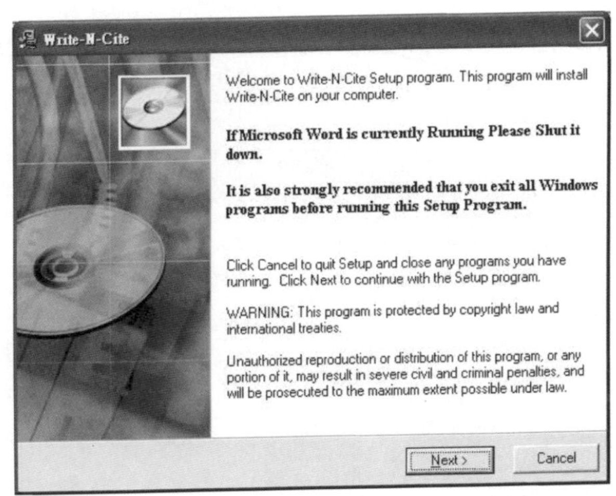

圖 8-53　下載安裝 Write-N-Cite 應用程式

9 Write-N-Cite 下載網址：http://www.refworks.com/RWSingle/help/RefWorks.htm#Creating_Your_Manuscript.htm

圖 8-54　開始 Write-N-Cite 的對話框

續圖 8-54 單擊 Yes（是）之後，或是以開啟一個新的 Word 檔，再以滑鼠左鍵雙擊右上方 Write-N-Cite 圖示 Write-N-Cite ，會顯示 Write-N-Cite 的對話框（見圖 8-55）讀者在登入組碼（機構用戶）、帳號與密碼之後，會顯示所有書目的對話框，如圖 8-56 所示。

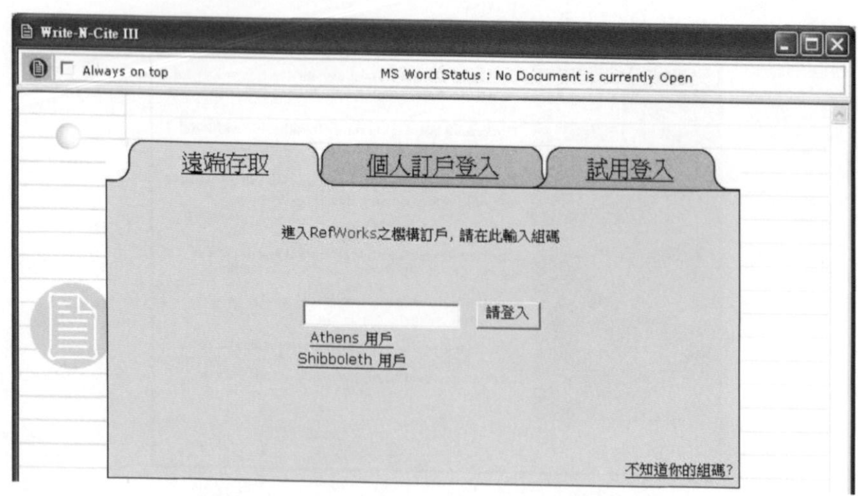

圖 8-55　顯示 Write-N-Cite 的對話框

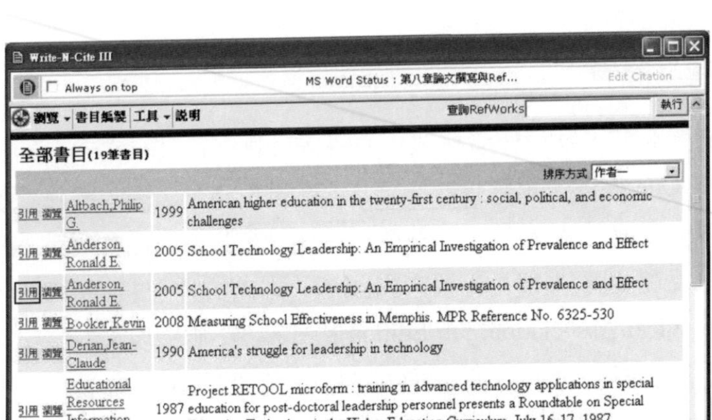

圖 8-56　顯示所有書目的對話框

續圖 8-56，在開啟的新文件檔內，將滑鼠游標移到欲插入書目的位置，緊接著到 RefWorks，點選欲插入書目之最左側的 引用（見圖 8-56），即可將書目作者引用到文章之內，如圖 8-57 所示。

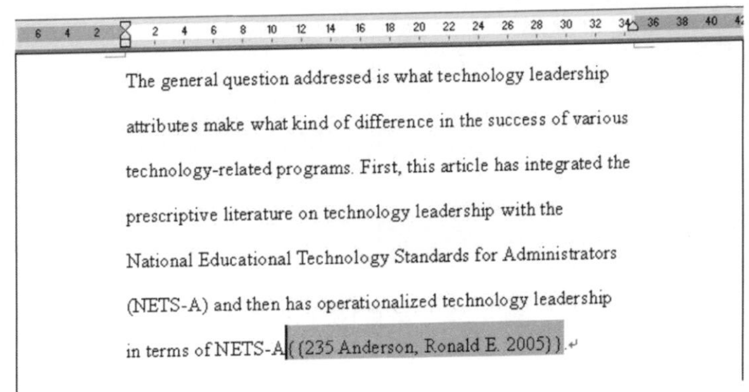

圖 8-57　將書目作者引用到文章之內

四、建立書目

續圖 8-57，欲將作者格式化並將書目建立在文章之內，則需回到 Write-N-Cite 視窗。單擊[書目編製]（見圖 8-58）之後，將會顯示「書目編製」視窗（圖 8-59）。點選[書目編製]之後，將會顯示「參考書目」的視窗（圖 8-60），視窗內顯示「您的文件已按 APA-American Psychological Association, 5th Edition 格式編製, 無發現錯誤。」讀者在確認「無發現錯誤」之後，再回到圖 8-57 的視窗，會發現參考文獻（References）與書目均已顯示在文件內，如圖 8-61。

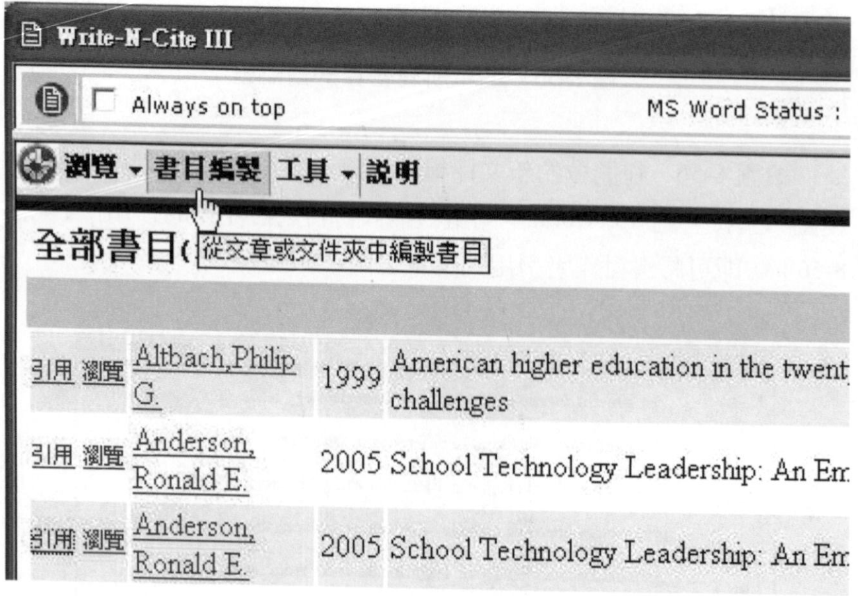

圖 8-58　單擊[書目編製]

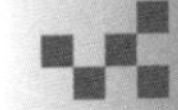

圖 8-59　顯示「書目編製」視窗

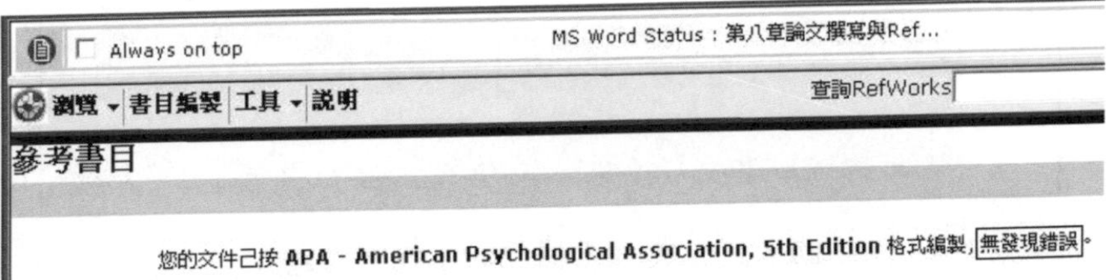

圖 8-60　顯示文件已按 APA 格式編製

續圖 8-60，點選 返回書目列表 （ **返回書目列表** ，見圖 8-62），即可返回「全部書目」視窗（圖 8-63）。

The general question addressed is what technology leadership attributes make what kind of difference in the success of various technology-related programs. First, this article has integrated the prescriptive literature on technology leadership with the National Educational Technology Standards for Administrators (NETS-A) and then has operationalized technology leadership in terms of NETS-A (Anderson & Dexter, 2005).

References

Anderson, R. E., & Dexter, S. (2005). School technology leadership: An empirical investigation of prevalence and effect. *Educational Administration Quarterly, 41*(1), 49-82.

圖 8-61　書參考目已顯示在文件內

圖 8-62　點選返回書目列表

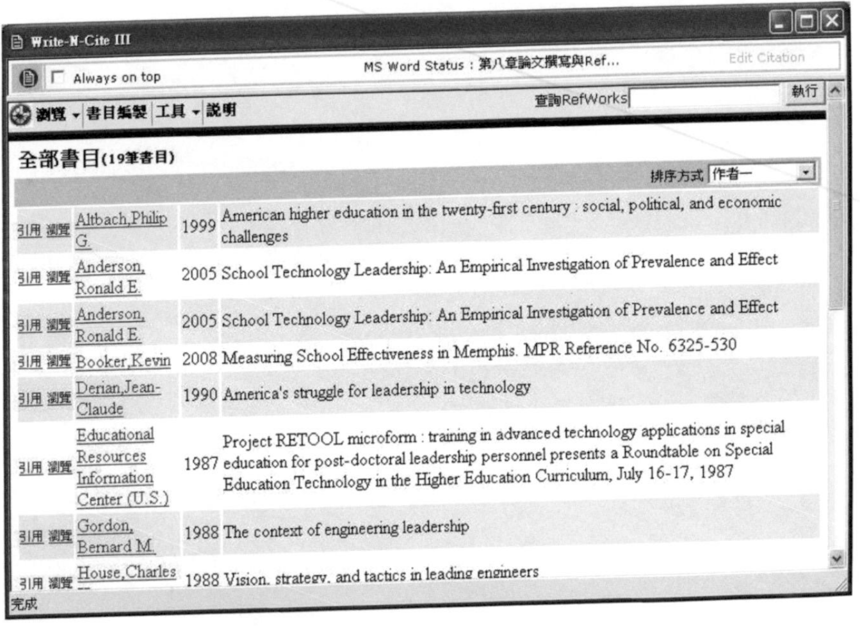
Write-N-Cite III
Always on top
MS Word Status：第八章論文撰寫與Ref...
Edit Citation
查詢RefWorks
執行
瀏覽 書目編製 工具 說明
全部書目(19筆書目)
排序方式 作者一
引用 瀏覽 Altbach,Philip G. 1999 American higher education in the twenty-first century : social, political, and economic challenges
引用 瀏覽 Anderson, Ronald E. 2005 School Technology Leadership: An Empirical Investigation of Prevalence and Effect
引用 瀏覽 Anderson, Ronald E. 2005 School Technology Leadership: An Empirical Investigation of Prevalence and Effect
引用 瀏覽 Booker,Kevin 2008 Measuring School Effectiveness in Memphis. MPR Reference No. 6325-530
引用 瀏覽 Derian,Jean-Claude 1990 America's struggle for leadership in technology
引用 瀏覽 Educational Resources Information Center (U.S.) 1987 Project RETOOL microform : training in advanced technology applications in special education for post-doctoral leadership personnel presents a Roundtable on Special Education Technology in the Higher Education Curriculum, July 16-17, 1987
引用 瀏覽 Gordon, Bernard M. 1988 The context of engineering leadership
引用 瀏覽 House,Charles 1988 Vision, strategy, and tactics in leading engineers
完成

圖 8-63　「全部書目」視窗

參考文獻

王為國、張奕華、許正妹、黃世奇、劉世閔、羅國俊（2007）。**質性研究e點通**。高雄：麗文。

中時部落格（2008）。**Google Chrome 上場要與 IE、Safari、火狐一較高下**。2008 年 9 月 28 日，取自 http://blog.chinatimes.com/blognews/archive/2008/09/04/318517.html

沈中偉（2004）。**科技與學習——理論與實務**。臺北：心理。

李鐏龍、賴慈芸、周文萍（譯）（1997）。Papert Seymour（著）。**WWW 新家庭：開創網路時代的親子學習文化**。臺北：大塊文化。

周文賢（2002）。**多變量統計分析**。臺北：智勝。

昊青公司（2008）。**蒙地卡羅模擬軟體**。2008 年 8 月 28 日，取自 http://www.sciformosa.com.tw/content/product/product02.asp? flagid=6&navid=12

邱垂昌、黃華山、謝佳惠（2004）。以超媒體輔助之概念圖建構教學教材之實證研究：以會計存貨教材為例。**國立臺北師範學院學報，17**，57-84。

邱慧玲（2002）。**以概念構圖輔助學習之教學網站建置研究**。國立彰化師範大學商業教育學系碩士論文，未出版，彰化縣。

邱瓊慧、許智超、吳偉碩、莊巧華（2002）。**CoCoMap：網路概念構圖系統**。2004 年 11 月 25 日，取自 http://ksei.bnu.edu.cn/english/gccce2002/lunwen/gcccelong/61.doc

吳怡佳（2008）。**國民小學校長科技領導、知識管理與學校效能關係之研究**。國立政治大學教育行政與政策研究所碩士論文，未出版，臺北市。

吳清山、林天祐（2005）。後設分析。**教育研究月刊，137**，160。

吳偉碩（2001）。**網路合作概念構圖系統之發展**。國立臺南師範學院資訊教育研究所碩士論文，未出版，臺南市。

吳萬益、林清河（2000）。**企業研究方法**。臺北：華泰。

林嘉君（2004）。**技專校院品牌管理成效評估指標建構之研究**。國立暨南國際大學教育政策與行政學系碩士論文，未出版，南投縣。

馬信行（2007）。後設分析之方法論問題之探討。**量化研究學刊，1**(1)，170-182。

秦夢群、張奕華（2006）。校長科技領導層面與實施現況之研究。**教育與心理研究，29**(1)，1-27。

國立交通大學（2007）。**各類型文獻找尋參考途徑**。2007 年 7 月 12 日，取自 http://www.lib.nctu.edu.tw/faq/type.htm

國立政治大學社會科學資料中心（2007）。**特色簡介**。2007 年 7 月 16 日，取自 http://www.lib.nccu.edu.tw/intro/soc/a1_introduction.html

國立政治大學社會科學資料中心（2008）。**服務項目**。2007 年 7 月 24 日，取自 http://www.lib.nccu.edu.tw/intro/soc/a2_service.html

國立臺南大學（2007）。**eThesys 簡介**。2007 年 7 月 16 日，取自 http://lib.nutn.edu.tw/paper/sysmain.htm

國民中小學九年一貫課程與教學網站（2001）。**基本能力**。2001 年 8 月 25 日，取自 http://teach.eje.ntnu.edu.tw/B-list/B-main-frame.htm

國家圖書館（2007）。**請尊重著作權法**。2007 年 7 月 16 日，取自 http://etds.ncl.edu.tw/theabs/service/say.jsp? FT=Y&id=088NTU00320010

許丞芳（2008）。**國民中小學校長科技領導指標建構之研究**。國立政治大學學校行政碩士在職專班碩士論文，未出版，臺北市。

張奕華（2001）。APA 第五版文末參考文獻之格式：以網路資源為例。**教育研究月刊，91**，74-81。

張奕華（2003a）。APA 出版手冊第五版本：文末參考文獻之格式。**教育資料與研究，52**，106-114。

張奕華（2003b）。Assessing the dimensions of principals' effective technology leadership: An application of structural equation modeling。**教育政策論壇，6**(1)，111-141。

張奕華（2004）。**結構方程模式在評量科技領導效能向度上的應用**。載於第一屆統計方法學學術研討會，國立中正大學成人及繼續教育學系，嘉義縣。

張奕華（2007）。**學校科技領導及管理：理論及實務**。臺北：高等教育。

張奕華、許正妹（2006）。論文寫作與文獻格式的管理：以EndNote 8 為例。輯於劉世閔（主編），**質性研究資料分析與文獻格式之運用：以 QSR N6 與 EndNote 8 為例**（頁 277-308）。臺北：心理。

張倪甄（2008）。**臺北市幼稚園教育人員資訊素養與學校效能關係之研究**。國立政治大學幼兒教育所碩士論文，未出版，臺北市。

張春興（1997）。**教育心理學——三化取向的理論與實踐**。臺北：東華。

陳芝仙（2004）。**國民中小學校長教學領導之後設分析研究**。淡江大學教育政策與領導研究所碩士論文，未出版，臺北縣。

黃臺珠（1994）。**概念圖在國中生物教學上的成效研究（I）**。行政院國家科學委員會（NSC83-0111-S-017-015）。

Google 學術搜尋（2007a）。**關於Google 學術搜尋**。2007 年 7 月 20 日，取自 http://scholar.google.com.tw/intl/zh-TW/scholar/about.html

Google 學術搜尋（2007b）。**Google 學術搜尋說明**。2007 年 7 月 20 日，取自 http://scholar.google.com.tw/intl/zh-TW/scholar/help.html

葉連祺（2002）。概念構圖在教學之應用。**國教世紀，201**，29-36。

維基百科（2007）。**後設分析**。2008 年 1 月 23 日，取自 http://zh.wikipedia.org/wiki/%E5%85%83%E5%88%86%E6%9E%90

醒吾技術學院（2007）。**國內外學位論文**。2007 年 7 月 12 日，取自 http://lib.hwc.edu.tw/datapage/paper/paper.htm

顏逸飄（2006）。**什麼是蒙地卡羅方法**。2007 年 2 月 6 日，取自 http://www.mis.ccu.edu.tw/User/yfyen/pdf/MCMC_NOV_2005.doc

蕭嘉琳（2001）。**互動式概念關係建立輔助系統在學習診斷之應用**。國立暨南國際大學資訊管理研究所碩士論文，未出版，南投縣。

嚴貞、許正妹（2006）。電腦化概念構圖應用在設計教學之研究。**科技學刊，15**(3)，227-240。

嚴貞、許正妹（2007）。設計課程網路教學平臺功能設計之探討：層級分析法之應用。**科技學刊**，**16**(1)，61-80。

Anderson-Inman, L., & Ditson, L. (1999). Computer-based concept mapping: A tool for negotiating meaning. *Learning and Leading with Technology, 26*(8), 6-13.

Aten, B. M. (1996). *An analysis of the nature of educational technology leadership in California's SB 1274 restructuring schools*. Unpublished doctoral dissertation, University of San Francisco.

Biostat (2006). *Comprehensive meta analysis version 2.0: Introduction to the program*. Englewood, NJ: Author.

Bryman, A. (2007). Barriers to integrating quantitative and qualitative research. *Journal of Mixed Methods Research, 1*(1), 8-22.

Bund-Jackson, B. (1983). *Multivariate data analysis: An introduction*. Homewood, IL: Irwin.

Chang, I. (2002). *Assessing principals' leadership in implementing educational technology policies: An application of structural equation modeling*. Unpublished doctoral dissertation, University of Missouri-Columbia.

Expert Choice (2007). *History*. Retrieved July 22, 2008, from http://www.expertchoice.com/about/history.html

Expert Choice (2008). *Expert choice quick start guide*. Pittsburgh, PA: Author.

Ford, J. I. (2000). *Identifying technology leadership competencies for Nebraska's K-12 technology leaders*. Unpublished doctoral dissertation, University of Nebraska-Lincoln.

Heck, R. H., & Thomas, S. L. (2000). *An introduction to multilevel modeling techniques*. Mahwah, NJ: Lawrence Erlbaum Associates.

Inspiration (2001). *Inspiration overview*. Retrieved August 15, 2001, from http://inspiration.com

ISTE (2001). *Role-specific technology leadership tasks: Principal DRAFT v4.0*. Retrieved September 6, 2006, from http://cnets.iste.org/tssa/printaskprofile.html

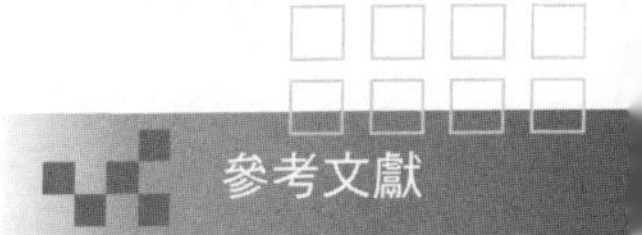

Jonassen, D. H. (1996). *Computer in classroom: Mindtools for critical thinking*. Englewood Cliffs, NJ: Prentice Hall.

Jonassen, D. H. (2000). *Computers as mind tools for schools*. Upper Saddle River, NJ: Prentice Hall.

MAXQDA (2007). *The history of MAXQDA*. Retrieved August 4, 2008, from http://www.maxqda.com/about/history

MAXQDA (2013). *The history of MAXQDA*. Retrieved August 21, 2013 from http://www.maxqda.com/products/what-is-maxqda/history

Miller, G. A. (1956). *The magical number seven plus or minus two: Some limits on our capacity for processing information*. Retrieved August 25, 2008, http://www.musanim.com/miller1956/from

Mintzes, J. J., Wandersee, J. H., & Novak, J. D. (2001). Assessing understanding in biology. *Journal of Biological Education, 35*, 118-125.

Muthén & Muthén (2007). *General description*. Retrieved February 7, 2007, from http://www.statmodel.com/features.shtml

Muthén & Muthén (2008). *General description*. Retrieved August 25, 2008, from http://www.statmodel.com/features.shtml

Novak, J. D. (1976). Understanding the learning process and effectiveness of teaching methods in the classroom, laboratory, and field. *Science Education, 60*, 493-512.

Novak, J. D. (1998). *Learning, creating, and using knowledge: Concept map as facilitative tools in schools and corporations*. Mahwah, NJ: Lawrence Erlbaum Associates.

Novak, J. D., & Gowin, D. B. (1984). *Learning how to learn.* London: Cambridge University Press.

Novak, J. D., & Musonda, D. (1991). A twelve-year longitudinal study of science concept learning. *American Education Research Journal, 28*(1), 117-153.

ProQuest (2008). *RefWorks*. Retrieved August 19, 2008, from http://www.refworks.com

RefWorks (2008). 你的個人線上資料庫和書目編輯產生器。2008 年 8 月 19 日，取自 https://www.refworks.com/RWSingle/newusersecurity.asp

Roth, W. M. (1994). Student views of collaborative concept mapping: An emancipatory research project. *Science Education, 78*, 1-34.

Roth, W. M., & Roychoudhury, A. (1992). The social construction of scientific concepts or the concept map as conscription device and tool for social thinking in high school science. *Science Education, 76*, 531-557.

Roth, W. M., & Roychoudhury, A. (1994). Science discourse through collaborative concept mapping: New Perspectives for the teacher. *International Journal of Science Education, 6*, 437-455.

Saaty, T. L. (1980). *The analytic hierarchy process: Planning setting priorities, resource allocation*. Columbus, OH: McGraw-Hill.

Saaty, T. L., Vargas, L. G., & Kearns, K. P. (1991). *The logic of priorities*: *Analytical planning*. Pittsburgh, PA: RWS.

Tashakkori, A., & Creswell, J. W. (2007). The new era of mixed methods. *Journal of Mixed Methods Research, 1*(1), 3-7.

Taylor & Francis (2008). *Structural equation modeling*. Retrieved August 31, 2008, from http://www.tandf.co.uk/journals/titles/1070-5511.asp

Thomson (2008). *EndNote X2 help*. Retrieved July 12, 2008, from http://www.endnote.com/encopyright.asp

Wikipedia (2007). *Gene V. Glass*. Retrieved February 3, 2008, from http://en.wikipedia.org/wiki/Gene_V_Glass

Wikipedia (2008a). *Meta-analysis*. Retrieved January 23, 2008, from http://en.wikipedia.org/wiki/Meta-analysis

Wikipedia (2008b). *Karl Pearson*. Retrieved February 3, 2008, from http://en.wikipedia.org/wiki/Karl_Pearson

Wikipedia (2008c). *Analytic hierarchy process*. Retrieved July 20, 2008, from http://en.wikipedia.org/wiki/Analytic_Hierarchy_Process

Wikipedia (2008d). *Joseph D. Novak*. Retrieved August 3, 2008, from http://en.wikipedia.org/wiki/Joseph_D._Novak

Wikipedia (2008e). *Structural equation modeling*. Retrieved August 29, 2008, from http://en.wikipedia.org/wiki/Structural_equation_modeling

國家圖書館出版品預行編目資料

研究方法與軟體應用——概念及實例
／張奕華、許正妹著.
-- 初版.-- 臺北市：心理, 2008.12
面； 公分.--（社會科學研究系列；81207）

ISBN 978-986-191-217-2（平裝）

1.社會科學 2.研究方法 3.電腦軟體

501.2 97022654

社會科學研究系列 81207

研究方法與軟體應用——概念及實例

作　　者：張奕華、許正妹
執行編輯：李　晶
總 編 輯：林敬堯
發 行 人：洪有義
出 版 者：心理出版社股份有限公司
地　　址：台北市大安區和平東路一段 180 號 7 樓
電　　話：(02) 23671490
傳　　真：(02) 23671457
郵撥帳號：19293172 心理出版社股份有限公司
網　　址：http://www.psy.com.tw
電子信箱：psychoco@ms15.hinet.net
駐美代表：Lisa Wu（Tel：973 546-5845）
排 版 者：臻圓打字印刷有限公司
印 刷 者：正恒實業有限公司
初版一刷：2008 年 12 月
初版二刷：2013 年 9 月
I S B N：978-986-191-217-2
定　　價：新台幣 350 元